中国石油天然气集团有限公司统编培训教材

国际业务社会安全管理分册

海外防恐安全学习手册

《海外防恐安全学习手册》编委会 编

石油工業出版社

内 容 提 要

本教材主要讲述了海外防恐安全培训的理论知识和实际防范技能的内容与应用，教材中列出了大量可作为海外防恐安全培训有效运行实施的案例、公司文件要求、图表，能直接应用于工作、指导实践。

本教材适用于中国石油天然气集团有限公司赴海外项目的员工开展海外防恐安全培训项目及课程，也可作为相关行业赴境外工作人员的学习和参考用书。

图书在版编目（CIP）数据

海外防恐安全学习手册/《海外防恐安全学习手册》编委会编．—北京：石油工业出版社，2020.1

中国石油天然气集团有限公司统编培训教材

ISBN 978-7-5183-3803-0

Ⅰ.①海…　Ⅱ.①海…　Ⅲ.①石油工业-职工-反恐怖活动-安全培训-教材　Ⅳ.①D815.5

中国版本图书馆CIP数据核字（2019）第290613号

出版发行：石油工业出版社
（北京安定门外安华里2区1号楼　100011）
网　址：www.petropub.com
编辑部：（010）64256770
图书营销中心：（010）64523633
经　销：全国新华书店
印　刷：北京中石油彩色印刷有限责任公司

2020年1月第1版　2023年1月第2次印刷
710×1000毫米　开本：1/16　印张：15.25
字数：300千字

定价：53.00元

《海外防恐安全学习手册》
编　委　员

主　　编： 张　军

副 主 编： 钱凤章　贺红旭　李金海　雷文章
潘红磊

编写人员： （按贡献大小排序）
晁　阳　张雪军　张莲芳　安　昊
李笑笑　张　莉　崔少朴　邱智辉
李东军　张曙琦　者美杰　冯　超
钟　华　张　静　孙守伟　孟开元
谢　萍　李成儒　万又钺　彭继轩
张文华　张　莹

审定人员： 李宏亮　尹泽洪

序

企业发展靠人才，人才发展靠培训。当前，集团公司正处在加快转变增长方式，调整产业结构，全面建设综合性国际能源公司的关键时期。做好“发展”“转变”“和谐”三件大事，更深更广参与全球竞争，实现全面协调可持续，特别是海外油气作业产量“半壁江山”的目标，人才是根本。培训工作作为影响集团公司人才发展水平和实力的重要因素，肩负着艰巨而繁重的战略任务和历史使命，面临着前所未有的发展机遇。健全和完善员工培训教材体系，是加强培训基础建设，推进培训战略性和国际化转型升级的重要举措，是提升公司人力资源开发整体能力的一项重要基础工作。

集团公司始终高度重视培训教材开发等人力资源开发基础建设工作，明确提出要“由专家制定大纲、按大纲选编教材、按教材开展培训”的目标和要求。2009 年以来，由人事部牵头，各部门和专业分公司参与，在分析优化公司现有部分专业培训教材、职业资格培训教材和培训课件的基础上，经反复研究论证，形成了比较系统、科学的教材编审目录、方案和编写计划，全面启动了《中国石油天然气集团有限公司统编培训教材》（以下简称“统编培训教材”）的开发和编审工作。“统编培训教材”以国内外知名专家学者、集团公司两级专家、现场管理技术骨干等力量为主体，充分发挥地区公司、研究院所、培训机构的作用，瞄准世界前沿及集团公司技术发展的最新进展，突出现场应用和实际操作，精心组织编写，由集团公司“统编培训教材”编审委员会审定，集团公司统一出版和发行。

根据集团公司员工队伍专业构成及业务布局，“统编培训教材”按“综合管理类、专业技术类、操作技能类、国际业务类”四类组织编写。综合管理类侧重中高级综合管理岗位员工的培训，具有石油石化管理特色的教材，以自编方式为主，行业适用或社会通用教材，可从社会选购，作为指定培训教材；专业技术类侧重中高级专业技术岗位员工的培训，是教材编审的主体，按照《专业培训教材开发目录及编审规划》逐套编审，循序推进，计划编审300余门；操作技能类以国家制定的操作工种技能鉴定培训教材为基础，侧重主体专业（主要工种）骨干岗位的培训；国际业务类侧重海外项目中外员工的培训。

“统编培训教材”具有以下特点：

一是前瞻性。教材充分吸收各业务领域当前及今后一个时期世界前沿理论、先进技术和领先标准，以及集团公司技术发展的最新进展，并将其转化为员工培训的知识和技能要求，具有较强的前瞻性。

二是系统性。教材由“统编培训教材”编审委员会统一编制开发规划，统一确定专业目录，统一组织编写与审定，避免内容交叉重叠，具有较强的系统性、规范性和科学性。

三是实用性。教材内容侧重现场应用和实际操作，既有应用理论，又有实际案例和操作规程要求，具有较高的实用价值。

四是权威性。由集团公司总部组织各个领域的技术和管理权威，集中编写教材，体现了教材的权威性。

五是专业性。不仅教材的组织按照业务领域，根据专业目录进行开发，且教材的内容更加注重专业特色，强调各业务领域自身发展的特色技术、特色经验和做法，也是对公司各业务领域知识和经验的一次集中梳理，符合知识管理的要求和方向。

经过多方共同努力，集团公司“统编培训教材”已按计划陆续编审出版，与各企事业单位和广大员工见面了，将成为集团公司统一组织开发和编审的中高级管理、技术、技能骨干人员培训的基本教材。“统编培训教材”的出版发行，对于完善建立起与综合性国际能源公司形象和任务相适应的系列培训教材，推进集团公司培训的标准化、国际化建设，具有划时代意义。希望各企事业单位和广大石油员工用好、用活本套教材，为持续推进人才培训工程，激发员工创新活力和创造智慧，加快建设综合性国际能源公司发挥更大作用。

《中国石油天然气集团有限公司统编培训教材》

编审委员会

前言

2015年3月28日，国家发展改革委、外交部、商务部联合发布了《推动共建丝绸之路经济带和21世纪海上丝绸之路的愿景与行动》。中国石油天然气集团有限公司（以下简称集团公司）紧跟国家发展战略，部署了南亚、中亚、中东等“一带一路”国家的海外能源发展战略，发展趋势呈逐年增长的态势。但自“9·11”事件以来，国际非传统安全形势日益严峻，海外的社会安全风险日益上升，为适应形势确保海外项目的平稳发展，集团公司党组高度重视，对海外业务安全管理做出明确指示：“把复杂多变的形势应对作为常态的管理，创造安全发展合作共赢的环境。”

为贯彻集团公司党组指示精神，提高海外的社会安全管理水平，提升海外驾驭风险的能力，增强员工的自我防护意识和技能，保障集团公司在海外的安全发展，开展全员化、系统化的海外员工防恐安全培训尤为重要。自2009年开始，开始了海外防恐安全培训的探索，并逐步拓展、融合了各海外项目在应对海外防恐安全风险所取得的成绩，将良好的实践经验编写成教材，以满足中国石油出国工作人员减轻安全风险、关口前移的需要。

本书分6章17节。第一章介绍了社会安全威胁与风险，重点介绍了恐怖主义、全球恐怖袭击手段和海外业务面临的社会安全威胁与风险。第二章介绍了社会安全管理体系相关内容，重点介绍了集团公司国际业务社会安全管理体系架构、信息收集与报告和风险评估与安保方案要求。第三章介绍了海外场所的安全防范专项知识，重点介绍了人防、物防和技防“三防”技术规范，提升海外员工加强自我保护和营地、作业区等不同区域安全防范要求。第四章介绍了旅程安全管理，重点介绍日常旅程安全管理和突发紧急情况下旅程安全管理要求。第五章介绍了个人安全意识和技能要点，为全面提高员工自我防卫意识和防护技能做好准备。第六章介绍了海外防恐安全危机管理的重要性、应急反应与危机管理的基本流程和资源保障，以及如何做好危机事件的心理疏导化解工作。

本书由集团公司国际部和人事部组织编写，参加编写的单位包括中国石油集团安全环保技术研究院有限公司、北京安泰通恒技术开发有限公司、北京伟之杰保安股份有限公司。本教材在编写过程中得到了长城钻探国际事业部尹泽洪和东方物探公司国际部李宏亮专家的悉心指导，在此谨向他们表示衷心的感谢。

本书编写历时一年，多次讨论、修改，但可能在某些方面仍存在不足之处，敬请谅解，并欢迎指正。

说 明

本书是中国石油天然气集团公司赴海外项目的员工开展海外防恐安全培训的专用教材。教材的内容来源于实际的海外防恐安全培训，实践性和专业性很强，涉及内容广。本书主要是针对海外项目经理、专职安保管理人员、平台经理、带班班长等管理人员编写的。

专业技术人员及现场操作人员需要掌握第三章、第四章、第五章、第六章内容。

为正确使用本读本，赴境外工作的人员应结合岗位实际，可根据所选培训层次分重点掌握相关内容。可根据项目所在资源国社会安全形势的变化，不定期增加对所在国的社会安全形势、案例、最佳实践的收集、分析和分享，并结合培训层次和培训对象实际需求适当增减。

目 录

第一章　社会安全威胁与风险

随着经济全球化的持续发展以及中国“一带一路”合作倡议的深入推进，中资企业对外投资领域不断拓展，贸易规模不断壮大，“走出去”步伐更加坚定。然而，海外地区社会安全形势并非风平浪静，部分国家政局动荡，治安恶化，宗教部族冲突严重，民族主义情绪高涨，恐怖主义活动呈上升态势，严重威胁了海外项目人员和资产安全。为此，了解恐怖主义的由来、发展和常用袭击手段，对全面认识海外业务面临的社会安全威胁与风险显得尤为重要。

第一节　恐怖主义

一、恐怖主义溯源

作为人类冲突的一种表现形式，恐怖活动有着悠久的历史。恐怖活动可以追溯到古希腊和罗马时期。古希腊历史学家色诺芬曾专门记述过一些政治势力开展恐怖活动以慑服敌方居民的事件。为反抗罗马帝国入侵，犹太狂热党人曾在罗马帝国饮用的水中下毒，用来暗杀与古罗马人合作的犹太贵族。

公元1世纪，有一个著名的犹太狂热分子集团“Sicarri”，它可能是最早的宗教狂热性恐怖组织。该组织以暗杀作为反抗罗马帝国统治的手段，组织的名称就来源于专门用于暗杀罗马领导人的短剑“Sica”（西卡），英语“Zealot”（狂热者）即因这个组织而得名。公元11世纪，出现了另一个比较著名的恐怖组织“阿萨辛派”，它是穆斯林狂热性宗教集团，“杀手”这个词的英文Assassin也由此而来。

恐怖主义（Terrorism）一词最早出现在18世纪法国大革命时期。为保卫新生政权，执政的雅各宾派决定运用红色恐怖主义对抗反革命分子（图1-1）。国民公会通过决议：“对一切阴谋分子采取恐怖行动。”由此，不难看出，恐怖主义不是反映一般的、孤立的、偶然的恐怖行动，而是指一种有组织、有制度和有政治目的的恐怖活动。

图 1-1　18 世纪法国大革命时期的红色恐怖主义

二、恐怖主义本质

恐怖主义，是指通过暴力、破坏、恐吓等手段，制造社会恐慌、危害公共安全、侵犯人身财产或者胁迫国家机关、国际组织，以实现其政治、意识形态等目的的主张和行为。

恐怖主义的本质是实施者对非武装人员有组织地使用暴力或以暴力相威胁，通过将一定的对象置于恐怖之中，来达到某种政治目的的策略和思想。

恐怖主义者认为他所攻击的目标中所有成员都是有罪的，在其界定范围内任何人都可能成为被攻击对象，为了“神圣”的目标，即使是无辜的人，作为牺牲品也是应该的。这种心理造成了恐怖主义行为的任意性和残忍性。从理论上讲，任何场所、任何人都可能成为恐怖分子袭击的目标，任何社会空间都可能成为恐怖分子的藏身之所。恐怖主义者的恐怖原则导致了其行为的突发性、隐蔽性、无区分性和残忍毁灭性。一般来说，恐怖主义者在行动时是蔑视任何规则和惯例的，他们对所有现存道德都不屑一顾，并且手段极其残忍，即使是对于内部的所谓“叛逆者”也毫不留情。

三、恐怖主义发展历程

恐怖主义的真正形成是在第二次世界大战之后，袭击的目标和活动范围超出了国界，越来越具有国际性。从国际学术界认同的主流观点来看，恐怖主义主要经历了早期恐怖主义、20世纪的恐怖主义和新型恐怖主义三个发展历程。

（一）早期恐怖主义

早期恐怖主义表现比较单一，带有政治目的，主要手段是暗杀。其思想来源主要有两个方面：一个是“人民有反对暴君和暴政的权力”，另一个是“无政府主义”。意大利人奥西尼是实施真正“恐怖主义刺杀”的第一人。1858年1月14日晚，奥西尼在法国巴黎制造了暗杀拿破仑三世的爆炸事件。他在1分钟内，将3枚炸弹扔向拿破仑三世及其妻子，造成8人死亡、156人受伤。该事件也是世界历史上第一例经秘密的跨国策划并带有明显政治目的的恐怖事件，制造了恐怖气氛。

（二）20世纪的恐怖主义

20世纪的恐怖主义不以暗杀为主业，而是成为民族主义者和极端左翼者利用的工具。这个时期的恐怖主义经常和殖民地国家以及一些发达国家的极端组织联系在一起。在殖民地国家，由于他们有了独立的诉求，而宗主国又不愿意让他们独立，这就产生了矛盾。一开始，殖民地国家自身的武装力量不足以同宗主国进行正面的抗争，所以他们大多采取游击、暗杀、制造恐怖事件等形式，以增强自己的影响力。

（三）新型恐怖主义

新型恐怖主义以美国“9·11”恐怖袭击事件为标志。在“9·11”事件之后，国际恐怖势力随着国际反恐斗争的发展不断变化，呈现出以下一些新的特点。

1. 攻击目标泛化

以往的恐怖主义组织不仅有明确的政治目的，而且有明确、具体的攻击目标，主要是政府和军事设施。新型恐怖主义与此不同，它们的目标出现了泛化趋势，主要表现在政治目的的泛化和攻击目标范围的扩大。传统恐怖组织或是企图推翻现有政权，或是提出某种领土要求，或是要求从母国中分离出来，或是通过暴力形式建立独立的民族国家，其政治目的是明确、具体的。新型恐怖主义政治目的比较抽象，或是把某种思想、价值观、生活方式作为打击目标，或是以反对一个国家或一种思潮为宗旨，极大泛化了政治目的这一范畴。在某种情况下，新型恐怖主义纯粹是一种以复仇、处罚或造成尽可

能大的伤亡和破坏为动机，以产生最大社会影响为目的的暴力宣泄。

2. 追求大规模杀伤

“9·11”事件、巴厘岛事件、别斯兰事件等就是最有力的证明。

“9·11”事件（图 1–2）：美国东部时间 2001 年 9 月 11 日，4 架美国国内民航客机几乎被同时劫持，其中两架撞击了位于纽约曼哈顿的世界贸易中心，一架袭击了美国首都华盛顿国防部所在的五角大楼，第四架被劫持的飞机在宾夕法尼亚州坠毁，导致 1998 人罹难（不包括 19 名劫机者）。其中，有 411 名救援人员在此事件中殉职。

巴厘岛事件（图 1–3）：2002 年 10 月 12 日晚，汽车炸弹袭击了印度尼西亚旅游胜地巴厘岛上的两家俱乐部，导致 202 人死亡，其中包括 88 名澳大利亚人和 38 名印度尼西亚人。恐怖分子使用威力强大的 C4 军用炸药，两家俱乐部陷入一片火海，街道上留下深坑。

图 1–2　美国“9·11”事件

图 1–3　印度尼西亚巴厘岛事件

别斯兰事件（图 1–4）：2004 年 9 月 1 日，车臣分离主义武装分子在俄罗斯别斯兰市第一中学劫持上千名师生，与警察对峙 3 天，制造了历史上最严重的恐怖事件，导致 334 人死亡，其中 186 名是儿童。它是人类历史上最残暴、最大规模的人质劫持事件之一，开创了向社会最弱势群体少年儿童大开杀戒的先例，对人类社会的心理打击巨大。

3. 与宗教联系密切

当今，带有明显宗教色彩的恐怖主义组织非常普遍，其危害极为严重。宗教性的恐怖主义比世俗的恐怖主义更加致命。对于宗教信徒来说，其政治和道德标准是宗教教义，而信仰宗教的恐怖主义者把宗教教义作为其恐怖行

图 1-4　俄罗斯别斯兰事件

为的依据。恐怖分子把恐怖活动称为神圣的职责与义务，把自杀爆炸看成一种杀身成仁的英雄行为，致使其在进行恐怖活动时所受的社会规范约束与心理约束减弱。宗教成为恐怖组织及其成员之间联系的重要纽带，并在某种程度上成为恐怖分子追求目标的动力。同时，恐怖组织也借助宗教形式发展势力。

4. 国际化日趋明显

现代化高科技设施和信息手段为人类社会国际化提供了强有力的技术支持，同时伴随着更激烈的政治、经济和文化上的碰撞，也刺激了恐怖主义的泛滥。先进技术客观上给恐怖组织提供了更加便利的融资、通信、宣传和袭击手段，使其具有跨国活动的能力，能够制造最大限度的影响力事件。2002 年10 月 23 日莫斯科剧院人质事件，2004 年 3 月 11 日马德里系列爆炸案，2005 年 7 月 7 日伦敦地铁连环爆炸案，2008 年 11 月 26 日印度孟买连环爆炸袭击案，2011 年 7 月 22 日挪威首都连环爆炸枪击事件，2017 年 3 月 22 日英国议会大厦前恐怖袭击案等，都是恐怖组织通过“国际化运作”完成的，同时也达到了恐怖组织所预期的影响。

5. 攻击工具和载体出现新的变化

恐怖组织往往根据外部环境的变化调整攻击思维，获得新的攻击能力。例如在“9·11”事件中，恐怖分子使用民用工具（民航客机）袭击民用目标，表现出一种全新的思维，通过转换攻击方式和攻击载体获得新的致命行动能力。

四、恐怖主义的类别

恐怖主义从行为者的性质来说可以分为两大类别：政府行为恐怖主义和非政府行为恐怖主义。

（一）政府行为恐怖主义

政府行为恐怖主义可以分为两种：一种是对内的恐怖主义，另一种是对外的恐怖主义。一国政府对内以恐怖手段统治人民，通常被称为国家恐怖主义，一般表现为独裁、反动、暴力，提倡种族主义，控制人民思想，迫害异己，对不同民族实施隔离或种族灭绝等。一国政府对外以恐怖手段对抗其他国家，通常被称为国际恐怖主义。

（二）非政府行为恐怖主义

非政府行为恐怖主义极其复杂（有的背后有政府支持），通常表现为暗杀、绑架、劫持、爆炸、武装袭击、投毒等暴力手段，大部分恐怖主义现象属于这一范畴。自冷战结束以来，比较活跃、影响比较大的有以下几种：

（1）民族分裂型恐怖主义。这种恐怖主义的组成主要是极端民族主义者、自治主义者和分裂主义者，即独立倾向较强的民族派别，其运动的主要目标和奋斗方向是实现国家分裂，争取民族自治。

（2）宗教极端型恐怖主义。这种恐怖主义是把一种宗教或教派的利益推向极端的一种思潮。它主要包括带有明显宗教狂热色彩的宗教激进主义恐怖活动和邪教恐怖活动两大类型。据统计，在全球活跃的国际恐怖组织中至少有20% ~25%是具有宗教狂热极端性的。

（3）极右型恐怖主义。这个派别奉行反动和种族主义，受纳粹主义思潮残余影响极大，突出的表现是仇外、排外，其袭击对象主要是本国移民和外籍工作人员。

（4）极左型恐怖主义。这类恐怖主义泛滥于20世纪60年代末，是在国际局势动荡、国家内部矛盾突出、社会关系紧张情况下诞生的，是激进的极左组织。他们对现行的社会政治制度不满，企图通过暗杀、爆炸等恐怖活动来改变社会政治进程，夺取政权。

（5）国际贩毒、走私、洗钱、海盗等类型恐怖主义。这类恐怖组织相互争权夺利进行仇杀，或者针对政府部门进行报复性暗杀，或者打着“革命”旗号到处破坏、实施恐怖活动。

第二节　全球恐怖袭击手段

一般来说，暴力及以暴力相威胁是最典型的恐怖袭击手段，例如：使用暗杀、绑架、爆炸等手段。自恐怖主义衍生以来，这些手段被恐怖组织广泛使用。然而，从历史发展的角度来看，恐怖袭击的手段并不仅仅限于使用暴力或以暴力相威胁。

一、常规恐怖袭击手段

（一）暗杀

这是最古老和最常用的恐怖袭击手段。林肯之死就是最著名的暗杀行动。其他比较著名的暗杀行动还有：1991 年 5 月 21 日斯里兰卡泰米尔分离主义极端分子暗杀印度总理拉吉夫・甘地；1995 年 11 月 4 日以色列总理拉宾在集会上被犹太极端分子刺杀身亡；2018 年 9 月 6 日巴西极右翼总统候选人海尔・博尔索纳罗在米纳斯州进行竞选宣传活动时被一名男子用刀刺伤腹部。

（二）劫持人质

这种恐怖袭击的形式与暗杀一样历史悠久，至今依然存在，而且规模与危害都达到了前所未有的程度。1995 年 6 月 14 日，车臣 150 余名恐怖分子搭乘两辆重型汽车对布琼诺夫斯克发起突然袭击，占领了一家市立医院并劫持 1500 余名人质。俄特种部队与之交火，付出 25 名军警阵亡、105 名人质死亡的代价后，被迫暂停军事行动并与之谈判，恐怖分子全身而退。2013 年 1 月 16 日，“基地”组织北非分支恐怖分子全副武装，袭击了位于阿尔及尔以南 1300 千米的 Ain Amenas 天然气田，劫持了 41 名外国作业人员和上百名当地雇员。阿尔及利亚政府出动武装直升机打击恐怖分子。行动以血腥暴力收尾，造成数十名外国人质在交火中丧生。

（三）劫持交通工具

这种恐怖袭击方式包括劫持飞机、汽车、轮船等交通工具从事恐怖活动。

如2017年8月17日，西班牙巴塞罗那市中心的历史名胜景区兰布拉斯步行街上游人如织，一辆白色厢式货车突然高速冲向行人，左右转折毫无减速迹象，造成13人死亡，100余人受伤，伤亡人员涉及18个国家的游客，极端组织“伊斯兰国”宣布对此事件负责。

（四）爆炸

爆炸恐怖袭击出现在19世纪末，是当前发生频率最高、造成破坏和伤亡程度最大的袭击手段。自杀性炸弹袭击是爆炸恐怖袭击中最极端、对公众心理冲击最强烈的袭击方式。由于其隐蔽性强、杀伤力大、防范难度高，自杀袭击者在攻击过程中会死亡，不需要为其准备逃离路线，也不必担心落到警方手中泄露组织的有关信息，因此被越来越多的国际恐怖组织所采用。许多重大恐怖袭击事件都与自杀性汽车炸弹袭击有关。2017年10月14日，一辆载有爆炸物的卡车在索马里首都摩加迪沙市区的一家酒店附近爆炸，导致276人死亡，约300人受伤，是近年来最严重的爆炸袭击之一（图1-5）。

图1-5　索马里摩加迪沙汽车炸弹袭击

（五）武装袭击

武装袭击是指武装分子向平民、军事单位或政府发动的突然袭击。2013年9月21日，来自索马里“青年党”的恐怖分子袭击了肯尼亚首都内罗毕韦斯特盖特购物中心，恐怖分子冷血射击，造成至少43人死亡，200余人受伤。2017年11月24日，埃及西奈半岛阿里什一所清真寺发生恐怖袭击，袭击者引爆爆炸物，随后向人群进行机枪扫射，造成305人丧生，其中包括27名儿童。2018年11月23日，巴基斯坦1天内遭受两起恐怖袭击事件，其中一起是针对中国驻卡拉奇总领馆发起的袭击，3~4名武装分子携带爆炸物试图闯进领馆未成功，交火当中3名恐怖分子被击毙。

二、非常规恐怖袭击手段

随着科学的进步，生物技术、化学技术、电子技术等现代高科技产品逐渐从实验室走进了人们的现实生活。高科技在给人类社会带来巨大进步的同时，也展示了它的负面影响，一旦被恐怖分子利用，会产生巨大的破坏力。

（一）无人机等高科技恐怖袭击

随着高科技产品的不断涌出，恐怖分子开始转移视线，利用高科技产品的不同功能实施恐怖袭击已经成为常态。例如，随着无人机技术及产品的普及，恐怖分子抓住它体积小、便于携带、操作简单、实施容易、取材方便的特点，逐渐将其运用到恐怖袭击活动中。2018年8月4日，委内瑞拉国民警卫队在首都加拉加斯的玻利瓦尔大道举行成立81周年庆祝活动，两架携带炸药的无人机在总统马杜罗所在的演讲台附近发生爆炸，受阅方阵瞬间大乱，士兵和家属们四散而逃，7名士兵受伤。如今，反无人机技术已经成为防恐控制技术的前沿。

（二）网络恐怖袭击

随着互联网技术的发展，网络逐渐成为恐怖分子利用的工具，包括利用网络散布恐怖信息或组织恐怖活动，攻击电脑程序或信息系统等。2019年3月15日，新西兰第二大城市克赖斯特彻奇（Christchurch，又名“基督城”）的两座清真寺发生宗教种族大屠杀枪击事件，造成至少53人丧生，20多人受重伤。澳大利亚冷血凶徒塔兰特（Brenton Tarrant）自称是白人至上主义者。他头戴摄像机在Facebook上近距离直播枪杀无辜平民事件，包括老人、妇女甚至儿童，画面血腥，哀号、悲啼声不绝于耳。互联网技术让恐怖袭击的过程和后果变得更加恐怖、糟糕。

（三）化学恐怖袭击

它利用有毒、有害化学物质侵害人、城市重要基础设施、食品与饮用水等进行恐怖袭击。如1995年3月20日臭名昭著的日本东京地铁沙林毒气事件，造成13人死亡，约5500人中毒，东京交通陷入一片混乱。

（四）生物恐怖袭击

它利用可在人与动物之间传染或人畜共患的感染媒介物，如细菌、病毒、

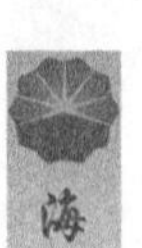

原生动物、真菌等，将其制成各种生物制剂，发动攻击，致使疫病流行，造成人、动物、农作物大量感染甚至死亡，引发社会恐慌和动乱。生物恐怖袭击可以不通过任何组织而由个人发动攻击，如发生在美国“9·11”事件以后的炭疽邮件事件。

（五）生化武器恐怖袭击

生化武器是利用生物或化学制剂制造出的一种大规模杀伤性武器，旧称细菌武器，它包括生物武器和化学武器。生化武器的杀伤破坏作用靠的是生物战剂或化学毒剂，它的施放装置包括炮弹、航空炸弹、火箭弹、导弹弹头和航空布撒器、喷雾器等。

（六）核与辐射恐怖袭击

它是一种通过核爆炸或放射性物质的散布，造成毁灭性打击，污染环境或使人员受到辐射照射的恐怖袭击。虽然恐怖分子制造或获取核武器及核辐射物质的难度较大，但是越来越多的核材料走私，使人们遭到“脏弹”袭击的威胁逐渐增大。

三、易遭受恐怖袭击的薄弱环节

恐怖袭击活动具有强烈的政治意图，它不仅是要消灭和摧毁目标，更重要的是制造恐怖气氛和政治压力，迫使政府或国际组织、社会团体做出让步，以达到政治报复或影响政策的目的。恐怖分子在不断寻找目标，这些目标不仅仅是因为具有吸引力，还因为它更容易实施，是防恐的薄弱环节。

（一）上下班途中

海外驻地与工作场所一般都有严格的防恐安全措施，恐怖分子不会轻易下手。驻地和工作场所往往不在同一个地方，沿线存在许多不确定因素，风险较高，上下班途中防护相对薄弱，更容易发生绑架劫持或治安犯罪事件。

（二）机场、车站

这些地点人员众多，实施爆炸等恐怖袭击会造成较大的恐怖气氛，达到恐怖袭击的政治意图。同时这些地方鱼龙混杂，也是各种劫持、暗杀、武装袭击、社会治安事件的高发地。

（三）旅行途中

人们在旅行途中一般处于身心放松的状态，警觉性较低，不易察觉即将发生的危险。旅行途中风险多变，更容易发生绑架劫持或治安犯罪事件。

（四）偏远工地、野外工区

石油勘探、工程技术服务、工程建设、管道业务、电力及通信等行业作业大多位于偏远区域或野外工区。这些地方相对偏僻，人烟稀少，容易出现部族冲突或恐怖势力渗透。所在国政府在这些区域往往管控能力较弱，加之交通闭塞，项目基地难以对作业点形成有效支持，容易成为恐怖分子袭击的目标。

（五）流动性作业

石油物探、钻修井、管道施工、公路建设等离开固定支撑基地进行的各种临时性或经常性的作业活动，被称为流动性作业。这些作业活动点多、面广、战线长，往往面临社区骚乱、部族冲突、路边炸弹、恐怖袭击等社会安全风险。

（六）其他公共场所或敏感地区

宗教活动场所、银行、使馆区、商场、宾馆、检查站、游行示威场所或沿线，是发生恐怖袭击的敏感地区，应尽量规避或减少停留时间。

第三节　海外业务面临的社会安全威胁与风险

党的十九大报告对当今国际政治经济秩序有过精辟的论述：“世界面临的不稳定性不确定性突出，世界经济增长动能不足，贫富分化日益严重，地区热点问题此起彼伏，恐怖主义、网络安全、重大传染性疾病、气候变化等非传统安全威胁持续蔓延，人类面临许多共同挑战。”这段论述高度概括了当前乃至今后一个时期海外业务面临的安全威胁与风险。

一、传统安全威胁与非传统安全威胁

传统安全威胁由来已久。自从有了国家，也就有了国家间的军事威胁。1943 年美国专栏作家李普曼首次提出了“国家安全”概念（National Security），美国学术界把国家安全界定为有关军事力量的威胁、使用和控制。20 世纪 80 年代以后，人们便把以军事安全为核心的安全观称为传统安全观，把军事威胁称为传统安全威胁。

非传统安全威胁是相对传统安全威胁而言的，它是指除军事、政治和外

交冲突以外的其他对主权国家及人类整体生存与发展构成威胁的因素。非传统安全威胁因素主要包括：经济安全、金融安全、生态环境安全、信息安全、资源安全、恐怖主义、武器扩散、疾病蔓延、跨国犯罪、走私贩毒、非法移民、海盗、洗钱等。

传统安全问题中的行为主体和来源相对比较明确，一般都是来自主权国家之间的利益冲突与纷争，主要是国家和政府行为的结果。非传统安全问题的行为主体和来源则更具多样性，许多非传统安全威胁都不是国家行为直接造成的，而是各类非国家行为体活动的结果。如恐怖主义就是由许多个人、组织或集团等所为。

二、社会安全威胁与风险的定义及分类

传统安全威胁与非传统安全威胁相互交织，是石油工业国际业务社会安全威胁的主要特征。为有效管控相互交织的传统安全威胁与非传统安全威胁，中国石油天然气集团有限公司（以下简称中国石油）在 2010 年建立了社会安全管理体系，旨在将企业经营、员工和承（分）包商所面临的社会威胁与风险降低到可接受的程度。

以下是中国石油国际业务社会安全管理体系对社会安全、威胁和风险的定义：

社会安全：中国石油国际业务所在国家（地区）因政局动荡、恐怖袭击、战争或武装冲突、宗教和部落矛盾、治安犯罪等，可能会对海外员工、财产和公司正常运行造成损害或损失的情况。

威胁：指任何可能阻止、妨碍目标实现或破坏支持目标实现的过程，包括故意或非故意的人为威胁和危害因素。

风险：指某特定危害事件发生的可能性与后果严重性的组合。在社会安全管理中，它是以威胁事件发生的可能性及其后果的严重性以及目标的脆弱性来衡量的，通常是由恐怖分子、犯罪分子、反叛分子或敌对势力等组织蓄意造成的。

综合考虑来自资源国内部和外部的威胁因素，包括国际业务作业环境、作业内容本身对某种威胁造成的吸引力，中国石油将国际业务常见的社会安全威胁分成 5 大类：

（1）治安犯罪（抢劫、偷盗、勒索等）；

（2）绑架、劫持（勒索赎金或政治目的）；

(3) 恐怖袭击（暗杀、爆炸、袭击、政治目的）；
(4) 战争、宗教部族冲突（地缘政治、内战、宗教部族矛盾）；
(5) 政治动荡、社会动乱（政权更迭、游行示威、宗教文化、经济威胁）。
这 5 大类社会安全威胁的细化分型及来源见表 1-1。

表 1-1　中国石油 5 大类社会安全威胁的细化分型及来源

编号	威胁分类	威胁分型	威胁描述	威胁来源
1	治安犯罪	暴力犯罪	· 人身攻击 · 武装抢劫 · 劫车 · 谋杀 · 强奸	· 个体犯罪 · 团伙犯罪
2		轻微犯罪	· ATM 机诈骗 · 扒窃 · 诈骗	· 个体犯罪 · 团伙犯罪
3		盗窃	· 盗窃车辆、船只、油料、食品、设备、现金等	· 员工 · 外部人员 · 内外勾结
4		贪污/挪用	· 贪污、挪用公司资产，谋取私利 · 虚开发票、报假账 · 虚报人数，吃“空饷”	· 员工 · 供应商
5		工作场所暴力	· 针对员工的暴力活动 · 胁迫员工 · 恐吓员工 · 骚扰员工（种族、民族、宗教方面）	· 员工 · 外部人员 · 社区人员
6		勒索/恐吓	· 威胁实施敌对或有害行为，要求提供现金/服务/雇佣机会	· 外部人员 · 员工 · 内外勾结
7		信息安全	· 信息丢失 · 未授权的信息收集 · 未授权的数据发布	· 非法信息中介 · 外部人员 · 员工 · 内外勾结
8		蓄意破坏	· 破坏交通工具 · 破坏基础设施 · 破坏工艺流程 · 破坏 IT 系统（病毒、恶意软件等）	· 员工 · 外部人员 · 内外勾结

续表

编号	威胁分类	威胁分型	威胁描述	威胁来源
9	绑架、劫持	绑架（勒索赎金）	·将员工非法拘禁到未知地点，勒索赎金	·团伙犯罪
10		绑架（政治目的）	·将员工非法拘禁到未知地点，以此对政府政策施加影响	·恐怖组织、民兵组织
11		劫持（政治目的）	·将员工非法拘禁到已知地点，以此对政府政策施加影响	·恐怖组织、民兵组织
12	恐怖袭击	爆炸（针对设施）	·车载简易爆炸装置 ·便携式简易爆炸装置 ·人体炸弹（自杀式爆炸）	·恐怖组织、民兵组织
13		爆炸（运动车辆）	·路边炸弹 ·车辆陷阱	·恐怖组织、民兵组织
14		枪击	·针对设施 ·针对车辆 ·针对公共场所	·恐怖组织、民兵组织体
15		暗杀	·针对公司员工	·恐怖组织、民兵组织
16		大规模袭击	·针对设施或场所的复合型攻击，如英纳梅那斯袭击案（阿尔及利亚 2013 年）和孟买袭击案（印度 2008 年）	·恐怖分子、民兵组织
17	战争、宗教部族冲突	战争	·与其他国家的战争	·国家
18		内战	·国家内部不同派系之间的战争	·政府军、恐怖组织、民兵、政治团体
19		宗教、部族冲突	·不同宗教、部族团体之间的地域性冲突	·当地宗教、部族团体
20	政治动荡、社会动乱	经济威胁	·政治干涉造成的经济损失	·当地或国家政府
21		法律制度	·不利的法院判决 ·政府更迭或军事政变	·国家、地方法院或政府
22		文化问题	·社区干扰、堵门 ·宗教迫害	·当地社区、宗教领袖与个体
23		社会动乱	·游行示威 ·封锁交通罢工 ·供应链中断	·非政府组织 ·国家、国际

三、面临的社会安全风险

我国石油工业海外业务遍布全球60多个国家和地区，不同国家和地区面临的社会安全风险不尽相同。中国石油按照全球油气资源战略布局，建成海外油气五大合作区，其分布范围及面临的主要社会安全风险如图1-6所示。

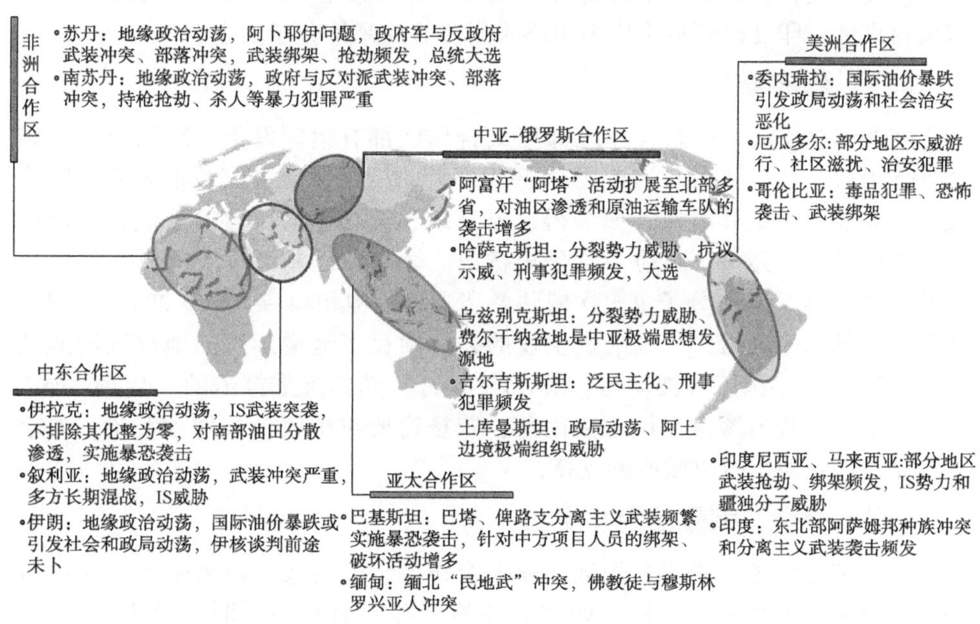

图1-6　中国石油海外油气五大合作区社会安全风险分布

（一）治安犯罪

在中亚—俄罗斯合作区、非洲合作区、美洲合作区治安犯罪呈高发态势。劫匪通常以暴力或威吓手段夺取财务，甚至杀害被抢劫者。偷盗往往针对项目的贵重设备或员工的财物，发生频率较高。在委内瑞拉，曾有中资机构，甚至我国政府派驻部门遭到抢劫的案例。在哈萨克斯坦，多次发生蒙面暴徒持枪抢劫外资营地、打伤人员的恶性事件。在苏丹，也曾发生歹徒闯入作业队经理办公室抢劫财物，开枪袭击事件。

（二）绑架、劫持

绑架案在非洲合作区、美洲合作区及亚太合作区都有案例发生，是一种非常严重的恶性社会安全事件。犯罪组织或恐怖分子以勒索赎金或政治目的为主，往往采取暴力手段将被劫持者绑架到陌生的地方造成伤害，在不达目的时会撕票。在尼日利亚，绑架劫持事件涉及各阶层和外国公司。壳牌、韩国大宇等公司的职员甚至总裁都曾遭受过绑架劫持。2007 年 1 月，曾有 5 名中国工人被武装分子绑架，后经中国外交部、商务部等协调各方展开救援，最终全部获救。在苏丹、哥伦比亚，同样的绑架劫持、勒索赎金事件也时有发生。在印度，甚至发生了恐怖分子劫持一架印度客机要求政府释放恐怖组织头目事件，印度政府迫于压力最终不得不答应恐怖分子要求。

（三）恐怖袭击

在非洲合作区、中东合作区和亚太合作区都有案例发生。恐怖组织实施恐怖袭击后，往往散布政治威胁信息并绑架劫持人质，提出政治条件，胁迫政府有关部门满足其要求。如乍得、尼日尔和索马里的反政府武装，曾声称要袭击中国石油公司，威胁中资公司撤出。藏匿在巴基斯坦和阿富汗边境地区的“东伊运”恐怖分子也多次威胁要袭击我机构和项目人员。2012 年1 月，在苏丹南科尔多凡州，一家中资企业的公路项目工地遭到过当地反政府武装袭击，20 余名中国工人被劫持。2016 年 5 月，受到沉重打击的“伊斯兰国”恐怖分子小股势力渗透到伊拉克南部，曾扬言要对中资企业发动袭击，要求中资企业停止对伊拉克政府的支持。

（四）战争、宗教部族冲突

在中东合作区、非洲合作区、亚太合作区，以内战、民族矛盾为主的战争及宗教部族冲突多种多样。如“阿拉伯之春”引发的所谓“民主”浪潮，使得北非中东政局持续动荡，民族、宗教矛盾更加尖锐。西方国家武力介入推翻利比亚卡扎菲政权，国家并没有迎来和平与安宁。叙利亚内战持续多年，国家千疮百孔，上百万人流离失所。南苏丹总统与副总统之争引发内乱，给国家和两个部族之间造成深重灾难。缅甸“民主化”浪潮及“民地武”组织与政府军的冲突，严重影响了中缅管道油气运输安全。当前，战争及宗教部族冲突是中国石油国际业务面临的最大风险，利比亚内战、南苏丹内乱、伊拉克与“伊斯兰国”之间的反恐战争，都给中国石油的国际业务造成了不利影响和损失，中国石油不得不启动了《涉外社会安全突发事件专项应急预案》，实施人员和设备资产的大规模撤离或转移。

（五）政治动荡、社会动乱

该类风险在美洲合作区的委内瑞拉，亚太合作区的阿富汗、巴基斯坦、印度尼西亚，中东合作区的伊拉克，以及整个非洲合作区持续不断发生。委内瑞拉因长期受到美国制裁，深陷经济危机，强人政治下暗流涌动，经常发生罢工、游行示威等活动。该国社会暴力犯罪频发，贩毒势力猖獗，印第安人和环保组织也经常以环境保护为由抗议石油工程项目，中国人及中资企业往往成为攻击目标。在阿富汗、巴基斯坦、印度尼西亚等国，每当进入大选年，政治派别斗争就异常激烈，往往政令不通、腐败严重，社会进入无政府状态，社会骚乱频发。在伊拉克，受穆斯林派别和宗教文化的影响，宗教集会、反腐运动、部族矛盾等往往引发大规模游行示威和武装冲突。在非洲合作区，强力人物长期统治，贫穷、落后，高失业、高物价以及西方殖民时期遗留的民族、宗教矛盾长期无法解决，导致腐败盛行、民怨沸腾、政治动荡，而不同党派之间的选举竞争往往演变为背后支持力量的权力争夺，甚至酿成大规模武装冲突和社会内乱。

除上述主要社会安全风险外，随着石油工业全球化战略布局的不断深入，大量国际化雇员涌入中国石油的海外作业队伍，如何确保信息安全、防范“内鬼作乱”、阻止恐怖主义思潮的渗透，成为中国石油下一个工作难点和面临的风险。

第二章　社会安全管理体系简介

随着中国参与全球治理方式的转变与“一带一路”合作倡议的落实推进，我国对外投资合作规模不断扩大，境外高风险地区针对中资机构和人员的安全事件频发，为进一步减轻或降低境外企业面临的社会安全风险，中资企业需结合自身海外业务发展特点和实际，积极探索和创新，建立系统的社会安全风险管理模式，不断强化境外社会安全风险防范能力，从而提升海外业务社会安全风险管控水平。

第一节　国际业务社会安全管理体系架构

社会安全管理体系简称为SeMS（Security Management System），该体系可视为一个开放的复杂系统，具有多主体、多因素、多尺度、多变性的特征，包含丰富而深刻的复杂性科学问题。

一、社会安全管理体系发展历程

自“9·11”事件以来，国际非传统安全形势日益复杂，宗教冲突和政治动荡相互交错，恐怖主义活动愈演愈烈，中资企业“走出去”面临的社会安全风险更加复杂多变，严重威胁着“走出去”的中资企业海外项目员工的人身和资产安全，社会安全风险成为走出去企业最大的运营风险。为有效应对复杂多变的社会安全形势，做到让员工放心、让家属放心、让公司领导放心、让党中央国务院领导放心，保证员工安全、保持生产稳定、保障企业利益，中资企业较早开启了境外社会安全研究。中国石油自2007年开展海外营地选择建设、国际旅行等安保措施研究以来，出台了《海外作业营地选择、设计与建设安保指导意见》《国际旅行安保指南》、安保日报模版等。2009年，开始研发国际业务社会安全管理体系，于2010年6月发布实施《中国石油天然气集团公司国际业务社会安全管理手册》，2010 年年底相继发布并实施了 12 个社会安全管理程序文件，标志着新型的社会安全管理模式的诞生，从无到有，在中央企业属于首次，在国际同行业处于领先地位，发挥了积极引领示范作用。中国石油国际业务社会安全管理体系得到了外交部、商务部、国资委等国家部委的高度认可，一致认为“中国石油在国内率先开展了社会安全管理体系研究，具有管理的创新性，走在了我国企业海外发展的前列，对国内其他企业的海外项目社会安全管理具有借鉴意义”。

经过近十年的实践证明，社会安全管理体系在海外得到有效贯彻落实，在实践中持续改进提高，能够控制海外业务风险，保证较高风险项目的平稳运行，社会安全管理体系管理模式和管理手段日臻成熟，建立了一套集体系研发和管控一体化的管理技术，提供了一套行之有效的社会安全管理解决方案。

面对日益严峻的社会安全风险问题，国内外各类组织、研究机构也开始对社会安全开展研究，着力制定社会风险应对策略。联合国、国际大型公司、外国政府以及国外一些研究机构，基于监测、描述和解释国际社会安全的需要，在研究和实践中设计了一系列社会安全评估、管理框架，如桑迪亚国家实验室研发了《工业设施易受攻击性评价方法研究》，美国化学工程师协会发布了《固定化工设施安全脆弱性评估分析和管理导则》。国际石油天然气生产者协会于 2014 年 7 月发布了《社会安全管理体系指南》，对社会安全管理体系的主要组成部分进行了高度概括，但这份文件不是指令性的，它鼓励组织根据报告中的指导方针开发其自身的社会安全管理体系。

二、社会安全管理总体要求

结合“一带一路”合作倡议的深入推进，中国参与全球治理方式的转变，我国对外投资合作规模不断扩大，所面临的国际形势日趋复杂多变，反恐态势依旧严峻。党和国家领导人对境外人员安全的重视上升到了新高度，多次做出明确指示，要求采取有效措施，确保我人员生命安全。为保障“走出去”倡议的顺利实施，政府有关部门多次召集会议，研究对策，提供帮助。先后发布一系列核心政策法规和指导文件，成为境外安全问题的主要制度保障；明确指出对外投资合作企业负责人是境外安全的第一责任人，要切实履行职责。对于因安全教育、风险防范和应急处置等方面存在明显疏漏而发生安全事件的企业，相关部门要依法给予处罚并追究有关领导和人员的责任。

"走出去"的企业要高度重视境外社会安全工作，加强境外安全风险防范，制订安全风险防范措施，增强风险防范和处置能力，建立境外社会安全突发事件应急处置机制，采取有效措施，切实加强境外社会安全工作，确保人员安全，完善境外安全风险控制的标准化体系。

中国石油作为中国最早"走出去"的企业之一，积极实施"资源、市场、国际化"三大战略，在国际化上走在了前列。集团公司党组高度重视海外防恐安全工作，明确指示"不具备安全生产条件的不作业，要作为纪律要求"，集团公司领导多次强调，要求采取有效措施，切实加强防恐安全工作，首先确保我人员安全。

中国石油已在海外初步建成五大油气合作区、四大油气战略通道、三大油气运营中心，为加强海外项目社会安全管控能力，提升石油企业社会安全管理水平，始终围绕践行"员工生命高于一切"的社会安全管理理念。总体要求为："牢固树立社会安全理念，立足预警预防、加强过程管理、妥善应对危机，持续推进社会安全管理体系，提升海外应急能力"的安全管理模式，抓好境外员工防恐安全培训，加强本土化运营，认真履行社会责任，杜绝因社会安全管理原因造成中方人员被绑架或死亡事件，保障集团公司国际化经营目标的顺利实施。随着社会安全体系在海外项目的推广和使用，管理体系不断充实和完善，不断得到国际国内同行及相关机构的认可。

三、社会安全管理体系运行模式

社会安全管理体系由多个要素构成（图 2-1），这些要素通过 PDCA 模式❶有机地融合在一起，相互关联，相互作用，形成一套结构化动态管理系统。该体系以风险管理为主线，通过对国际业务活动中可能面临的恐怖袭击、战争或武装冲突、政局动荡、宗教部落矛盾、治安犯罪等各种社会安全威胁的辨识，通过风险评估、风险处置的策划，采取各种风险管理措施，将风险控制在合理、可接受的范围内，减少和避免可能引起的人员伤害、财产损失、环境污染和公司声誉破坏等。

❶PDCA 模式又称 PDCA 循环，这一循环将质量管理分为四个阶段，即计划（plan）、执行（do）、检查（check）、处理（action）。在质量管理活动中，把各项工作按照要求做出计划、计划实施、检查实施效果，然后将成功的纳入标准，不成功的留待下一循环去解决。

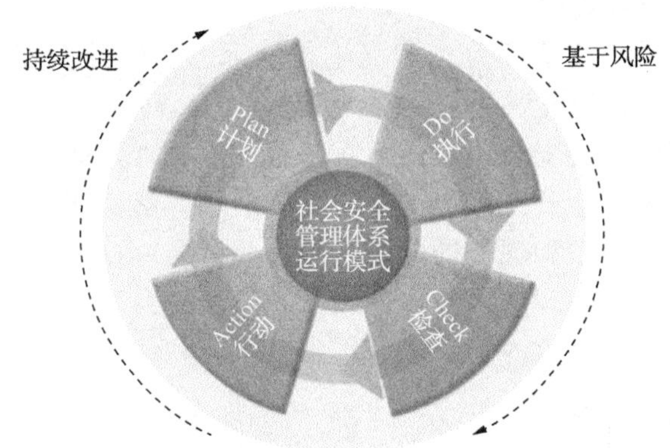

图 2-1 国际业务社会安全管理体系运行流程

社会安全管理活动通过“协商与沟通”和“监测与评审”的方式得以实现，并遵照所在国法律法规、行业指南以及工作计划加以落实。

四、社会安全政策和目标

社会安全方针，是指导企业安全工作的总体指导思想和根本方向的。社会安全方针应遵循“员工生命高于一切”的原则。为了尽可能降低企业国际业务所面临的社会安全风险，在社会安全管理体系中，应规定社会安全政策及行为准则，所有员工和承（分）包商都应遵照执行。

各级管理人员应做出表率，积极参与各项社会安全管理活动，努力培育企业安全文化，形成统一的价值观和理念。

（一）安全政策

企业制定社会安全政策应符合项目所在国和地区的法律法规、中国政府加入的国际公约以及相关的国际标准和惯例等要求；应尊重当地宗教、文化和习俗；遵守有关保安和武力使用原则，不滥用武力；以人为本，努力降低社会安全风险和避免伤害的发生；着重考虑企业发展现状，面临的社会安全风险、相关方和合作方的观点与愿望、员工的保护等因素。

中国石油社会安全政策如下：

（1）牢固树立“员工生命高于一切”的理念，切实保障境外员工在社会安全方面的各项权利，为员工创造安全稳定的生产生活环境。

（2）遵守所在国/地区的法律法规，尊重当地宗教、文化和习俗。

（3）将社会安全管理作为企业管理重要组成部分，提供足够的资源以确

保社会安全管理的有效性。

(4) 对所有员工与承（分）包商进行培训，明确社会安全管理责任，提高社会安全管理能力和意识。

(5) 定期评估社会安全风险，落实各项风险处置方案。

(6) 定期开展社会安全审核和专项检查活动，落实纠正措施。

(7) 制定应急预案和现场处置方案，并开展演练，将事故损失降至最低。

(8) 遵守有关保安和武力使用原则，不滥用武力。

(9) 所有社会安全事件均应进行报告、调查和记录。

（二）目标与指标

“走出去”的企业制定社会安全目标、指标应基于社会安全方针和政策，符合我国和驻在国（地）有关的法律、法规和政策，符合本企业的发展现状，考虑本企业的重大风险、可选的技术方案、财务、运行和经营要求、相关方和合作方的观点与愿望、员工的保护等因素。社会安全目标可以是阶段性、渐进性、可操作性的指标或参数，并尽可能地量化，确保合理可行。

中国石油社会安全管理目标与指标如下：

(1) 努力追求国际业务社会安全事件零伤害、零损失。

(2) 杜绝因社会安全管理原因造成中方人员被绑架或死亡事件。

五、社会安全管理体系文件架构

国际业务社会安全管理体系文件分为三层架构，制定时参考了国际标准，其中第一层文件为管理手册，是社会安全管理体系的纲领性文件，包括社会安全政策、社会安全目标、社会安全承诺，对公司社会安全管理体系进行了总体描述；第二层文件为社会安全管理体系程序文件，是公司结合经营环境和特点以及业务活动范围而建立的，为管理手册的支持性文件；第三层文件为社会安全作业文件，包括社会安全计划、作业文件、表格、记录等工具性文件，是程序文件的支持性文件，也是项目实际操作性文件（图 2-2）。

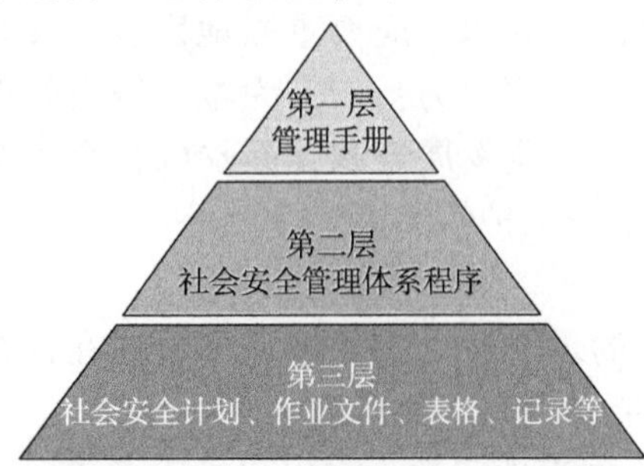

图 2-2 国际业务管理体系文件架构图

第二节　信息收集与报告

一、信息收集分析

（一）信息收集

社会安全信息的主要获取途径包括但不限于：

（1）与驻在国政府相关部门建立联络渠道并获取其分享的社会安全信息。

（2）中国外交部、驻在国大使馆及集团公司发布的社会安全预警或报告。

（3）与其他中资企业或同行业外资公司建立共享平台。

（4）与当地社区、武装力量及安保力量建立沟通渠道或信息共享机制。

（5）公共媒体、社交网络等现代传媒机构以及第三方安保机构，如 CRG、G4S 等发布的社会安全信息。

（二）汇总分析

公司总部要求海外项目人员收集上报社会安全信息，社会安全信息填报内容包括社会安全事件发生的时间、国家、地区、信息类型（恐怖袭击、武装冲突、治安犯罪、部落冲突、政局动荡等）、信息的相关方、信息目标、信息来源、经济损失、死伤人数等，并组织对社会安全信息进行趋势分析和研判。

高风险（I）级及以上国家和地区的所在项目应指派专人对收集的社会安全信息进行汇总分析，按要求填入社会安全信息汇总表（表 2–1）。

表 2–1　社会安全信息汇总表

时间	地点		信息类型	事件相关方	事件目标	事件描述	信息来源	事件影响				事件等级	信息威胁值
	国家	地区						经济损失	参与人数	死亡人数	受伤人数		

（三）分享上报

社会安全信息的分享和上报应遵循以下几个基本要求：

（1）对项目工作人员的威胁信息应及时上报社会安全管理部门及以上层级。

（2）对项目正常运营造成威胁的信息应及时上报社会安全管理部门及以上层级。

（3）外交部（及其使领馆）、商务部等发布的预警信息（正式或非正式）需及时上传下达。

（4）高风险（Ⅰ）级及以上国家和地区的所有项目应认真填报社会安全信息汇总表，并随安保日报一同上报。

（5）高风险（Ⅰ）级及以上国家和地区的所有项目应定期组织召开社会安全形势研判会，分享项目所在地当前社会安全局势、风险等级、预警信息等内容。

（6）上报公司总部国际业务主管领导的社会安全信息，需要在满足分级报送要求的基础上经公司总部负责社会安全管理部门审核后上报。

二、信息分级报送

（一）信息分级

应对社会安全信息进行分级，可按其重要性及威胁值分为极高（Ⅰ）、高级（Ⅱ）、中级（Ⅲ）、低级（Ⅳ）四级，分别用红色、橙色、黄色、蓝色表示。

社会安全信息分级方法按如下开展海外项目社会安全信息分级。

（1）信息等级的划分。

按照通用的四级风险等级划分法。四级分别为极高、高级、中级、低级。

（2）信息威胁值。

信息威胁值是根据信息的类型、相关方、目标、来源、影响力5个要素的系数计算出的体现该信息对地区社会安全风险影响的量化结果，同时也是信息分级的基础依据。

（二）信息报送

根据信息等级对所需报送的社会安全信息进行了划分。上报公司总部国际业务主管领导的社会安全信息，需要在满足分级报送要求的基础上经公司总部社会安全管理部门审核后上报。具体分级报送内容见表2-2。

表2-2　信息报送矩阵

信息等级 / 管理层级	Ⅰ级—极高（红色）	Ⅱ级—高（橙色）	Ⅲ级—中（黄色）	Ⅳ级—低（蓝色）
社会安全管理部门	√	√	√	√
海外项目领导层	√	√		
涉外单位	√			
公司总部	√			

第三节　风险评估与安保方案

一、风险评估概述

广义的社会安全风险是指事物不确定、不期望的程度。狭义的社会安全风险是指某特定危害事件发生的可能性与后果严重性的组合。在社会安全管理中，它是以威胁发生的可能性及其后果的严重性以及目标的最弱性来衡量的。

社会安全风险管理流程是指公司围绕其总体社会安全政策和管理目标，在国际业务管理的各个环节和经营过程中系统地识别、分析、评价、处置、监测和评审社会安全风险的过程。

社会安全风险管理流程包括界定范围、风险评估、风险处置、监督与检查、沟通与协商5个方面（图2-3）。

二、风险的识别与评价

风险=威胁发生的可能性×严重性×脆弱性

风险评估主要由风险识别、风险分析、风险评价3个部分组成。通过识别与威胁相关联的风险，推断威胁发生的可能性、严重性和脆弱性，来综合

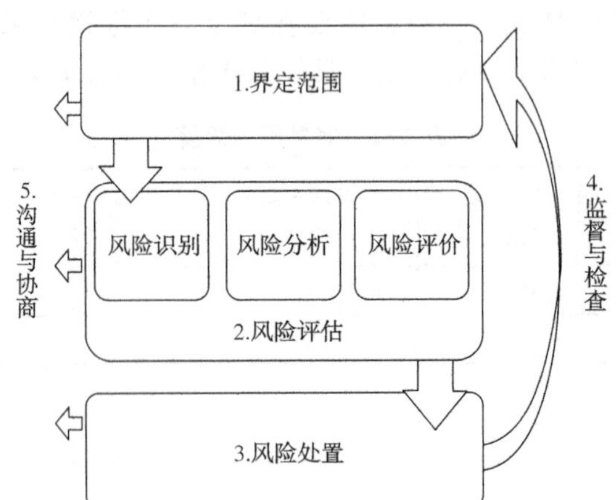

图 2-3　风险管理流程

评估风险，并确定风险级别和处置排序。

公司应基于“最低合理可行（As Low As Reasonably Practicable）”的原则（简称 ALARP），制定适宜的社会安全风险评价准则，明确风险的可接受标准。

项目启动前的风险评价，一般使用威胁的可能性—严重性评估矩阵，用于没有具体风险处置措施前的初始风险评价。在项目启动后，并有实际风险处置措施的情况下，现场具体风险评估应增加脆弱性评估的内容。

（一）风险识别

社会安全风险评估应识别和描述作业区域内存在的威胁。需要对作业环境和作业内容进行全面的了解。有时候某些资产本身即可构成威胁或对某种威胁造成吸引。

威胁方应考虑来自内部的和外部的，以及内外共谋等情况。内部人士为一般可通过正常渠道接触资产的人员。他们可能通过欺诈、培训、熟悉相关设施等手段，从而在未经监督情况下接触重要信息及资产，造成严重威胁。

任何公司都应与所在国的地方和国家执法部门讨论潜在威胁，与行业兄弟单位建立积极的沟通和联络，拓宽威胁信息来源渠道，提高获取的威胁信息质量。

各种威胁信息可从如下渠道获取和识别：

（1）政府通告。

（2）外交部门、使（领）馆、政府有关部门和驻在国政府部门。

（3）新闻媒体。

（4）来源于本单位各级组织和员工的信息。

（5）作业伙伴。

（6）各海外项目基层单位通过各种渠道获得的信息。

（7）社区团体和组织。

（8）相关安保机构和国际组织。

（二）风险分析

风险分析是指确定危害事件发生的可能性、严重性以及脆弱性的过程。

1. 可能性分析

威胁可能性是用数值来表示某种有害事件发生的可能程度。进行可能性分析时应考虑，威胁方的动机和能力。威胁评分通过动机（或发生率）能力矩阵进行确定（表2–3，表2–4），如果存在某些因素对目标吸引力产生明显影响，进行可能性分析时要使用目标吸引力系数（表2–5）。

可能性评级：可能性 = 威胁评分×目标吸引力系数

表2–3　威胁评分矩阵

能力＼动机	极低	低	中等	高	极高
极低	1	2	2	3	3
低	1	2	3	3	4
中等	2	2	3	4	4
高	2	3	3	4	5
极高	3	3	4	4	5

动机、发生率和能力分级描述见表2–4。

表2–4　动机、发生率和能力分级标准

分级	动机	发生率	能力
极低	本地区没有已知的威胁方和动机	本地区或行业内从未发生过此类安保事件	威胁方没有能力实施此类威胁
低	本地区存在威胁方，但没有针对公司资产/业务的动机	此类事件在本地区或行业内鲜有发生（<1次/年）	威胁方具备有限能力实施威胁
中等	本地区存在威胁方，且存在针对公司资产/业务的动机	此类事件在本地区或行业内曾发生过（>1次/年）或未来有可能发生	威胁方有能力实施威胁

续表

分级	动机	发生率	能力
高	威胁方已经宣示对本行业、公司或国家目标实施威胁活动的动机，但具体时间和目标不确定	此类事件在本地区或行业内屡有发生（<4次/年）或在中短期未来可能会发生	威胁方展示了实施此类威胁活动的能力
极高	有征象表明，威胁方企图在某一时间针对某一目标实施威胁活动	此类事件在本地区或行业内经常发生（>4次/年）或在近期内很可能发生	威胁方多次展示出对本地区内的同类目标实施威胁活动的能力

表 2-5　目标吸引力系数

描述	目标吸引力系数
对威胁方的吸引力非常大	1.25
可接受的目标	1
对威胁方的吸引力非常小	0.75
影响目标吸引力的因素应在风险评估报告中注明	

举例：某威胁方的动机为“中等”、能力为“高”，动机（或发生率）×目标吸引力系数评分为4。如果此目标对威胁方非常有吸引力，目标吸引力系数为1.25，因此，可能性评分：4×1.25=5（几乎确定）。

注：使用目标吸引力系数时，如得数是小数，均四舍五入取整数，但最大数为5。

2. 严重性分析

威胁严重性是当威胁演化为事件时作业可能遭受的伤害程度。威胁严重性反映的是资产在某一时间内对业务产生的真正价值，通常与资产的账面价值是有差别的。

威胁严重性评级见表2-6。

表 2-6　威胁严重性评级

分级	（P）人员	（A）财产	（E）环境	（R）声誉（由于恐怖袭击、战争、政局动荡、群体性事件等社会安全事件的影响程度）
1	轻微伤 FAC，MTC	轻微损害（<10万元）	轻微影响	小影响
2	轻伤 RWC，LWC（<3个损失工作日	局部小范围的损害（<500万元）	影响较小	中等的影响

续表

分级	（P）人员	（A）财产	（E）环境	（R）声誉（由于恐怖袭击、战争、政局动荡、群体性事件等社会安全事件的影响程度）
3	重伤 LWC，PPD	重大破坏（>500 万元）	影响有限	影响巨大
4	永久性完全丧失劳动能力单人死亡或被绑架 PTD/FAT	大范围的破坏（> 1000 万元）	重大影响	在国家范围内造成巨大影响
5	多人死亡或被绑架	巨大的破坏，作业损失（> 5000 万元）	巨大的影响	造成国际影响

注：FAC，简易急救包扎事件；MTC，医疗处理事件；RWC，工作受限事件；LWC，损失工作日事件；PPD，永久性部分躯体残疾；PTD，永久性完全丧失劳动能力；FAT，人员死亡。

（三）风险评价

1. 初始风险值确定

通过表 2-7 的矩阵下面确定初始风险值，这是在没有采取任何安保措施情况下的风险评级，便于确定风险级别和处置排序（表 2-8）。

表 2-7　初始风险值矩阵

严重性					可能性				
分级	人员	财产	环境	声誉	1 极不可能	2 不太可能	3 可能	4 很可能	5 几乎确定
1	轻微伤 FAC，MTC	轻微损害（< 10 万元）	轻微影响	小影响	1	2	3	4	5
2	轻伤 RWC，LWC（< 3 个损失工作日	局部小范围的损害（<500 万元）	影响较小	中等的影响	2	4	6	8	10
3	重伤 LWC，PPD	重大破坏（>500 万元）	影响有限	影响巨大	3	6	9	12	15
4	永久性完全丧失劳动能力单人死亡或被绑架 PTD/FAT	大范围的破坏（> 1000 万元）	重大影响	在国家范围内造成巨大影响	4	8	12	16	20
5	多人死亡或被绑架	巨大的破坏，作业损失（> 5000 万元）	巨大的影响	造成国际影响	5	10	15	20	25

表 2-8　初始风险值与处置原则

等级	定义	评分（可能性×严重性）	处置原则
Ⅳ	低	1～4	低风险，可接受的风险，根据风险处置方案维持风险等级
Ⅲ	中	5～9	中等风险，需采取应对措施，及时制定处置方案，确定风险责任人。应在一定期限内对风险进行处置并降低
Ⅱ	高	10～16	高风险，需紧急采取应对措施，及时确定风险责任人和制定处置方案，尽快降低风险
Ⅰ	极高	17～25	极高风险，需立即采取综合处置措施或在风险降低之前，停止该高风险的活动

2. 脆弱性评估

对各种场所设施的脆弱性评估主要从预防、响应两个方面进行判断（表 2-9），项目管理人员和社会安全专家应根据现场实际情况，按评估需要使用和修改。

表 2-9　脆弱性评估标准

评级	预防	响应	脆弱性评分
优	风险控制（威慑、探测、延迟）措施到位，在本地区或行业内处于优秀水平，满足 ALARP 标准；未发现不符合和改进项	风险响应和恢复措施到位，处于优秀水平；未发现不符合和改进项	1
好	风险控制（威慑、探测、延迟）措施到位，在本地区或行业内处于良好水平；未发现不符合项，但有少量改进项	风险响应和恢复措施到位，在本地区或行业内处于良好水平；未发现不符合项，但有少量改进项	2
中	风险控制（威慑、探测、延迟）措施到位，在本地区或行业内处于一般合理水平；发现有不符合项和薄弱环节	风险响应和恢复措施到位，在本地区或行业内处于一般合理水平；发现有薄弱环节和不符合项	3
差	风险控制（威慑、探测、延迟）措施部分到位，低于本地区或行业内一般水平；发现有实质性的缺陷和较多不符合项	风险响应和恢复措施部分到位，低于本地区或行业内平均水平；发现有实质性的缺陷和较多不符合项	4
极差	没有风险控制（威慑、探测、延迟）措施，或者发现有严重的缺陷或不符合项，足以使其他所有控制措施失效	没有风险响应和恢复措施，或者发现有严重的缺陷或不符合项，足以使其他所有措施失效	5

如果预防措施和响应措施的评分不一致，取较高的分值。

举例：预防措施评级为“好”（2分），而响应措施评级为“中等”（3分），那么脆弱性评分为3。

3. 残余风险值

残余风险值=严重性×可能性×脆弱性

使用表2-10可对残余风险进行评级和确定处置优先级。

表2-10　残余风险值矩阵

序号	威胁	可能性L	严重性E	脆弱性V	风险评分（L×E×V）	处置排序
1		5=几乎确定	5=重大	5=极差	65~125	
2		4=很可能	4=严重	4=差	28~64	
3		3=可能	3=中度	3=中	9~27	
4		2=不太可能	2=轻度	2=好	1~8	
5		1=极不可能	1=轻微 1=优			

安保控制措施提升以后，需要重新评估残余风险，把安保措施本身带来的风险也考虑在内。例如，使用武装保安可能会增加犯罪团伙或恐怖组织袭击的风险，目标是夺取武器。

公司或项目应该根据社会安全风险评估的结果，建立并维护社会安全风险登记表。社会安全风险在不同作业项目，甚至同一作业不同阶段都是变化的，所以社会安全风险登记表也是一个需要及时更新的文档。

在一个作业活动的各个重要阶段都需要对新增和原有的威胁进行风险和处置措施的重新评估。现场各级经理和监督人员应当负责维护和确保社会安全风险登记表的有效性，社会安全专职管理人员或顾问应当基于作业场所具体的社会安全风险评估和风险登记表信息，撰写并向主管经理提交关于实施社会安全处置方案的建议报告，指导风险处置方案的选择、制定和实施。

三、安保方案编制

安保方案应至少包括项目概况、项目驻在国家（地区）社会安全现在分析、社会安全风险评估、安保管理措施、附录5部分内容。

（一）项目概况

简要描述海外项目的情况，包括但不限于：项目来源、规模、人员数量、作业类型与区域，项目部、营地与分营地，外区、绿区、限制区、保护区及核心区的划分等。

（二）项目驻在国家（地区）社会安全现状分析

社会安全现状分析需包含但不限于以下几个方面：

（1）项目驻在国概况。

（2）项目所在地及周边情况。

（3）项目驻在国的安全形势。

（4）影响社会安全主要势力分析。

（三）社会安全风险评估

项目应结合所在国家（地区）社会安全现状分析，对政治、安全、经营、恐袭等社会安全风险进行评估。

（四）安保管理措施

安保管理措施应包含但不限于以下内容：

（1）社会安全管理政策与目标。

（2）组织机构与职责。

（3）能力、培训和意识。

（4）雇员本土化实施。

（5）设施安全（物防、技防）。

（6）旅程安全管理。

（7）安保人员设置与管理（人防）。

（8）信息安全。

（9）应急管理。

（10）审计与检查。

第三章　海外场所安全防范

为进一步加强海外社会安全管理，确保海外员工安全，全面提高海外社会安全管理综合能力，综合运用安全防范技术和其他科学技术，建立具有防入侵、防盗抢、防破坏等功能（或其他组合）的系统实施工程，以加强海外营地和施工现场等场所的安全防范；并通过提前安全防护的准备和保护工作的实施，避免海外作业人员遭受恐怖组织的袭击，从而使人员处于没有危险、不受侵害、不出现事故的安全状态。

安全防范工程的设计应根据被保护对象的特性和安全防范管理工作的要求，坚持人防、物防、技防相结合，精准化、高科技化和全面化相结合的原则，构建先进、可靠、经济、适用、配套的安全防范系统。

安全防范工程应与被保护对象的风险等级相适应。

安全防范工程的配置应采用先进而成熟的技术、可靠而适用的设备。

安全防范系统中使用的设备必须符合法规和现行相关标准的要求，并经过检验或认证合格。

第一节　人力防范

人力防范（简称人防）：指利用人自身为主体因素进行安防工作。

一、人防配置基本要求

（一）增强出国人员综合素质和自我防护意识

首先，应当采取措施提高出国人员的综合素质。其次，应当把安全和自我防护意识教育作为出国教育的重要部分。例如，可以通过板报、宣传栏、文件、会议等形式增强员工的自我防护意识。

（二）配备安全保卫力量

安全保卫力量是保证项目员工和营地、办公室及设备设施场所安全的基本元素。各海外项目公司及所属有关单位，应根据各自业务特点和当地治安状况确定1~2名安保经理，并配备足够的安保人员。在选择保安人员的标准上，要从严要求，以确保项目安全。

（1）安全保卫人员的设置要有机组织，合理分工，确保履行职责要求如下：

① 出入口对人员、车辆进出控制；

② 确保对连续监控报警装置和电子监视系统控制；

③ 巡逻；

④ 提供随行护卫；

⑤ 消防和安全检查；

⑥ 安全信息收集与报告；

⑦ 成立快速反应小组。

（2）安全保卫工作还应设有指挥人员，如该部门主管、副手、管理人员。

（3）应在地图或平面图里标注保安站。

（4）在必要时，保安力量可按照需要分为固定岗保安、巡逻岗保安、快速反应部队、贴身保镖、车辆护卫小组等。

（5）安全保卫人员应根据所在国家（地区）的法律法规要求配备适当的防身器材，如轻武器、警棍、通信设施和防毒面具等。

（6）应编制书面形式的突发事件的应对程序，且分发至每个保安人员。应对的突发事件包括：

① 未经授权的人员进入营地；

② 非法的环境污染行为（特指有毒有害物品）；

③ 发生员工之间的打斗；

④ 与恐怖/犯罪分子接触；

⑤ 绑架或绑架企图；

⑥ 营地撤离；

⑦ 紧急医疗救助和意外事故；

⑧ 火灾；

⑨ 持械闯入；

⑩ 遭遇武器袭击；

⑪ 遭遇盗抢。

（7）安全保卫人员筛选、雇佣与培训。安全保卫人员负有保护员工人身安全和设施财产安全的职责，因此要谨慎筛选，并进行必要的培训。了解当地雇员，做好聘用人员的后续调查，可疑人员的识别工作。雇佣专职安全人员并根据本营地及施工现场设立值班岗位。诚实、警觉、机敏、果断、守纪、忠诚作为雇佣的必要条件：

① 身体状况良好；

② 具备基本素质：学识、技能、经验等；

③ 背景调查；

④ 心理和身体测试；

⑤ 良好的沟通能力；

⑥ 遵守相关法律法规和规章制度；

⑦ 熟悉武器操作和通信设备；

⑧ 突发事件应对能力。

（三）积极发展良好的社区关系

立足当前，着眼长远，把做好项目作业现场社区或部落关系作为所在国家（地区）公益事业的重点，为项目发展营造良好的外部环境。项目启动前，要详细了解社区和当地部落首领的需求和意愿，明确公司对社区和部落可持续发展应尽的义务，制订公益项目计划。项目运作之后，要进一步加强与社区和当地部落首领的沟通和交流，通过增加当地就业机会、支持当地经济发展，争取社区和部落的支持。

（四）定期组织参加应急演练

为制止或降低风险事件的发生所采取的快速行动，以把危害降到最低，需要建立健全各种安全预案并组织定期演练，具体的演练科目包括：突发事件预案、紧急撤离预案、自然灾害预案、枪击爆炸应对练习、野外逃生练习、撤离时应急通信练习、全员紧急集合练习、安全设备使用练习、自救互救练习等。

二、保安力量作用

（1）出入口控制：对进出工作场所的车辆、人员进行安全检查，识别可疑人员和车辆，确保经过授权，并检查安保监控系统，确保连续监控报警装

置和电子监视系统（每周7天，每天24小时连续监控）。

（2）巡逻：确保门、窗和其他通道安全，制止可疑的人或事（如疑似闯入等），及时报告并做好记录。

（3）护卫：项目所在国（地区）风险级别较高时，勘察道路、制定多条车辆行驶路线。员工外出须由保安人员提供安全护卫，原则上不安排保安人员陪同外来人员或来访者至工作场所。

（4）按规定进行消防和安全检查，将要害部位作为班后检查的重点，确保项目员工落实安保程序（例如，受保护区域门窗是否上锁等）。

（5）应急反应：当紧急事件发生时，按照应急预案赋予保安的职责快速反应。

（6）公共关系：保安人员应训练有素、着装整洁、行为规范、言语简洁、严肃又不失礼貌，牢记待人接物的方式，因为这直接影响来访者对公司的印象。

（7）培训教育：保安人员应识别工作场所存在的风险和安全隐患，及时向项目员工提出警示，定期检查各种安全制度实施情况，并协助项目管理层开展安保培训。

（8）信息收集：对工作场所周边安全形势保持警惕，通过各种渠道收集社会安全信息并逐级上报。

（9）熟知各种安全预案并组织定期演练。

第二节　物理防范

物理防范（简称物防）：是指充分利用地形和现有物体进行安全防护，从而规避安全风险。物理方法通常可采取以下方面：

（1）营地临近的社区作为第一道防线，应与当地社区保持良好的关系，以提供早期预警。

（2）周界作为第二道防线，可设计为围栏、围墙或其他类似的设施；围栏或围墙的监控措施可以通过肉眼巡查、闭路电视或者声控报警等手段实现。第二道防线的目的是防止闲杂车辆和路人的接近。

（3）第三道防线由内部设施和建筑物组成，它们的周围可以设置围栏或者围墙。

（4）第四道防线为建筑内墙以及上锁的门和窗。

（5）最后一道防线为房屋内部的门以及应急空间。

理想的营地应选择在具有开阔地面的高地或便于发现和监控任何形势入侵的场地。

一、营地的选择、规划与布局

营地应选择在开阔的高地上且应远离主干道，周界围栏以外 100m 内不允许存在建筑和社区住处，并且有足够大的占地面积（图 3-1）。

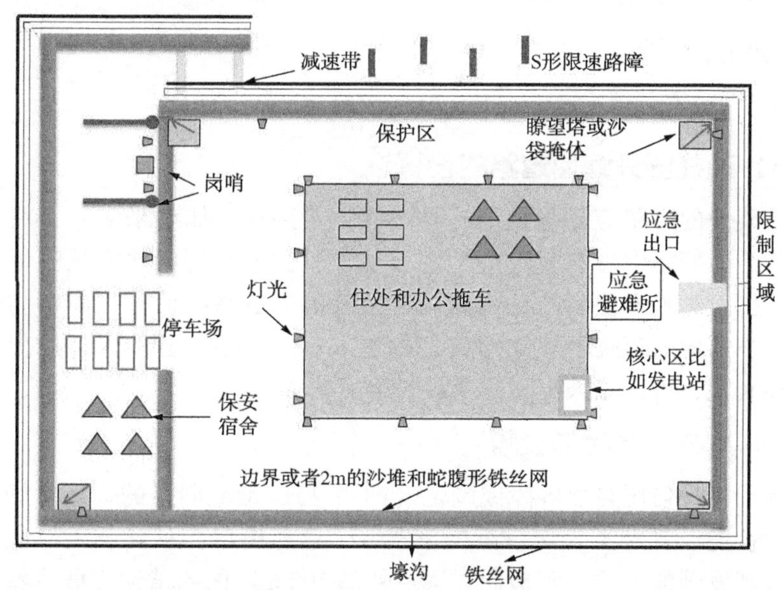

图 3-1　营地规划示意图

（1）为外访者提供充裕的停车位。外访者停车区域应设置在营地之外，在入口岗哨的视线之内。

（2）能够安置工作人员所用的住宿拖车、办公拖车、集装箱，营地所有车辆以及电力与通信设施。

（3）野外营地及周边地带至少应被划分为如下区域：

① 外区：公共地带。

② 绿区：位于营地周围受一定程度保护的作业区。

③ 限制区：营地周界外部，包含从营地周界的视线以内的外部环境以及需要巡察的基础设施（比如管道）保护区。

④ 保护区：营地周界，以营地周界为界，该区域包含栅栏、地面和大门。

⑤ 核心区：存放关键资产或者营地作业必需区域。该区域营地内的布局应满足如下要求：

a. 工作人员的住宿拖车或集装箱要保持合理的安全间距，可根据风险等级进行调整，但不得小于规定的防火间距；

b. 帐篷或棚屋要保持合理的安全间距，可根据风险等级进行调整，但不得小于规定的防火间距；

c. 用于办公的拖车或集装箱要保持合理的安全间距，可根据风险等级进行调整，但不得小于规定的防火间距。

二、营地的设置

（一）通往野外营地道路的设置

通往营地的道路应是唯一的，且不应设置路标。如有来访者，在来访者访问之前给他们提供带有标记的地图，用坐标位置来告诉他们从哪里离开主干道，从哪里进入通往营地的道路。通往营地的道路应设置在岗哨的视线范围内。通往营地的道路不应正对营地的主入口。在接近营地入口处应设立机动车缓冲装置，可设立人为障碍或者一连串的减速坡。

（二）周界、围栏的设置

营地周界应使用自然屏障或围栏（图 3-2），营地周界的边缘最好呈直线性。营地仅能设置一个入口，至少设置一个紧急出口，且紧急出口应设置在不易从外部发现的部位。营地周界围栏外部 100m 以内的植物应被清除。

3-2　周界围栏设置实例

营地周界应设置围栏，围栏至少应满足：

（1）高约2m的互连金属围栏。

（2）应有横向的支撑线绷紧（上、中、下）。

（3）支撑柱坚固耐用，间距应不超过3m。

（4）顶部设立高约1m的带刺铁丝网或者蛇腹形铁丝网，围栏的底部设立卷带马口铁。

（5）沙漠和半干旱环境中的围栏（图3-3）应满足以下要求：

① 沙漠和半干旱环境中的围栏外应设有壕沟（图3-4）、2m高的沙坝/土堤岸或狭道。

图3-3　周界围栏示意图

图3-4　壕沟示意图

② 壕沟应处于障碍物的外层，宽2m，深2m。

③ 应由护坡和蛇腹铁丝网组成障碍物且必须相连，护坡至少要高2m，宽

3m，护坡边缘应设置3层蛇腹铁丝网，固定铁丝网的支柱应高2m，且支柱之间的最大间距为5m。支柱周围、单个带刺铁丝网与蛇腹形的铁丝网的每个线圈相连。

④ 在壕沟、护坡、蛇腹铁丝网共同组成的安防工程中，至少应设有4个可移动警戒塔，警戒塔应能控制四周的环境并且能进行360°观察，塔间的最大间距为250m。

⑤ 野外营地的大门应设置能有效控制车流的横杆或其他控制车流的设施。

⑥ 海外作业营地内变压器、通信天线等应远离周界，未经许可不得接近。

（三）营地出入口的控制

通往营地的道路应设立屏障，以防止车辆高速接近。野外营地入口外应有两个落下式栏杆，主要用于允许车辆进入前检查车辆时隔离车辆。入口应装有铰链铁网的钢制大门；野外营地的外部大门在不使用的情况下，应处于关闭状态。入口区域应设有全天候值守的守卫岗位。在主入口处应对所有的机动车辆进行检查，核查驾驶人员带照片的身份证明，如执照、护照或者身份证等。另外，发放必要的通行证来控制载货车辆的外出。

营地应设置入口控制系统，系统应有报警功能。人员的出入控制应采用带有保安控制的“通行系统”进行身份识别，在通行证设计时应考虑：

（1）方便对人员进行识别。

（2）通行证上要有持有者的签名和照片。

（3）不能显示公司的名称和地点。

（4）在通行证上使用特殊墨水、压纹、钢印并对其塑封。

（5）使用不同的颜色和标记来辨别不同类型的职员和使用区域。

（6）通行证的使用、控制以及回收应方便易行。

来访者的车辆不应停留在营地内或者入口对面。在接待者允许他们进入营地之前，所有的来访者应暂时停留在岗哨处。来访者应一直有人陪同，陪同者应对来访者的全过程负责。

（四）野外营地基础照明系统的设置

野外营地基础照明系统应包括周界照明、检查站照明及区域照明。周界照明应使得保安和巡逻队伍能够发现试图攀登、破坏周界的人员。检查站照明应使大门附近的整个区域照明充分，灯具需要按照安全程序安装固定。区域照明应保证大面积区域的照明，灯具应安装在临近的建筑物或者特殊立杆上。灯具的类型和安装高度取决于所要照明的区域。

（五）避难所的设置要求

野外营地应设置避难所，可选择能拖动的营房作为避难所。所有避难所的门应安装能从内部上锁的锁定插槽，并可以控制营地警报器。所有避难所内部应存放未开封的水、食物、通信和医疗设备等应急物资。

当发生武装袭击、抢劫、局部冲突等突发事件时，避难所可以为营地人员提供一个抵御枪弹的场所，防止第一时间的伤害或误伤。

1. 准备方法

（1）工作人员在设置营地摆放时，有意识地用房间物品摆放出一个避弹区域。

（2）将集装箱、现有房间、工具房、库房、餐厅、值班房等改造、加固成一个临时避难所。

（3）具体做法为在房间墙壁上用 8～10mm 的钢板，通过铆、栓、焊等方式进行固定，建造成高 1.5m、围绕房内一圈的避弹墙，对于房门承重不强的情况，将钢板用合页相连；在屋顶加沙袋以抵御曲射火力——如迫击炮的攻击。

（4）如用集装箱进行改造，必须在顶部开小窗或安装排风扇。

2. 使用要求

（1）临时避难所内，平时储备瓶装水、饼干等应急食品。

（2）当外界发生危及生命的冲突、枪弹交火、部落或军队间爆发枪战等不可预知的突发事件时，只要听到枪声，营地人员应迅速提前撤离，进入临时避弹所。

（3）发生武装袭击、持枪抢劫等突发事件时，在枪击停歇期间，人员集中到避弹所内，防止枪弹的伤害。

（4）避难所内，所有人员全部蹲下、坐下，防止枪弹从高处射入房内。

（5）避难所只是一个临时性的、枪弹打不穿的避弹场所，只是在突发事件的第一时间对生命的保全，因此，随之而来的是按照应急预案及上级的指示，进行撤离和坚守。

（6）当工作人员遭受到恐怖组织对营地发动的袭击时，可迅速躲藏至避难所。

（7）加固门窗。通过加固门窗，可以防止偷盗、武装抢劫等社会突发事件的发生，并降低每次事件造成的损失。加固门窗时，可加装 2mm 左右的铁窗、焊防护网、隔板（栏）等。并根据每个房间门锁的实际配备情况，门里

面安装手动插销、链子或者是挡销、加杠等措施。此外，在有较高风险的营地周围，可通过加高加厚防弹墙、加宽加深防弹沟，墙上围铁丝网，以及在周围筑上土墙来保证海外员工的安全。

（8）公用设施的安防要求。应对架空电缆进行巡查和监视。变电器位于建筑物外面时，应在其周身覆盖金属丝网或在其外部安装金属笼，并安装警报器。绝缘开关应安置在 24 小时有人值守的区域。任何外来水源都应经过抽水和过滤设备后，方可使用。水管线应埋于地下，对必须暴露在外的水管线进行巡查或者安装警报器。水管线上阀门和水泵应安置在安全地方，暴露的阀轮应采用混凝土套或者金属笼对其进行保护。

第三节　技术防范

技术防范（简称技防）：指的是利用现阶段一些高科技产品对营地和施工现场进行防控，以便随时跟踪当地安全状况，保护项目人员安全。主要指在海外营地和施工现场，铺设安装高科技的电子监控系统和防护网，以便随时监控场地安全，保护员工和公司财产安全。

一、系统组成基本要求

海外营地应设置警报声音区别于火警系统的安全警报系统。报警扬声器应安装在从地面直接可视的位置上，如营房顶部。在武装保安的岗哨、广播室、经理室、财务室等区域都应设有警报按钮。

海外项目的野外营地至少应配备 3 种通信工具，主要包括：特高频无线电网络；高频无线电；卫星电话（海事卫星、铱星、亚星、欧星电话等）；卫星数据传输设备；移动电话。

（一）电子监控系统

电子监控系统（图 3-5）一般由前端摄像机、监控主机（嵌入式硬盘录像机）、显示设备和其他辅助材料组成。其基本标准是：有 8 个以上昼夜监控的摄像探头，有与摄像探头数量相匹配的多画面显示器和硬盘录像机，有监控室（可与值班室合设），有人 24 小时值守监视。当前较为先进的一种是激光夜视仪。激光夜视系统是一种无论在白天还是在全黑的夜间（24 小时）都可实现监控目的的监控系统。激光夜视仪在全黑夜间的最远监视距离可达2~3km。

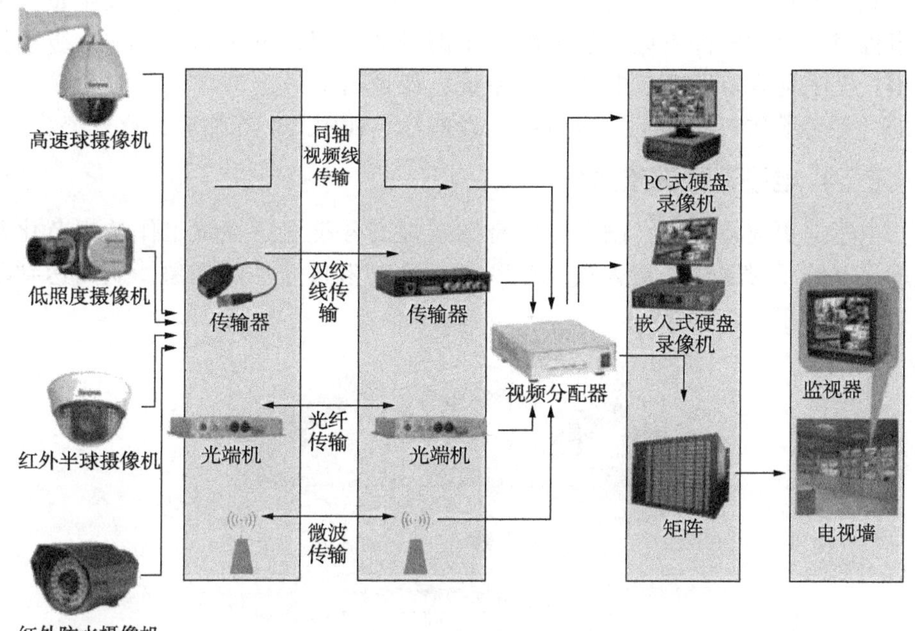

图 3-5　电子监控系统

办公楼应设有包括闭路电视监视系统（CCTV）和入侵探测系统（IDS）在内的电子安全系统。

1. 闭路电视监视系统（CCTV）

（1）闭路电视摄像头清晰度至少为 480 线。

（2）闭路电视摄像头应安装在距地面 4~5m，且能提供重叠覆盖。

（3）闭路电视的记录数据应保存在防火的安全箱内，安全箱应放置在 24 小时受警报保护的房间内。闭路电视数据应至少保留 30 天。

（4）摄像头应每天检测，应签订有维护协议，以提供预防性维护以及发生故障后 12 小时内修复。

2. 入侵探测系统（IDS）

（1）办公楼内应设有入侵探测系统（IDS）。但不能将入侵探测系统作为唯一的保护措施。

（2）入侵探测系统在安装和使用时应考虑专家的意见，且应定期测试与

维护系统。

电子监控系统在预防偷盗、蒙面持刀（枪）抢劫，或以员工名义敲门抢夺、武装抢劫等突发事件上，给管理人员安装了一副“眼镜”；在发生重大突发事件时，通过监控系统，能够准确了解外界情况，及时向甲方和上级进行汇报；在工地入口处安装电子监控系统，保证所有进出的车辆都必须接受例行的“照弹装置”检查，可有效防止恐怖分子利用汽车炸弹进行意外突袭。

（二）电子巡更巡检系统

电子巡更巡检系统（图 3-6）有助于提高各类巡逻巡检工作的规范化及效率，杜绝了对巡逻巡检人员无法科学、准确考核监控的现象，从而达到事半功倍的效果。

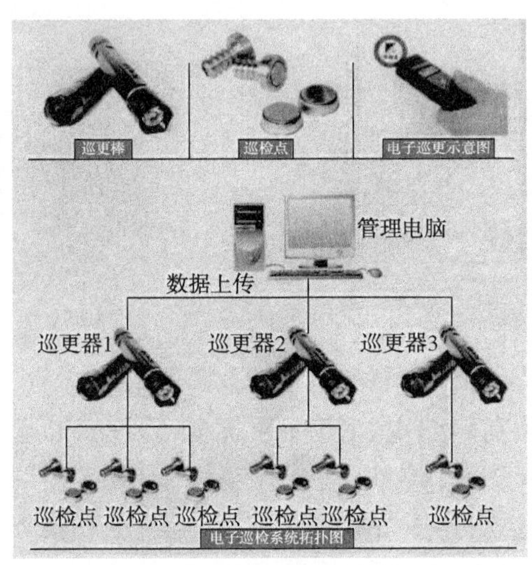

图 3-6　电子巡更巡检系统

电子巡更巡检系统分为在线式电子巡更巡检系统和离线式电子巡更巡检系统两大类。在线式电子巡更巡检系统是在一定的范围内进行综合布线，把巡更巡检器设置在一定的巡更巡检点上，巡更巡检人员只需携带信息钮或信息卡，按布线的范围进行巡逻，监控人员只需在中央监控室就可以看到巡更巡检人员所在巡逻路线及到达巡更巡检点的时间。离线式电子巡更巡检系统则无须布线，只要将巡更巡检点安装在巡逻位置，巡逻人员手持巡更巡检器到每一个巡更巡检点采集信息后，将信息通过传输器传输给计算机，就可以显示整个巡更巡检过程。相对于在线式电子巡更巡检系统，离线式电子巡更巡检系统的缺点是不能实时管理，如有对讲机，可弥补这一缺点。

（三）电子探测狗

电子探测狗（图 3-7）是可以帮助营地人员发现无线窃听器、偷拍器准确位置的手持便携式专业设备；同时具有侦测窃听手机和跟踪定位器的功能。当侦测到间谍手机、无线窃听器或无线偷拍时，指示灯即由 Level 1→Level 2→Level 3，同时警示声（或振动）也由慢到快显示侦测到电波信号的强弱。使用电子探测狗不需要繁杂的安装或任何专业知识，任何人都可使用，这在反窃听以及反跟踪上给予营地人员很大的帮助。

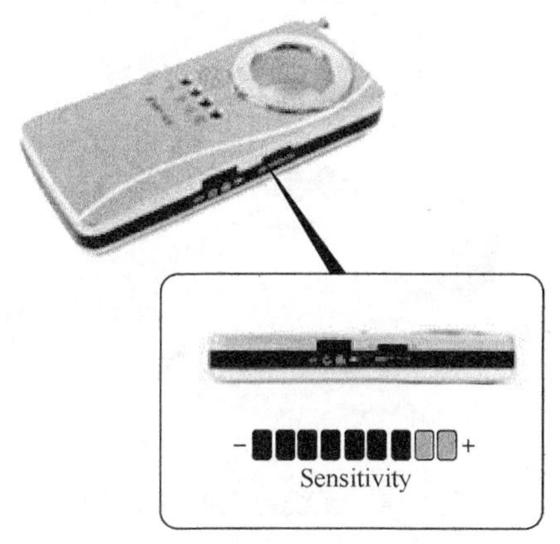

图 3-7 电子探测狗

（四）无线智能报警系统

无线智能报警系统（图 3-8）能识别各种警情（盗窃、火灾等），并及时将警情通过公共电话交换网传输到手机、固定电话或联网报警中心，以便使用者能及时采取有效措施。该报警系统由遥控器、报警探测器和家庭报警控制器组成，它们之间采用无线连接。报警探测器包括无线门磁、无线被动红外探测器、无线煤气泄漏探测器、无线火灾烟雾探测器和无线主动红外对射等。

（五）安全防护网

安全防护网（图 3-9）目前主要有两种：一种是肉眼可见的明显的防护网装置；另一种是隐形的安全防护网。明显的防护网设置，主要是给恐怖分子以威慑作用。

更具防护效果的是隐形安全防护网。隐形安全防护网建设所选用的是进口钢丝，该钢丝韧性好且强度高，因此本身具有一定的防盗功能。但要更全

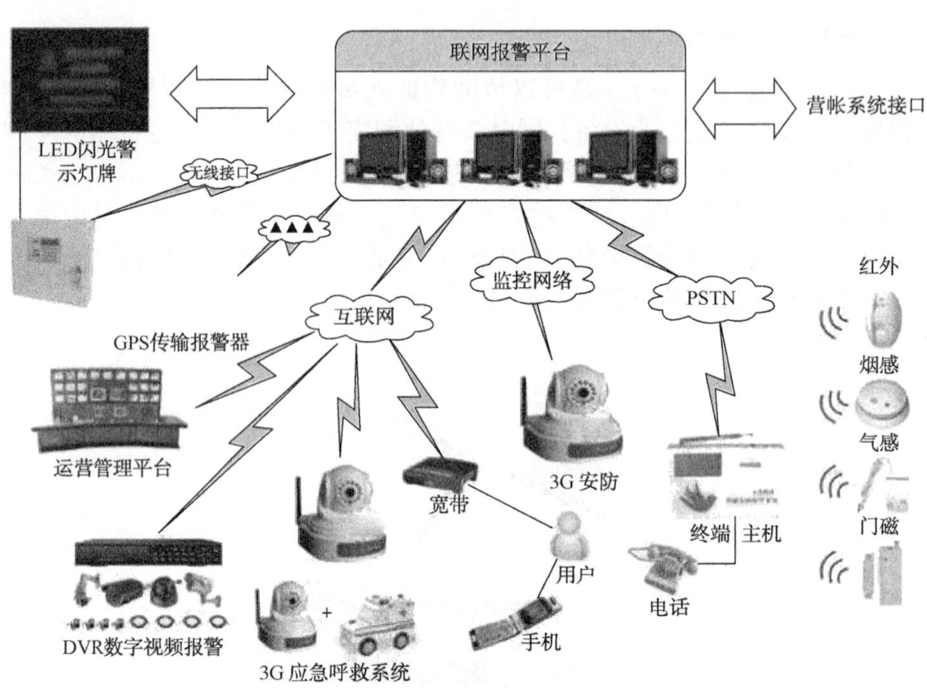

图 3-8 无线智能报警系统

图 3-9 安全防护网

面地实现其防盗功能，还必须将防护网主体与无线智能报警系统连接，以实现物防与技防的完美结合。由于不锈钢丝本身的强度，不携带工具的盗窃者根本无法对其进行破坏。而携带工具的盗窃者一旦破坏防护网，就会触发报警系统。报警系统被触发之后发出的刺耳尖叫声，不但足以让侵犯者惊慌失措，同时也会惊动附近所有的人，此时便可以向附近人员寻求帮助。

在具体选择海外施工营地的技防系统时，应当考虑到所在环境的实际情况以及具体的技防系统的特点。通过实施技防措施，可以提高营地人员第一时间应对突发事件的能力，提升其野外作业队伍抵御风险、保护人员安全的能力，通过其他安全防护措施的共同实施，可有效地提高现场的安全程度。

（六）跟踪定位系统

在高风险国家或地区，紧急情况下为实现快速反应，需要及时确定车辆、人员的位置和状态，可考虑使用车辆、人员跟踪定位系统。跟踪定位系统包括全球定位系统（GPS）、车辆自动定位（AVL）、定位服务（LBS）或其他方式，以便对车辆、人员或其他财产进行精确定位。

二、整体布防

这里所说的布防，不仅仅是人员的布防，还包括物理、技术的布防，即整体布防。

（一）布防原则

（1）人防、物防、技防相结合。

（2）精准化、高科技化和全面化相结合。

（二）布防标准

1. 一级布防

在高危国家（地区），采取人防、物防、技防相结合的三维布防。具体是指在项目营地和施工现场核心地区安装相应的技防设备并配备一定数量的保安人员，外围安排物防设备，并在四周配备 3~4 名保安兼安全信息员，以便随时报告安全形势。在外围可搭置一高点，用于保安人员监测周边环境。在治安形势特别严峻的国家（地区），如果法律允许，可聘请当地武装对营地和施工现场进行保护。

2. 二级布防

它在标准上略低于一级布防，具体是指在项目营地和施工现场核心地区安装相应的技防设备并配备一定数量的保安人员，外围安排物防设备的布防。

3. 三级布防

三级布防也称一般布防，是指在那些社会治安环境较好的国家和地区项目和营地的布防。具体是指在项目营地和施工现场核心地区安装相应的技防设备，并配备一定数量的保安人员即可的布防。

(三) 布防方式

1. 营地布防

营地布防的方式类似社区安全布防，但又有所不同。对海外项目而言，要根据当地政治和社会治安情况，制定不同的布防标准。在布防时主要注意以下几点：

(1) 在一些动荡和不稳定地区，营地要重点布防。除了在营地核心地区安装电子监控系统和保安人员外，还应在周边设立严密的安全防护带。保安人员在该国法律允许范围内配备一定武器，轮班对营地进行 24 小时全天候保卫，确保营地安全。

(2) 布防要严密，不能有纰漏，充分发挥人防的主动性、灵活性和物防、技防的高科技性。

(3) 设内部暗门，注意布防设施的隐蔽性和保密性。

2. 施工现场布防

施工现场的布防不同于营地布防，因为有些作业项目在一些偏远地区，布防工作难度较大。因此，施工现场除了一般意义上的布防要点外，还应注意以下几点：

(1) 在布防时，要与周边地势相结合。

(2) 布防前一定要做好充分的调研工作。要把周边人员、治安及自然情况全部调查清楚，划定安全地带、紧急逃生地带等。

(3) 要对所有场地施工人员进行安防宣传教育，告知安防细节，并注意保密。

第四章　旅程安全管理

掌握海外旅程安全常识能够有效地减少安全事故发生，在海外旅程过程中要保持低调、不张扬；不泄露自身相关信息；不定期变换路线和出行时间，避免一切常规化（如应不时改变从住所到办公室的路线）；要了解所处的环境和周边情况，并保持警惕。这一切对于保证自身安全和海外企业安全生产具有十分重要的现实意义。

第一节　日常旅程安全管理

一、出行前安全

出行前应获取相关信息，了解相关旅程安全提示，了解旅途中以及目的地的安全注意事项，了解突发事件的应对措施。

（一）准备工作

（1）要携带的物品；

（2）行前检查表，见表4-1。

表4-1　行前检查表

1	是否对右列重要资料准备了3份（1份自用，1份留在家里，1份放在办公室）	护照	是/否
2		签证	是/否
3		信用卡	是/否
4		行程表	是/否
5		少量现金	是/否
6		处方	是/否
7		驾照	是/否

续表

8	知晓已经办理的保险情况	是/否
9	国内手机是否开通国际漫游	是/否
10	是否清理了钱包里不必要的纸质品	是/否
11	行李箱上锁了吗	是/否
12	是否在行李隐蔽的位置做了标记	是/否
13	是否在手提包里多留一副眼镜和必要的药品	是/否
14	是否确认手提行李中没有锐器及液体物品	是/否
15	相关人员的应急联系方式	是/否

（二）对目的地的调查研究

（1）了解关于签证、健康证、保险和旅行路线方面的信息。

（2）了解当地社会安全状况，需要关注以下方面：

①偷窃行为；

②刑事犯罪，如劫持、强奸、谋杀及绑架等；

③诈骗，如身份盗窃和仿造；

④节假日、选举、罢工、游行示威；

⑤突发事件，如自然灾害或恐怖事件的发生。

（3）当地习俗。

（4）当地出入境及海关相关要求。

（5）恶劣气候及流行病情况。

（三）健康

（1）办理旅行保险和医疗保险。

（2）接种疫苗，办理医疗证明。

（3）准备需要携带的药品，例如治疗疟疾的药品等。

（4）咨询医生或世界卫生组织。

（四）当地习俗

（1）了解着装要求和当地人的禁忌。

（2）了解关于药物和酒精的法规。

（3）了解关于性和性倾向的法规。

（4）避免携带非法药物。

（五）旅程选择

（1）选择安全的旅行线路和交通工具。
（2）确认签证方面的要求、公共交通信息以及中转信息。

（六）护照和签证

（1）确认护照 6 个月内有效，为签证至少留出 2 页空白。
（2）将主页复印 3 份，一份随身携带，一份留在家里，一份放在办公室。
（3）出行期间将扫描件发送到电子邮箱，以备不时之需。
（4）特别要留心互相抵制的签证，如以色列和中东国家的签证。

（七）航班选择

（1）尽可能选择直飞航班。
（2）尽可能选择在白天到达。
（3）尽可能选择安全记录较好的航空公司。

（八）酒店选择

（1）选择公司推荐的酒店。
（2）尽量选择大型酒店。
（3）选择有 24 小时安全保卫的酒店。
（4）选择处于安全地区的酒店。
（5）选择不会成为潜在袭击目标的酒店。
（6）选择楼间距较大的酒店房间。

（九）接机

（1）确认接机者的相关信息：接机人姓名、接机人照片、车辆信息等。
（2）如使用接机牌，应使用姓名简写而不要使用姓名或者公司的名称。

（十）搭车

（1）选择公司指定的出租车公司的车辆。
（2）选择正规出租车公司的车辆。
（3）选择有 24 小时支援服务的公司。

（十一）保险

（1）确认保险在目的地国家和地区合法有效。

（2）确认保险的险种在目的地国家和地区的有效性。

（十二）医疗

（1）了解当地传染病的预防和治疗方法，及当地的医疗资源。

（2）如果在进行药物治疗，应注意以下几点：

① 保留药物说明和购药发票；

② 携带医生的处方；

③ 携带医疗应急转运卡。

（十三）通信

（1）确认手机漫游或者使用卫星电话保证通信畅通。

（2）准备联系方式的纸质备份，牢记紧急情况下的求助电话，包括当地中国使领馆等的联系方式。

（3）准备好当地的电话卡，并携带零钱以备不时之需。

（4）将旅行行程表复印件交给家人和同事保留。

（十四）旅途费用

（1）随身携带部分现金，如美元、欧元、英镑或当地货币，现金数额不能超出目的地海关规定。

（2）旅行支票。

（3）信用卡。

（4）保命钱包。

（十五）手提箱

（1）选择朴实且牢固的箱子。

（2）不要贴公司的标志。

（3）不要贴行程标签。

（4）公司地址放在手提箱内。

（5）一定要上锁。

（十六）行李

（1）携带一些适合当地风俗习惯的服装。

（2）携带个人应急包。

（3）不为其他人员托运行李或运送物品。如必须携带，须保证物品符合资源国和中国法规要求，以及海关规定。

二、出行安全

为提高海外项目人员的出行安全意识，下面介绍一些关于乘机安全、驾车与乘车、日间出行和夜间出行安全方面的防范技能。

（一）乘机注意事项

1. 登机

（1）预留空余时间。

（2）注意照看好行李，时刻提防小偷。

（3）行李进行安检时，要随时留意。

（4）留心手提电脑骗局。

（5）排队时，留意身边的人。

（6）直接走向登机厅。

（7）不帮陌生人提行李或照看行李。

2. 飞行中

（1）知晓自己座位与紧急出口之间的距离。

（2）保护好个人信息，不要向别人透露你是一个人在旅行。

（3）聊天对话时要注意保密原则。

（4）提防过度友好的热心人。

（5）不要将贵重物品放置在头顶的行李箱内。

3. 到达后

（1）了解是否需要填写入境卡。

（2）正确填写海关申报表。

（3）谨防虚假移民机构提供的帮助。

（4）时刻保持警惕。

（5）谨防假冒行李搬运工。

（6）一些国家需要保存入境卡至出关时使用。

（二）驾车与乘车安全

1. 驾驶中的注意事项

须严格执行公司海外陆路交通安全管理办法，注意以下事项：

（1）开车时须系安全带，上车后应立即锁车门，如果在路上遇到汽车轮胎漏气等情况，将车开到人多的地方再停下更换备胎。

（2）驾车出行遇到陌生人搭乘便车等请求时，遇陌生人召唤勿随便下车，应委婉拒绝，并与陌生人保持一定的距离，切勿熄火交谈。车上一定要准备一些防身的器物。加油要到熟悉、安全的加油站。要将车停在有管理员的停车场，平时须注意车辆的保养。

（3）每次计划旅行之前，应彻底检查汽车全部机件及轮胎，要事先研究清楚目的地的情况及行车路线。路况、地形复杂的路线是恐怖分子埋伏的绝好地带，特别是深山密林之中的道路，应尽量避行。对于劫持和恐怖事件频繁的路段也应避行。

（4）遇到公路警察拦车查问，应听从警察的指令，不可与警察在言行上有冲突，以免造成不必要的麻烦。

（5）海外国家社会情况复杂难料，要求海外出行人员随时保持高度警惕。闹市地区鱼龙混杂，稍不留意就会被别有用心者注意，引起不必要的麻烦。因此驻外中资机构人员应尽量避免出现在闹市地区。若必须前往，最好选用与当地经济发展水平相适应的车辆，穿着打扮避免引起旁人注意，低调行事，办完事情立即离开。

（6）车内不要存放贵重物品，离车时关好门窗。路遇堵车、红灯时避免被陌生人吸引注意而导致车内物品被窃。

（7）应携带完好的通信设备和维修工具。海外生活中往往会遇到一些突发状况，由于语言文化的差异，一旦遭遇突发状况，会带来很大麻烦，甚至危及生命。因此，在驾车外出时要携带足够的维修工具和通信设备，如扳手、燃油、灭火器、手机、GPS 导航仪和指南针等，以便随时获取救援。

（8）遵守当地交通法规，维护驻海外企业的形象，避免因交通事故恶化与当地居民的关系，恶化企业舆论环境。如果遭遇车祸等不测，应本着负责的态度妥善加以解决，切勿盲目逃避责任。

2. 乘坐出租车及公共交通工具的注意事项

（1）尽量乘坐公司安排的车辆，如果没有安排，应选择正规出租车公司车辆。

（2）要搭乘有公司标识、出租车标识和计价表的车辆，并询问出租车的一般价格（有些国家和地区没有专门的出租车，可以租乘家庭轿车，价格可以商讨）。

（3）如果是预订宾馆派出的特别车辆或者出租车，问清车牌号码和司机姓名。

（4）如果有人高举约定公司标示牌接站，应问清关于公司的问题，确认是公司派出的。

（5）在一些落后国家（地区），出租车往往车况较差，但也要避免乘坐三轮车、摩托车等交通工具。

（6）出租车若没有计价器，先谈好价钱再出发。

（7）如果不懂当地语言，也无法和司机沟通时，请工作人员帮忙，写下目的地地址，让司机确认后再出发。

（8）尽量坐在出租车后座，特别是女性。

（9）不要和司机过多交谈，不要和司机谈论个人的信息。

（10）上车后立即检查车门是否可以正常开启。

（11）设法得到司机的名片或者车辆登记信息。

（12）注意司机的细节，如果感到异常或感觉司机不友好，要求司机在安全的地点、最近的公共汽车站或者繁华的商业区停车，结账下车。

（13）不要在途中不安全处停车购物。

（14）付款时不要露出大量现金。

（15）在安全风险高的国家，应避免乘坐地铁。在安全风险低的国家乘坐地铁应注意以下事项：一是出门前事先记好路线及转车地点，并随身携带地图。地图是急需之用，不要在车厢或街道上张开地图研究，避免暴露自己对当地情况不熟悉的弱点。二是候车时勿太靠近边缘。三是勿乘坐空车厢，中段车厢通常有随车警察，相对安全。车厢出入口旁的位子较易被歹徒下手，尽量远离。四是尽量不要太早或太晚搭乘地铁，如不得已，可考虑搭计程车，并记下车牌号码。

（16）在安全风险高的国家，应避免乘坐公交车。在安全风险低的国家乘坐公交车时，应在照明充足的地方等车，若车内乘客较少，坐离司机较近的位子为宜。

（三）日间出行安全

（1）不要和陌生人说话。海外社会情况复杂，尽量避免与陌生人交流或与陌生人结伴同行。

（2）切勿携带大量现金。携带数额较大的现金容易成为不法分子侵害的对象，在海外已经发生过多起针对我国公民的抢劫事件，主要原因是消费习

惯不同。我国公民在海外活动习惯使用现金，研究表明，当货币摆在人的面前时对人的诱惑要远远超过其他，因此，在可以刷卡的地方应尽量刷卡消费，或者到达目的地后再取款使用。但在外出活动时，应携带一定数目的“保命金”。

（3）随时观察周围是否有可疑人员跟踪。路途中要有意识地从后视镜中观察周围的人和物，将危险的可能性降至最低。如果遇到可疑人员跟踪，应向人多处走，或者迅速拨打电话向当地警方求助。

（4）走路时要走在人行道中间，朝汽车行驶的相反方向走，若有人驾车搭讪，可朝与其驾车相反的方向迅速撤离。

（5）远离偏僻的街巷，避免独自到偏远地区。

（四）夜间出行安全

要提前了解目的地是否有宵禁。

（1）挑选灯光明亮且行车较多的街道走。灯光明亮的街道，一般为车流量和人流量较多的干道，当地警方会在这些道路安排较为严密的安全巡逻，如遇突发事件能够得到及时的帮助。

（2）女性夜间出行不要穿过于暴露的衣服。女性穿着暴露易引起犯罪分子的犯罪冲动，这种冲动往往要强于基于理性考虑基础之上的财物抢劫。尽量避免穿高跟鞋，因为高跟鞋走路容易引起他人注意，且遇歹徒时不易逃生。

（3）陌生人问路，不要带路；向陌生人问路，不要让对方带路。夜间行路，难以看清他人的面部表情和体貌特征，容易丧失像白天一样利用面相对他人做出基本判断的能力。因此，夜间与陌生人交谈十分危险，避免给人带路，能够降低被坏人从背后袭击的概率。不让陌生人带路，能够避免落入他人圈套，遇到不得不向人问路的情况时，不要轻易相信一人所言，最好向附近的商店、超市、加油站等固定场所打听路线。

（4）勿搭乘陌生人便车。尤其在较为偏僻的街区，轻易搭乘陌生人的便车，一旦陌生人心生歹念，逃生的可能性便会大大降低。若车辆在中途发生故障，在市区可以请求当地交通部门或者公司的帮助；在野外，可以先与当地交通部门或公司联系，然后将自己反锁于车内等候帮助。

（5）尽量避免深夜独行。尤其要避免长期有规律的夜间独行，这样容易被犯罪分子摸清状况，可能发生危险情况。

（6）路遇抢劫不要做无谓抵抗。海外发生的大部分抢劫和绑架的目的都是为了获取钱财，因此，不幸遭遇此类犯罪时，为了人身安全，不要惊慌失措，先要与犯罪分子保持合作，尽量满足其钱财要求，等候获释或警方解救。

(7) 在到达家门口之前备妥钥匙，以最短的时间进屋，并随时观察是否有人跟踪或藏匿在住所附近角落。若有可疑现象，切勿进屋，要立即离开，去往人多安全的地方，并通知警方。

三、住所安全

为提高海外项目人员的住所安全意识，下面介绍一些关于办理入住、退房、回程安全、酒店安全、营地现场等方面的防范技能。

(一) 办理入住、退房及回程注意事项

1. 办理入住手续

(1) 随时保持警惕。

(2) 行李要放置在自己看得到的地方。

(3) 不要向他人透露自己的房间号。

(4) 提供公司的地址，不要提供家庭地址或者公司的名称。

(5) 尽量不要住在7楼以上的房间，选择住宿的房间最好有阳台和火灾逃生口。

(6) 不要将钥匙放在前台。

(7) 准备一个随身携带的紧急应急包，里面放有护照、钱物、手提电脑及其他一些必需的东西。

2. 办理退房手续

(1) 如果宾馆在你的房卡上记录了你的护照和信用卡等细节，不要交回卡片。

(2) 不要使用快速结账表格。

(3) 要留有足够的时间，不是所有宾馆都能快捷完成退房手续。

3. 携带物品（回程）

(1) 携带现金数额不要超过入境时的现金。

(2) 如果买了纪念品，要从商店拿到收据，以确认产品原产地。

(3) 不要携带违法的纪念品，如象牙及其制品等。

（二）酒店安全

（1）了解紧急出口/应急出口位置。

（2）接入宾馆的 Wifi 有可能发生计算机内的资料泄密。

（3）勿轻易开门。若陌生人来访，即便有约在先，也应要求来访者亮明身份。若有陌生人在屋内做装修工作，最好有朋友陪伴。

（4）锁好连接的门和窗户。外出或夜间就寝前，应检查门窗是否关好，养成随身带钥匙，出门立即锁门的好习惯。

（5）重要证件应留下复印件，证件号码、信用卡号码都应另外记录下来，一般信用卡公司都有处理遗失卡片的部门，最好将电话号码抄写下来，若不慎遗失，立刻打电话挂失。

（三）营地现场

（1）从安保负责人处了解当地情况。

（2）确认出行限制方面的规定和要求。

（3）知晓预警状态，熟悉应对措施。

（4）熟悉当地地理环境。

（5）随身携带有效身份证件复印件。

（6）保持低调（着装和装饰方面不要露富）。

四、设备使用注意事项

为提高海外项目人员使用设备的安全意识，下面介绍一些关于使用提款机、手机等方面的常识和注意事项。

（一）安全使用提款机

（1）避免使用偏僻街区的取款机提款。偏僻街区的取款机人流量少，警力薄弱，治安往往不容乐观，较易成为各种犯罪分子藏身和作案的场所。因此，取款时应避免到这样的街区。

（2）带适当的工具。如果取款数目较小，可以携带扁平的贴身包。将包置于衣服外套遮盖之下；如果取款的数额较大，最好到柜台支取，到自动取款机支取时应备好较为安全的保险箱等器具。

（3）不要单独取款。单独提款可能会打消犯罪分子的疑虑，诱使其孤注一掷作案。取款时应与同事或朋友结伴而行，保持一人在旁边进行警戒观察，在发现情况异常时可立即结束取款并迅速离开现场。如果取款的数目较大时，应有安保人员随行，一人取款时，其他人对其进行遮蔽掩护。完成取款后，提款人应在安保人员的掩护下迅速进入车辆之中。

（二）安全使用手机

（1）勿在大庭广众之下玩弄高档手机，这样容易暴露身份，向犯罪分子传达一种强烈的刺激，将自己置于不安全境地之中。手机在口袋里时，铃声最好改成振动。

（2）手机通讯录中联系人的姓名尽量不要注明其职务、官衔等代表其身份的词语，一旦手机丢失或落入恐怖分子手中，手机通讯录中的联系人会被置于危险的状况之下。一旦手机丢失，应立即到当地通信部门补办手机卡，并通知同事、亲友丢失手机的事实，避免同事、亲友遭到不测。

（3）勿将手机借给陌生人打电话。

五、风险辨识

为提高海外项目人员的安全意识和防范技能，下面介绍一些关于如何识别恐怖嫌疑人、可疑车辆和可疑爆炸物方面的常识。

（一）如何识别恐怖嫌疑人

1. 旅途中如何发现嫌疑人

旅途中识别恐怖/犯罪嫌疑人员一般难度较大，但也可以通过恐怖嫌疑人的一些举动和表现进行判断。

（1）神情恐慌、言行异常者。

（2）着装、携带的物品与其身份明显不符，或季节不协调者。

（3）驾驶摩托车和汽车等机动交通工具，携带奇怪包裹者。

（4）在检查过程中，催促检查或态度蛮横、不愿接受检查者。

（5）频繁进出大型活动场所者。

（6）反复在警戒区附近出现者。

（7）疑似被通缉的嫌疑人员。

（8）冒称熟人、假献殷勤者。

2. 在旅途中发现可疑人员后怎么办

在旅途中，既没有携带防护武器，身边也没有安保人员，在这种情况下发现可疑人时需要注意如下几点：

（1）当可疑人在身后跟踪时，要立即改变方向，并不断地向身后查看，使跟

踪者知道自己的企图已经被发现；要朝有人、有灯光的地方走，到商店、住户、机关等人多的地方寻求帮助，记住跟踪者的特征，及时向当地警察部门报告。

（2）不要同他人谈论你的旅行计划、工作情况。

（3）如果遇到抢劫，要胆大心细，勇敢机智。独自一人、力量不如犯罪分子大时，一定要保持冷静，以保证生命安全为首要原则。

（4）注意你的饮料，如果离开过就不要再喝了。

3. 如何从居所中发现嫌疑人

因为每个人都对自己所居住地方的人有所了解，因此在居所中发现嫌疑人较为容易，经过一段长时间的相处之后，以下几类人最可能是嫌疑人：

（1）昼伏夜出，作息时间反常。

（2）房屋内有异常声响、气味。

（3）常出现非生活垃圾。

（4）人员交往复杂、异常。

（5）常携带异常物品出入。

4. 在居所附近发现可疑人员后怎么办

在居所附近发现可疑人时，应立即将门反锁，关好窗户，尽可能记住可疑人的体貌特征，然后迅速报警或报告保安人员。

可疑人的出现并不表示此刻就会实恐怖行为，他们往往是先踩点，然后寻找机会行动，所以要注意以下几点：

（1）养成外出、睡觉时随手关闭门窗、保险或打开防盗门横插销的习惯。

（2）居所内不要存放大量金，贵重物品和护照等证件要妥善存放。

（3）如果居所被盗应立即报警，并保护好现场。

（4）傍晚临时外出时，需在房内开一盏灯或打开音响。

（二）如何识别可疑车辆

1. 可疑车辆的常见特征

无论是在海外项目营地，还是在施工现场，经常有大量的车辆来往。一旦恐怖分子的车辆进入营地或施工现场，后果将不堪设想。因此，在这种背景下识别可疑车辆就显得尤为重要，可疑车辆的识别应重点注意以下几点：

（1）车辆状态异常。汽车在后备厢里装有大量沉重的爆炸物，导致汽车前高后低，或是在前进途中异常减速等。

（2）车辆停留异常。违反规定停留在水、电、气等重要设施附近或人员密集场所。

（3）车内人员异常。例如，在接受检查过程中，神色惊慌、催促检查或态度蛮横、不愿接受检查；发现警察后启动车辆躲避等。

2. 发现可疑车辆后的注意事项

在任何时候，保证自己及身边人的安全永远是第一位的，可疑车辆的出现意味着恐怖分子可能将有所行动，因此，我们必须掌握适当的应对方法。

（1）在路上发现可疑车辆时应注意的事项：

① 保持镇定，迅速报警，寻找最近的警察或安全人员反映可疑情况，或拨打当地报警电话；

② 尽可能记住车辆的牌照，若无牌照，则记住车辆的外形特征，如型号、颜色等；

③ 尽可能记住车内人员情况及体貌特征；

④ 尽可能远离可疑车辆。

（2）在营地和施工现场发现可疑车辆时应注意的事项：

① 迅速寻找掩体，保护自己；

② 在自身安全的情况下立刻报警，寻求支援；

③ 尽量远离可疑车辆和油料储罐、危险品、易燃易爆物品存放的地方。

（三）如何识别爆炸物

1. 爆炸物的常见藏匿地点

爆炸物各式各样，有大有小，它们可以被放置于任何一个可掩盖的物体内。爆炸物的主要藏匿地点包括：

（1）标志性建筑物或其他附近建筑物的内外。

（2）重大活动场所，如大型运动会、检阅、演出、朝拜、展览等场所。

（3）人口相对聚集的场所，如体育场馆、影剧院、商场、超市、银行，车站、机场、码头、学校等。

（4）行李，包裹、手提包、食品及各种日用品之中。

（5）宾馆、饭店、洗浴中心、歌舞厅等易于隐蔽且闲杂人员容易进出的场所。

（6）各种交通工具上，如飞机、火车、地铁、公共汽车等。

（7）易于接近且能够实现其爆炸目的的地点。

2. 如何识别可疑爆炸物

识别爆炸物，排爆人员在不触动可疑物的前提下，可以采取“一看二听

三嗅”的举措：

（1）看：由表及里、由近及远、由上到下无一遗漏地观察，识别、判断可疑物品或可疑部位有无暗藏的爆炸装置。

（2）听：在安静的环境中用耳倾听是否有异常声响。

（3）嗅：如黑火药含有硫黄，会释放出臭鸡蛋（硫化氢）味；自制硝铵炸药的硝酸铵会分解出明显的氨水味等。

3. 发现可疑爆炸物后的应对措施

可疑爆炸物的危险是难以预知的，不是专业的排爆人员，随意触碰可疑爆炸物可能会导致严重的后果。因此，对待可疑爆炸物应根据以下原则谨慎处理：

（1）不要触动。

（2）及时报警。

（3）迅速撤离。疏散时，有序撤离，不要互相拥挤，以免发生踩踏造成伤亡。

（4）协助警方调查。目击者应尽量记下可疑爆炸物发现的时间、大小、位置、外观、有无人员动过等情况，如有可能，用手中的照相机进行拍照或录像，为警方提供有价值的线索。

4. 遇有匿名威胁爆炸物或扬言爆炸怎么办

（1）信。“宁可信其有，不可信其无”，不能存在侥幸心理。

（2）快。尽快从“现场”撤离。

（3）细。细致观察周围的可疑人、事、物。

（4）报。迅速报警，让警方了解情况。

（5）记。用手机、照相机或摄像机等将“现场”记录下来。

第二节　旅程管理中突发情况应对

一、交通事故

海外出行中遇到突发交通事故，要做到：

（1）保持冷静，检查是否受伤，立即叫救护车并报警，在现场等待，直到警方到达并完成调查。

（2）将所有卷入车辆事故的汽车的车牌号码都记录下来，特别是要记住司机和目击人（如果有的话），方便的话，拍下事故现场。不要与对方争吵；不要与事故方争论责任问题；不要移动车子，除非交警要求。

（3）遇到肇事逃逸。警察可能要20分钟或更长时间以后才能到达，你可以立即到周边的警亭、商店、饭店或者其他场所，等待警察到来；警察可能会用当地语言做书面记录。除非你精通当地语言，否则不要在所谓的报告上签字，设法获得通晓当地语言的人帮助。注意：在有些国家，存在一定的讨价还价现象；在交通事故中，群体威胁或攻击外国人的现象不多见。

二、劫机

遇到劫机，应做到：

（1）保持清醒和警惕，除非生命受到威胁，避免与匪徒进行眼神交流，避免冲突发生。

（2）牢记紧急出口位置，仔细听从劫机者的指示并照办。

（3）如果事态恶化，要在思想上做好准备，因为可能会被问到有关自己的问题，并且做好采取措施的准备。

（4）一开始可能会遭受粗暴对待，要有心理准备。

（5）如果时间被拖延，接受提供的食物。

（6）在救援期间，要注意藏身隐蔽和听从所有的指示和命令。不要做突然的动作，将手和手臂放到解救人员看得到的地方。

三、非法拘禁

遇到非法物禁，应做到：

（1）不要轻易屈服于敲诈勒索。但若生命安全受到威胁，一定要按照对方的要求做，表现得有合作性和有耐心。

（2）保持冷静，礼貌地要求对方同意向家里、公司或者大使馆拨打电话。

（3）不要签署任何看不明白的文件，不要承认任何事，或者主动提供任何信息。

（4）避免贿赂，如果有人访问拘禁的房间，要确认对方的身份。

（5）不要陷入对方的诡计，通常他们会以释放为条件，诱惑被拘禁者为其做事。

第五章　个人安全意识和技能

第一节　个人安全意识

一、树立个人安全意识

面对种种潜在的危险，唯有时刻提高警惕，心存自我安全的防范意识，密切关注身边可疑的人和事，随时准备着应对突发事件的降临，才能把伤害降到最低限度。对突发事件有预判，对可疑人员有警觉，即个人安全保护的意识——安全意识。

所谓安全意识，就是在头脑中建立起来的安全观念，也就是在日常生活和工作中面对各种各样有可能对自己造成伤害的人或外在环境的一种戒备和警觉的心理状态。强化安全防范意识，规范自己的行为，养成良好的习惯是对自己最好的安全保障。

为了人身安全与家庭的幸福，每个人都应当构建起个人安保体系，在构建个人安保体系时，安全意识是基础。有了安全意识，才能养成日常生活和工作的良好习惯。一个好的习惯可能让您远离灾祸，规避危险。

二、预判并规避风险

预判和规避风险的方法简单而有效——“看、听、想、避”。

（一）看

“看”，即观察。在不同环境中各个环节都要“看”，要看所处的环境，看将要面对的各色人等。“看”是规避危险的第一步。通过“看”，在很大程度上就可以规避出行风险。

“看”，绝非漫无目的地东张西望，也不是草木皆兵般地一再审视，而是在条件允许的情况下，通过观察收集周围环境的信息。

在日常的生活中，可分为 3 种观察形式：

（1）常态观察：即观察有无可疑的人、物、事，是否会威胁到自己。

（2）重点关注：在观察过程中发现可疑的人、物、事后，进行重点关注，评估是否会威胁到自身安全。

（3）高度警戒：对有可能威胁到自身安全的人、物、事紧密观察，如有威胁尽快规避。

（二）听

同“看”一样，“听”也是为了熟悉环境，规避危险做出的准备。听周围的动静，耳朵能收集到的，一切值得怀疑的声响。

（三）想

根据视觉和听觉所收集到的信息来判断自己的处境是否安全，继续下去会不会发生危险。在陌生的环境中，通过“看”“听”，会得出一些直观的信息，并且要对其可能发生的后果做出应对，这些都需要在极短的时间内完成。

在任何情况下，“看”和“听”的目的是为了使人更加理智，更加从容地应对可能存在的危险和侵害，而不是失去理智，陷入恐慌之中。

（四）避

这是规避危险的最后对策。指的是“迅速离开危险环境，摆脱即将被侵害的处境”。通过对所处环境以及所接触人群的控制，来使自己的安全系数最大化。

总之，“看、听、想、避”，实际上就是观察、评估和决策。首先要有自我安全意识，有了安全意识之后，贯彻“看、听、想、避”就会成为习惯。

第二节　个人安全技能

一、基础安全技能

（一）环境观察与利用

在海外工作遇到的危险状况可能十分复杂，为了确保自身安全，不仅要求海外工作人员严格遵守相关安全规定，尽量避免由于主观疏忽引起的危险，同时在突遇危险情况时，也要具备基本的个人防护技能，降低险情对人身安全的威胁。

1. 常见地形

地形可以归纳为地貌和地物两个方面。地貌就是地面高低起伏的样子，如高山、平原、谷地、冲沟等都是地貌。地物是指地面上的物体，如天然的江河、湖泊、森林等；人工建造的道路、桥梁、房屋、水库等都是地物。这些不同地貌和地物的错综结合，就形成了不同的地形，如平原、山地和山林地、丘陵地、沙漠、草原和水网稻田地等。

1）平原（图 5–1）

图 5–1　平原

平原的特点是地面平坦广阔，海拔不高。平原地区道路宽广，纵横交错，交通方便，视野良好，不便于隐蔽，行动容易暴露。如果能充分利用土堆、小丘、凸凹道等，则能起到一定的防护作用。

2）丘陵地（图 5–2）

图 5–2　丘陵地

从山顶到山脚的落差在200m以下的高地，称为丘陵。许多丘陵连绵交错的地区，称为丘陵地，如辽西丘陵、胶东丘陵等。丘陵地的特点是：山顶形状浑圆，谷宽岭低，斜面较缓，谷内常有溪流，谷间和斜面上多为水旱田和树林。居民地多依丘傍谷，人烟较多，农产也较丰富。丘陵地有利于伏击，分散隐蔽，便于观察射击。丘陵地由于地形起伏，对恐怖分子袭击具有天然的防护作用。

3）山地和山林地（图5-3）

群山连绵交错的广大地区称为山地。树木聚生的山地称为山林地。山地的特点是：斜面陡峻，谷狭路窄，江险流急，村庄稀疏，物产较少。山地便于隐蔽、迂回包围和设置埋伏。

图5-3　山林地

4）居民地（图5-4）

图5-4　居民地

居民地是指村庄、集镇和城市等人们聚居的地方。在居民地进行防护时要根据它的大小、建筑状况、所处地理位置及其周围的地形情况来决定。居民地，特别是大居民地的市区建筑物高大、坚固、密集，街道错综复杂，加之地下建筑、地道设备众多，十分利于恐怖分子分散活动。因此，在居民地活动，要尽量疏散人员和车辆，充分加强防护和预防措施。

5）沙漠和戈壁（图 5-5）

沙漠的地形特点是地面比较平坦开阔、道路稀少、水源缺乏、草木罕见、方位参照物极少，很容易迷失方向，并且沙漠地区多流沙、地面松软、车辆通行困难；戈壁地区则多砾石，地面平坦、坚硬，便于车辆越野行动。由于缺水，一旦受伤，对伤口消除感染和进行卫生处理也较困难。

图 5-5　沙漠

6）草原（图 5-6）

草原的地形特点是地面平坦开阔、略有起伏、视界和射界比较开阔，便于机动交通工具运动，但在荒草和灌木较高而密集的地域，观察会受到一定的影响。草原上高大的树木和方位物较少，因而判定方位和指示目标比较困难。

图 5-6　草原

2. 观察地形的基本方法

在隐藏躲避枪击爆炸时，要不断地进行观察，不时地利用地貌地物的掩护转移到安全位置。注意不能总处于同一位置点上观察，这样容易被发现。观察时速度要快，观察后要迅速隐藏起来，身体不能长时间暴露在外面，以免被发现。观察应由近及远，由高到低。

1）由近及远

在野外活动时首先要观察自身附近有无可疑人员和动向。但这并不意味着观察远处地形无关紧要，观察远处地形能够使自己预先对要经过的地段有印象，预判袭击分子可能藏身和埋伏的地点，提前做好预防措施。例如，发现远处必经一段山谷时，可以选择绕道或者加强警戒，因为在山谷地区无论是布雷还是伏击都是十分有利的。

2）由高到低

居高临下自古以来都被兵家认为是绝佳的作战地形，这同样适用于恐怖分子的袭击。因此，在途经丘陵、山地等地形时，要注意观察的顺序是由高到低，这样可以利用透空观察（天空为背景之下物体的轮廓更加明显）的便利迅速摸清周围的安全状况。在观察地点的选择上要采用“便于观察、便于隐蔽、便于离开”的“三便于”原则。在城镇中活动时，应注意观察。注意新堆起的垃圾堆。因为危险地域的爆炸事件很大一部分是恐怖分子事先将定时炸弹掩藏于不明显的地方，垃圾箱和垃圾堆是便于被利用的地方。巴基斯坦曾发生过恐怖分子将炸弹放进市场的垃圾箱中引爆，导致200人死亡的惨剧。因此，要十分注意新堆起的垃圾堆，因为这些垃圾堆中可能被藏入了危险物品。注意观察可疑的房屋。特别是白天当其他房屋窗户打开时，仍然紧闭窗户的房屋，如果里面有反射光射出，则有可能是瞄准装置。

3. 利用地形的防护

要利用好地形，首先要学习一些基本的战术动作，了解如何利用遮蔽物和隐蔽物。在利用地形时要做到“三便于”“两不要”“一避开”。“三便于”前文已提及，“两不要”即不要几个人挤在一起，避免接连伤亡，不要在一个地方停留过久。“一避开”即避开独立、明显、易燃、易爆、易倒塌的物体。

（1）尽量远离相对独立、明显并且较高的物体和地形。由于透空原理，在这些物体和地形周围很容易被识别出来，将自己暴露于恐怖分子的枪口之下。

（2）离开与自己着装颜色反差较大的地区。尤其是在草地和沙漠中，视野开阔、色点单一，在这些地区穿着与当地颜色反差大的衣服会非常突出，而又无有效的遮挡物，一旦暴露，逃脱将十分困难。

（3）遭受袭击时，应迅速卧倒，然后观察周围有无可以利用掩护身体的地形。发现后，应快速、隐蔽地接近。接近时尽量压低身体，若是底部宽大的堆积物或者小土堆，应隐蔽在其下侧；若是连绵起伏的堆积物、双土堆或者建筑物，应在其中间下凹处隐蔽；若是土坑、沟渠等凹状地带、建筑物，应在被袭方向斜面隐蔽。

（4）在选择隐蔽点时，要尽量选择其最坚固的部分进行隐藏，因为枪弹的穿透力很强，有时躲藏在厚木板后面也是不安全的。如果周围是钢板、铁板，还要注意一个问题，即流弹、跳弹、枪弹反射，战争中死于流弹的人员可能比直接被射杀的人还要多。不过跳弹向下跳的很少，因此尽量在低处隐蔽，防止跳弹击伤。另外，选择这样的地方隐藏要便于离开。利用地形的目的在于隐蔽和保护自己。

4. 自然地形利用的原则（土堆、土坑、树木等）

利用的原则：凹地，要利用其底部或其切面，在利用过程中不固定于某一点上或某一位置上，要经常变换位置。凸地，利用危险源方向的后侧，一般利用凸地凹下去的部分（即双土包中间的凹地，单土包利用两侧，不利用最高点），这样便于隐蔽。树木一般利用其根部，如果树木直径大于身体，身体可采取跪、侧立姿势或卧倒位于树后；树木直径窄于身体，一般采取卧姿（把它当作 40cm 以下掩体使用）形式隐藏于树木根部后侧。

转移（离开）的时机：选择转移（离开）时，必须是所处位置已处于非常危险的状态，或枪击、爆炸处于短暂停顿时间。转移（离开）过程中，不能长距离奔跑，转移（离开）的距离以 50~100m 为宜，特殊情况下可缩短或延长转移（离开）的距离。转移（离开）应在选定下一个安全位置的基础上，快速度、低姿势、大幅变向进行运动，到达位置后迅速隐藏。

实际工作环境中，员工身处井架、房屋等建筑物体周围，当遇到枪击时，隐蔽点应尽量选择建筑物最坚固的区域。

（二）战术运动姿势

掌握个人防护技能可使人员在遭遇突发事件时，有效利用各种姿势规避风险，尽可能保护人身安全，为营救争取时间和有利条件。本节将介绍几种常见的个人防护技能。

1. 卧倒（图 5-7）

（1）撤步卧倒。身体下蹲的同时，双手撑地，左（右）脚迅速后撤，利用手脚的支撑顺势趴下。

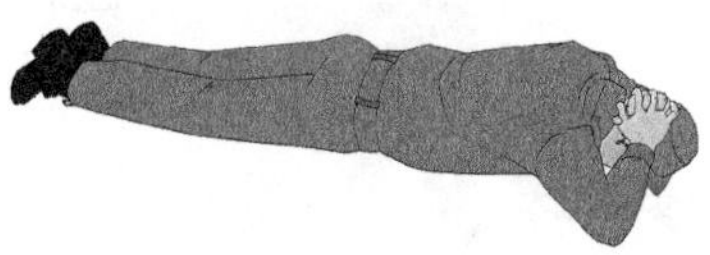

图 5-7　卧倒

起立时，利用左（右）手和两脚的支撑力将身体支起，同时左脚（右脚）向前一步，利用两手和左脚（右脚）使身体站立。

（2）上步卧倒。左（右）脚向前跨出一步的同时，两手着地俯身，之后完成下趴动作。

（3）转身卧倒。转身，左（右）脚向前跨出一步同时，两手着地俯身，之后完成下趴动作。

（4）注意事项。枪击或远处爆炸时，卧倒后，两腿交叉或并拢，双手抱头。距爆炸地点较近时，卧倒后两腿交叉或并拢，躯干部微离地面（爆炸会引起地面震动，如果身体贴于地面，会损伤内脏），双手抱头，口微张。

另外，应根据不同情况采取相应的卧倒姿势。例如，如果身后有障碍物，宜采用上步卧倒；前方有障碍物，宜采用撤步卧倒等。

2. 低姿匍匐（图 5-8）

图 5-8　低姿匍匐

低姿匍匐是在遮蔽物高约 40cm 时采用。卧倒后，腹部贴于地面，屈回右腿，伸出左手，用右脚内侧的蹬力和左手的扒力使身体前移；在移动的同时，屈回左腿，伸出右手，用左脚内侧的蹬力和右手的扒力使身体继续前移，依次交替前进。前进时左（右）手协助前行。

低姿匍匐注意事项：在运动过程中若腹部离地，是因膝盖没有向外张开，导致膝盖顶地，从而使腹部离地。

3. 侧姿匍匐（图 5-9）

图 5-9　侧姿匍匐

侧姿匍匐是在遮蔽物高约 60cm 时采用。身体左侧及左小臂着地，左大臂向前倾斜支撑上体，左腿弯曲，右腿收回，右脚靠近臀部着地，右手协同，用左臂的支撑力和右脚跟的蹬力使身体前移。

侧姿匍匐注意事项：右手扒地，左脚跟蹬地（或左手扒地、右脚蹬地）动作保持一致。运动过程中身体高度不应超过 60cm。

4. 高姿匍匐（图 5-10）

高姿匍匐是在遮蔽物高约 80cm 时采用。用双手和双脚掌内侧支撑身体前

图 5-10　高姿匍匐

进。前进时，双腿稍向内扣，双膝离地，利用双手和双脚协力向前运动（类似四肢爬行动物行走）。

高姿匍匐注意事项：前进过程中，手尽量前伸，手的移动速度要与双脚移动的速度和频率相协调，防止手慢脚快，出现滚翻、擦伤面部等问题。

5. 蛇形跑

蛇形跑也就是常说的 S 形跑。跃进过程中，目视前方，两手自然运动，上体前倾，头部不要高出遮蔽物，两腿弯曲（屈身程度视遮蔽物高低而定），大步或快步前进。目的是避免成为恐怖分子的瞄准目标。

（三）防卫与反击

防卫与反击目的是自我解救，摆脱歹徒，防止被其伤害，而不是要征服或置歹徒于死地。为保证安全有效地摆脱歹徒，避免被其伤害，应掌握必要的反击手段，以使歹徒暂时失去侵害能力。实施反击必须学会攻击歹徒的要害，确保一击有效。另外，在遇到危险、实施反击手段时，要视国内外实际情况，注意实施正当防卫时的限度。

1. 要害部位

要害部位是指人体最易遭受打击或挤压而致伤的部位（图 5-11）。如果掌握了人体的要害部位及攻击这些部位的有效方法，在和歹徒搏斗中，就能提高自信心，比较容易和有效地使歹徒暂时失去攻击能力，从而便于逃脱或将其抓获。

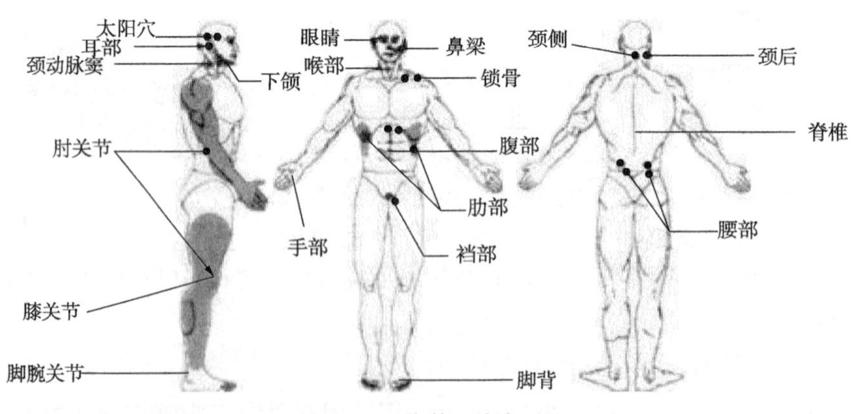

图 5-11　身体要害部位

可以把人体分为三大部分，即头颈部、躯干部、四肢部。

头颈部的要害部位有：耳、太阳穴、眼睛、鼻梁、上唇、下巴、喉结、咽喉、颈侧和颈后。

躯干部的要害部位有：锁骨、腹部、裆部、肋部、腰部和脊椎。

四肢部的要害部位有：手指、手腕关节、肘关节、肩关节、膝关节、脚腕关节和脚背。

（1）耳。人的耳膜极薄，耳部又紧靠脑神经，若将两手的手指微弯，使手掌形成杯子状，趁歹徒不备，突然用两手使劲拍击其双耳，轻则可击穿其耳膜，使其神经受到冲击或耳内出血；重则可使其发生脑震荡，乃至毙命。

（2）太阳穴。人的太阳穴部位骨质脆弱，而且有一条动脉和大量神经集中在皮下，所以，是头部的要害。若将五指伸直并拢，以掌外侧（小指根部以下一侧）、拳头或钝器用力打击歹徒的太阳穴，可使歹徒倒地，轻则脑震荡，重则死亡。

（3）眼睛。人如果闭上双眼，行走一定困难；如果有外力再轻轻推一把，人很容易倒地。所以，眼睛是人体的要害，也是极易攻击的部位。用笔、小树枝或手指乘歹徒不注意，或向受害者贴近时，猛戳其眼，歹徒定会双手护眼，暂时停止对受害者的攻击。

（4）面部。鼻子和嘴巴距离很近，容易受到连带打击，可作为一个整体来看待。歹徒的面部极易受到攻击，例如，当被歹徒从后面抱住，可用头部撞击其面部；当歹徒比较高大，可用额头撞击其面部；当歹徒弯下腰来，可用膝盖顶击其面部；当歹徒距离身体较近，可用手掌下部向上顶击其鼻子，还可以以掌、拳、手中器物打击歹徒的面部等。猛烈打击鼻子，可击碎其鼻骨，若鼻骨碎楔入脑部，则可致其死亡。人的上嘴唇是鼻骨与硬骨的连接处，神经接近皮层，受到打击，轻则剧痛，重则昏厥。

（5）咽喉及喉结。人体咽喉下部的凹处也是一个要害区，受到攻击会感到剧痛、窒息、咳嗽，若刺破咽喉皮层，伤势会更重。可以用铅笔、树枝或手指直戳歹徒咽喉，使其负伤。若用手掌外侧砍击歹徒喉结处，轻则使其疼痛难忍，重则可置其于死地。还可根据歹徒贴近时的不同姿势，选择手指掐、抓，拳、脚、膝攻击其喉结等办法对其进行攻击。

（6）颈外侧。颈外侧是指耳朵下面略靠前的地方。此处有颈静脉、颈动脉和迷走神经通过，受到打击，轻则昏迷，重则毙命。掌外侧、拳面，都是打击歹徒颈外侧的极好部位。

（7）颈后部。人的颈后部，靠近脑部，神经集中，遭到攻击，容易致命。

当歹徒低头向前或用手保护裆部时，可以利用掌外侧猛砍其颈后部。

（8）胸骨及肋部。胸骨是人体呼吸机能的重要部位，受到重击使胸骨碎裂会造成呼吸困难而窒息，若胸骨插入肺部，则会使肺泡破裂而致人死亡。肋部共有12对肋骨，且骨细而长，附在表面上的肌肉也很薄，故用膝撞或脚踢任何部位的肋骨，都能使对方肋骨骨折或死亡。况且受到击打后会震荡内脏，骨折后，折断创面的锋利处还会刺破内脏，造成体内大出血。

（9）裆部。人的裆部十分敏感，受到攻击可致昏迷，可用拳打、手抓、脚踢、膝顶等方法攻击其裆部。

（10）关节。脆弱的关节包括指关节、手腕关节、肘关节、肩关节、膝关节等，当别、扭、砸、踹歹徒的关节，可使其骨折、脱臼，失去进攻能力。

2. 反击方法

在歹徒实施不法侵害时，受害者利用所学技能通过控制歹徒的行为达到自我保护的目的，简言之，就是如何摆脱或解除歹徒的不法侵害，快速脱离险境。在遇有危急的情况下，实施解脱、脱离危险的前提是要摆脱恐慌情绪。一般来说，一个人遇到突然的危险和意外的情况时，产生紧张情绪，出现一定程度的惊慌现象是可以理解的。关键是能不能迅速调整过来，尽快恢复镇静。一个人恐慌情绪太强烈、太持久，气上不来、口张不开、四肢酥软，甚至瘫倒在地，再好的解脱防身方法也派不上用场，只好任对方侵害；反之，一个人虽然一开始很紧张，也有点慌乱，但很快就能使自己镇静下来，并迅速判断情况，思考对策，就能熟练运用各种解脱防身方法，机动灵活，实施积极的防御，达到自我保护的目的。

提高安全意识，进行有效防范，具体到行为动作上，需要根据自身不同的情况，制定或预想防卫的目标或范围。如果感到不安，感到危险，那么这个危险肯定就存在，要加倍提防。例如，发现一个陌生人，而且感到他对自身安全会有威胁，但又必须得从他旁边经过，那么在离他很远的时候，刚看到他的时候，或者感觉危险的时候，就要从思想、意识、技术等方面做好准备。

（1）安全距离，指不容易被伤害到身体或生命的距离（相对安全距离），安全距离取决于对手手中持有的武器。

（2）防卫动作。防卫动作是摆脱威胁的直接行动。在即将遇到危险时或危险已经出现时，需要采取积极的反击手段，利用正确的反击动作解除歹徒的威胁。

实施反击手段以及用什么反击动作，应以解除歹徒的威胁，使歹徒丧失对我伤害，并能使我脱离危险、保证人身安全为原则。对于一种危险情况，可以有一种或几种应对方法，同时，对于一种危险情况，在不同的时间、地点、环境，面对不同的侵害者，采取的反击动作也不一样。因此，学习反击动作，需要通过培训，进行实践模拟，以提高应对突发事件的能力。这里仅以手腕被抓、喉被锁、腰被抱为例，讲解如何实施解脱。

① 手腕被抓（单手被抓，手四指和拇指紧扣手腕部）：如果危及生命，则采取插眼、封喉、踢裆等动作，力求一击致命；反之，则以小臂力量向其大拇指方向（一般人的拇指力量不可能比一个人的小臂力量大，因此要向拇指方向）挑动，屈肘发力，或利用身体力量和手臂力量（即胳膊收紧到肋部，身体带动手臂用力）突然向其虎口方向发力，逼其脱手。

② 喉被锁：喉结扭向其肘弯肉多处，收下颌，双手同时用力扒住其前臂，以防喉被锁死造成窒息；同时，紧贴住对方，尽可能缠抱住对方，防止被摔倒或减缓被摔倒的速度；寻找机会，以后仰头，撞击其鼻子，同时向前躬身，从腿间抱住其小腿或脚，并使自身重心向后撞击对方，逼其脱手。

③ 腰被抱：紧贴对方，防止或减缓被摔倒，若手和身体被同时抱住，憋足力气，弓腰上抬大臂，则可趁机解脱或攻击其要害部位，控制对方；若是被抱住腰，则后仰头迎击其头部或肘击其头部，逼其脱手。

（3）室内防御物品的利用：

① 椅（凳）子。歹徒侵入后，可利用椅（凳）子当防身武器。方法是：双手把住椅（凳）子的面，将椅（凳）子的腿朝向歹徒，一边推打，一边接近警铃或可以逃脱的出口。推打时，要快速推出，迅速收回，防止被歹徒抓住。万一被歹徒抓住，可上前一步，用后面的脚猛踢歹徒裆部。推打时，如能瞄准歹徒胸部，待他冲过来时，突然攻击其膝下，最易奏效。若已退到出口处，准备扔下椅（凳）子就跑，则要将其扔到歹徒脚下，力争绊倒歹徒，若能砸中其小腿更好。

② 餐具、茶具。餐具、茶具若是陶瓷制品或玻璃制品最佳，但在使用这些物品时需要注意方法，先抓起一个凉水杯或暖瓶朝天花板上扔去，歹徒眼睛会往上看，同时躲避碎玻璃片，在这个过程中，可抓起碗或酒瓶，向其砸去，歹徒则躲闪不及。

③ 玻璃烟灰缸。玻璃烟灰缸小而重，砸向歹徒难于躲闪，是很好的防御武器。但烟灰缸如果从正面扔过去，易被歹徒看清和躲闪，最好握其一边，并将手腕弯回，而后像扔飞盘那样扔出，其速度快，歹徒不易看清，效果更好。

④ 圆珠笔或铅笔。如果歹徒侵入时，来不及拿较大的防御物品，则可顺手将一支圆珠笔或铅笔拿在手中，藏到身后，当歹徒接近时，迅速、准确地扎向其脸部，若能扎中对方眼睛，效果更佳。

⑤ 被子、衣服。若扬起被子、衣服可打掉歹徒手中凶器，也可将其头部捂住，将其制服或乘机走脱。

⑥ 腰带。将腰带拿在手中，用腰带扣一头抡砸歹徒，也可起到防身作用。

⑦ 铁锤、钳子、扳手。铁锤、钳子、扳手也是很好的防身武器。只是铁锤一端过重，如果拿住木柄一头，极易被歹徒夺去。应将金属部分握在手中，运用“声东击西”“指上打下”或“指下打上”（即眼睛盯着歹徒脸部，锤子却砸向歹徒膝盖等部位）的方法打击歹徒。

（4）室外防御物品的利用：

① 沙土。途中遇到歹徒，可就地抓起两把沙子，待歹徒走近时，先用左手的沙土由下而上撒到其脸上（用力不要过猛，以免沙土飞扬，无法集中攻击歹徒脸部），此时，歹徒一般会停下脚步，如果其眼被沙子迷住，还要抹脸揉眼，即可乘机逃脱。如果沙子没有准确扔向歹徒的眼睛，待他睁眼时，右手可灵活地把第二把沙土撒过去，如果歹徒的眼睛被沙子迷住，就可以趁机跑掉了。

② 石头、砖块。如果身边有石头或砖头，一定要马上拿到手里，如果只有一块，则用比较灵活的那只手拿着，另一只手抓起一把沙土。歹徒攻来，先用沙土攻击他，在他躲闪的一刹那，再用石头（砖块）猛击他的脸部。如果不易得手，可改攻其膝下部位，此招命中率较高。

③ 树枝、木棍。身边如有大小合适的树枝或木棍，要迅速拿起。如果树枝（木棍）较粗，可双手拿起打击歹徒的手腕，争取将其凶器打掉。如果树枝（木棍）较细，一只手拿起，另一只手抓一把沙土，歹徒冲来时，先以沙土迷其眼睛，再以树枝（木棍）猛扎其眼，也有助于防身和逃脱。

（四）狭小空间

1. 定义

所谓狭小空间是指尺度小并有通道限制的有限小空间。在一般情况下，这种空间是被墙（或设备）与天花板（或仓顶）围住的封闭空间。如某些楼梯、设备间、室内空间、车辆、通道的狭窄空间。

因为室内地形狭窄繁杂，具有较多死角与隐蔽物，与恐怖分子距离较近，危险性高于一般野外枪击爆炸，因此在狭小空间中需针对室内特殊环境进行应对。

2. 狭小空间规避

狭小空间规避指应对新形势下特定场所及公共环境遭遇恐怖袭击需要。与传统的社会安全事件完全不同，而且多应用在酒店、民居、客车、飞机、客轮、办公区、剧场等室内环境。

3. 观察

通过门窗或转角时，切角观察是最常使用的观察方式。切角的原理就是利用双方眼睛在转角的视差角度，使能够在不被敌人发现前确知对方位置。

但是在切角时须注意以下事项：

(1) 切角步法须以圆弧方式（画大饼）进行。

(2) 注意身体或携带物品不可超出视线差，否则将暴露自身位置，危及自己生命安全。

(3) 在过门窗观察时须以弧形步法（画大饼）方式由左至右或由右至左迅速观察（图 5-12），切角的动作可减低身体暴露在恐怖分子火力下的面积。

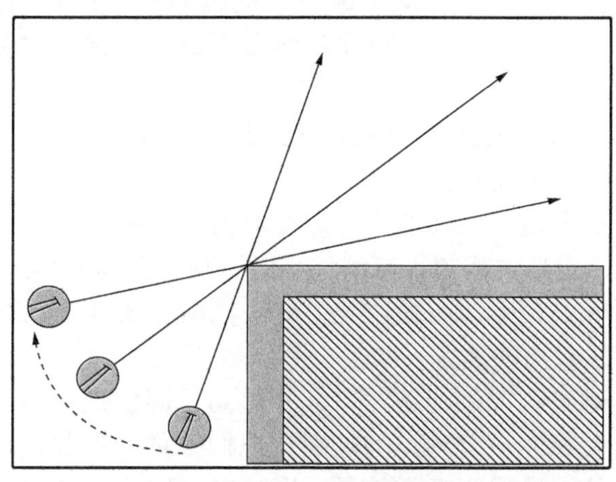

图 5-12 从左至右迅速观察

安全角：所谓安全角就是敌人的枪线的角度和墙角之间的一个安全区域（图 5-13）。

4. 判断技巧

对形势的判断：判断周边情况，主要包括袭击者的位置、人数、服装、武器装备配置，安全出口的情况，下一步行动目标，分析自我逃脱路线和紧急情况应对技能。

图 5-13　安全角

5. 隐蔽技巧

(1) 楼梯处：如果有枪声，有机会就快速离开，如不能马上离开则选择有利位置隐蔽。

(2) 通道工作台、井上平台、炼化装置、工作车间等局部空间环境下躲避：寻找有利隐蔽位置，尤其是当你处于被恐怖分子控制的建筑物的时候，尽量让你的行动悄无声息，而且动作不能太明显，通常可以利用拐角和植被来掩护自己。

(3) 利用安全角快速脱离：当听到恐怖分子活动的声音，判断距离远近，可利用安全角观察快速脱离。

(4) 利用酒店环境：入住前，一定要对大堂有一个初步的观察，如果在大堂进行就餐，一定要选择离入口稍远，但能观察到出入口人员进出的地方，如果能再观察到整个大厅动态的位置更佳。同时，要让自己处于一旦发生突发事件，能够方便撤离的地方。

(5) 撤离、逃离：如果能跑掉，赶紧逃离，即使别人坚持留下来，也要离开，并鼓励别人跟你一起逃，不过别让他们拖你的后腿。最重要的是，不携带任何无关物品。最需要考虑的是，别让自己陷入死胡同。一旦你逃离了事故现场，试着去阻止别人进入危险区域，同时打电话报警。

如果不能安全撤离，需要找个地方躲起来，要迅速行动，并保持安静。尽最大可能保证藏身处的安全，如果在室内的话，要关掉灯、锁门、把手机设为静音。如果找不到安全房间或者橱柜，试着躲在大件的物体后面，尽量不要发出声音。

(6) 处在房间内应对方法：首先用房间内的物品将门堵住，寻找求救的物品，恐怖分子破门的时候，一定要寻找藏身之地，避开门窗后面及对角线位置。如果处在三楼以下，在紧急情况下，可以利用床单被罩等物品结绳逃生。

（7）反击：内容详见本节（三）防卫与反击。

这是最后的办法。如果你正处于极其危险的情况下，不管你是一个人还是和别人一起合作，随手找到可用的武器，不管用什么方法，尽力将恐怖分子砸趴下。

（五）紧急救护

遇到紧急情况，当自己或同事受伤时，应采取科学的急救方法对伤者进行及时救治。掌握必要的自救和互救知识是逃生成功的重要因素。下面简单介绍几种常见的自救和互救技巧。

1. 心肺复苏

（1）首先评估所处环境是否安全。如火灾、倒塌厂房、有毒有害气体泄漏等危害生命健康的情况，应先将伤者移到安全地点，再进行急救。

（2）判断有无意识。拍双肩，双侧耳旁高呼："喂，你怎么了？"观察患者有无反应（避免晃动病人身体，防止脊髓损伤）。若患者没有反应，呼救身边的人帮忙拨打当地急救电话，或用手机免提模式拨打当地急救电话。

（3）判断有无呼吸。非医务人员无须触摸颈动脉搏动，扫视胸廓有无起伏，或观察是否为叹息样呼吸，观察时间5~10秒。伤者没有反应，没有呼吸或叹息样呼吸，将伤者仰卧于平地或硬板床上，即可以开始胸外按压，进行心肺复苏。

（4）胸外按压。施救者站于或跪于伤者一侧，选择按压部位，胸骨下半部，两乳头连线中点，或者手指沿病人一侧肋缘滑至剑突上两横指，一手掌根部置于按压部，另一手平行叠加其上，两手手指交叉紧紧相扣，手指尽量向上，上半身前倾，双肩在患者胸骨正上方，双臂紧绷伸直，以髋关节为支点，依靠肩部和背部的力量垂直向下用力按压，使胸骨下陷，成人按压深度为5~6厘米，按压频率100~120次/分钟，每次按压后使胸廓充分回弹，按压放松时，手掌根部不要离开胸壁，也不要倚靠在患者胸壁上（图5-14）。

注意：连续做30次胸外心脏按压之后，再连续做2次人工呼吸，如此反复进行。

（5）人工呼吸。若患者口腔内有异物或分泌物，将头转向一侧一手食指纱布包裹清除口腔异物。采取仰头提颏法开放气道，即一手置于患者前额，用力向后使其头部后仰，同时另一手的食指、中指并拢置于病人下颏骨骨性部分向上抬颏，不要压向患者软组织深处，使鼻孔朝天。施救者置于患者前额手的拇指和示指捏住患者鼻孔，用口唇把患者的口完全罩住，正常吸气，缓慢送气，通气完毕离开患者口部，同时松开患者鼻子，使患者能从鼻孔出气。重复2次。

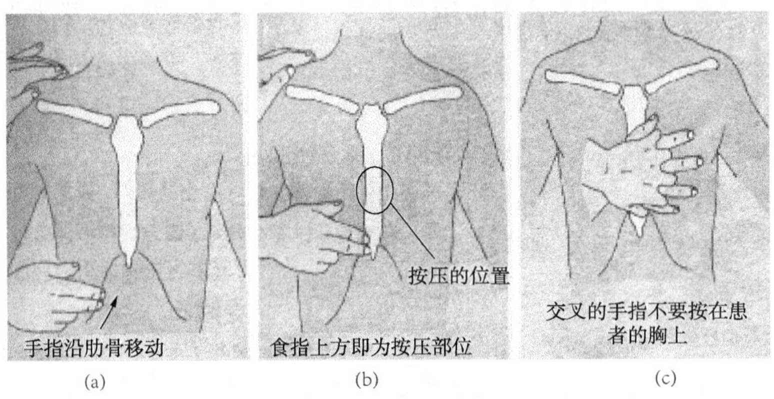

图 5-14　胸外心脏按压

2. 止血

止血的目的是降低出血的速度，防止伤者因大量血液流失而导致休克昏迷。具体方法：

（1）将伤者转移到安全的地方，检查伤势，判断清楚出血性质，如动脉出血、静脉出血、毛细血管出血（图 5-15）等。

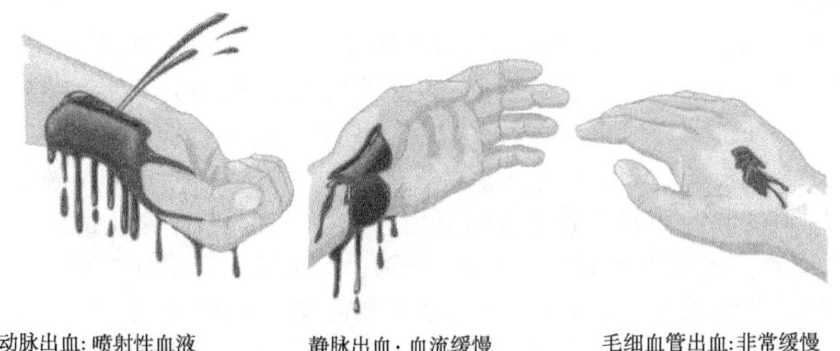

图 5-15　止血

（2）如果是静脉出血，可采取直接用手指压在出血伤口上进行止血。

（3）对四肢受伤出血的，可使用腰带、领带、粗布条等，或将衣服撕成条状代替，在伤口近心端四指处包扎止血（证件带和鞋带过细，不可直接用于止血，可在皮肤上加垫厚的辅料后再进行包扎）。

3. 固定

对骨折、关节受伤的人员进行固定包扎，目的是避免骨折端对人体造成新的伤害、减轻疼痛和便于搬运抢救。具体方法：

（1）开放性伤口要先包扎伤口再固定，不要送回刺出的骨折端。

（2）垫高或抬高受伤部位，以减慢流血及减少肿胀。

（3）不要移动脊柱受伤或怀疑有脊柱损伤的伤者。

（4）固定时必须将骨折端上下两个关节一起固定，如小腿骨折应将踝关节和膝关节固定。

4. 烧伤急救

（1）用大量洁净的水清洗伤口，除非伤口烧黑、变白或太深。

（2）不要直接用冰敷伤口。

（3）不要刺破水泡。

（4）轻轻取下戒指、手表、皮带及紧身衣服。

（5）用干净、无黏性的布盖住伤口。

5. 休克急救

（1）避免伤者过冷或过热，利用毛毯或大衣保暖。

（2）若无骨折，将伤者双脚抬高 30cm 左右。

（3）不要给伤者饮水或喂食。

（4）留意伤者的清醒程度。

（5）向救护人员报告。

6. 创伤性气胸

如果胸部受伤出现呼吸障碍，维护胸腔压力与外界大气压的压力差，是保障呼吸能够顺畅的关键。具体方法：

（1）使用非吸水性卡片（如身份证等）贴住身体压住伤口。

（2）或使用保鲜膜类的薄膜，撕下约 20cm×20cm 大小，贴住伤口，用胶带固定住上、左、右三个边，留出下方，以便让伤口流出的血水排出。

（3）也可以张开手掌紧贴身体压住伤口。

7. 腹外伤急救

（1）止血。如果是闭合性伤口，应及时压住伤口，进行止血。

（2）保鲜。如果是开放性伤口，小肠外露时，应用水打湿上衣，包住小肠，不使其外露于空气中，避免细菌感染，失水干燥坏死。不要把沾染污物的内脏回填腹腔，这样会使内脏在腹内相互感染，产生粘连，加速内脏坏死。

（3）等待救援。受伤后尽量不移动，不要喝水，采取卧或平躺姿势等待救援。

8. 应急治疗化学毒剂中毒

遭遇生化武器袭击时，一旦发现自己或同伴身上染毒，应尽快脱去染毒服装，并对皮肤进行消毒。

（1）皮肤消毒：先用纱布或柔软的布、纸等轻轻吸掉（不是擦掉）皮肤上的毒剂液滴，然后用浸有消毒液（由专业人员配制分发）的纱布，对染毒部位由外向里进行擦拭，每擦拭一次，纱布都要浸一次消毒液，重复2~3次，等待数分钟。最后用纱布或毛巾浸上净水，将皮肤消毒部位擦净。用过的纱布等要集中处理并做好标记。

（2）眼睛、面部和呼吸道消毒：用2%的小苏打水或净水冲洗眼睛。方法是将脸转向侧面，用手指撑开眼睑，小心地将小苏打水或净水慢慢注入眼内，使水从脸的侧面流掉，不要使染毒面积扩大，同时要防止冲出来的水流入口内。对眼睛消毒后，应用皮肤消毒液浸湿纱布，对面部消毒。离开毒区后立即用2%的小苏打水或净水漱口和洗鼻。

9. 急救箱的使用

急救箱主要用于意外事故发生后第一时间自救、互救，可使伤者得到第一时间的救治，最大限度地减少人员的伤亡，适用于户外、居家、旅游、行车和运动，箱内有急救必需品，免去您自备应急品的凌乱不足。急救箱携带方便，一般遵循下面的使用原则：

急救箱用于紧急情况下的救护工作（图5-16），在日常情况下，请不要随意拿走箱体中的药品，紧急时刻取用后应及时归还。

急救箱24小时开放，不配锁，方便紧急时刻取用。当遇到紧急情况时，可以使用急救箱中的急救物品，取走药品时请自觉登记所取药品的名称、数量，以便后续的药品补给。

急救箱存放着以下各项物品，以备基本急救之用：

（1）绷带。绷带有不同的宽度及质料，以处理不同面积及种类的损伤。下面介绍常见的3种：

① 纱布滚动条绷带：适用于处理一般伤口，主要作固定敷料之用。

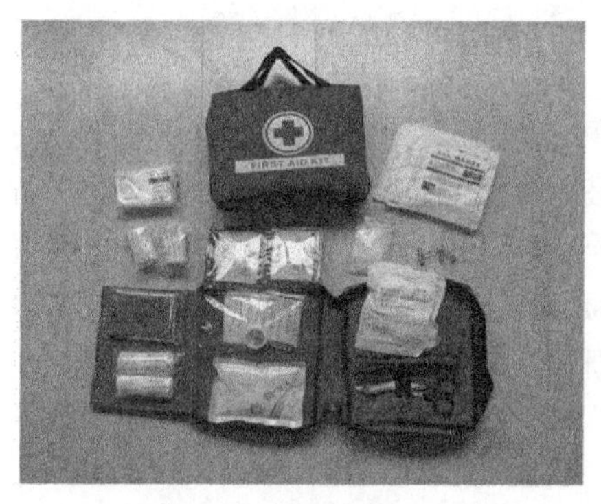

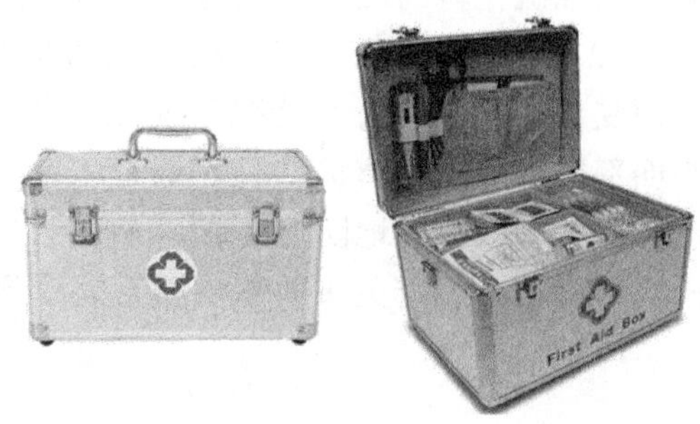

图 5-16　急救箱

② 弹性滚动条绷带：具有弹性，除应用于处理伤口外，更可应用于处理一般拉伤、扭伤、静脉曲张等伤症，以固定伤肢及减少肿胀。

③ 三角绷带：三角绷带可以全幅使用或折叠成宽窄不同的绷带。通常作手挂使用，承托上肢。

（2）敷料。敷料由数层纱布制成，质地柔韧。主要用作覆盖伤口及吸收分泌物；流血及分泌物较多的伤口，可加厚覆盖。

（3）敷料包。敷料包由棉垫和滚动条绷带组成。用棉垫（即敷料）覆盖伤口，然后用附带的滚动条绷带加以固定。

（4）消毒药水。介绍几种常用消毒药水的用途：

① 双氧水：用于受污染的黏膜或破损伤口的基本消毒。

② 红汞（红药水）：保护伤口并具有抗菌的作用。

③ 酒精和碘酒：用作非黏膜伤口的表面消毒。不可用于破损伤口的消毒。

（5）洁净的棉花球。洁净的棉花球用于清洁伤口，使用时蘸透消毒药水。

（6）消毒胶布。通常用来处理面积较小的伤口。贴上胶布前，必须确保伤口周围的皮肤干爽清洁，否则不能贴牢固。

（7）胶布。用来固定敷料、滚动条绷带或三角绷带。

（8）各种药丸。如康泰克、感冒通、黄连素、牛黄解毒片、必理通、藿香正气丸、胃药等。

（9）蛇药。真空抽毒器、上海蛇药、季德胜蛇药。

（10）其他。眼药水、万花油、止血贴、清凉油、祛风油等。

10. 其他安全设备

除了上述安全设备外，还有很多公用或个人使用的安全设备，下面对几种常见的防护设备做一个简单介绍。

（1）环境检测设备（图 5-17）。这是一种专门检测可燃气体、氧气、一氧化碳和硫化氢的便携式危险气体检测仪，小巧轻便，便于携带。

（2）防毒面具（图 5-18）。防毒面具可在染毒区执行较长时间的任务时和遭受化学恐怖袭击的情况下使用。防毒面具是用于保护呼吸系统、眼睛和头面部皮肤的个人防护器材。通过安装不同型号的配套滤毒罐将污染的空气进行过滤，能有效地防止毒剂、放射性物质和生物战剂气溶胶经呼吸道和眼侵入体内，并可避免头面部皮肤直接受到损伤。

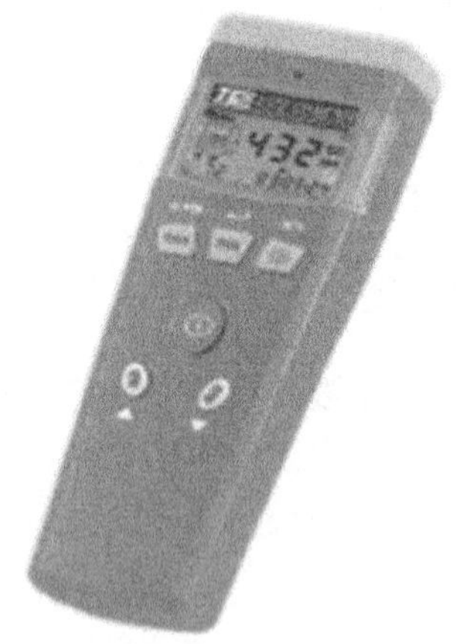

图 5-17　环境监测设备

图 5-18　防毒面具

图 5-19　透气式防毒衣

（3）皮肤防护器材。皮肤防护器材是用于保护皮肤，使之免受化学毒剂、放射性物质和生物战剂沾染和损伤的一种个人防护器材。皮肤防护器材可分为透气式防毒衣和隔绝式皮肤防护器材两类。

① 透气式防毒衣（图 5-19）。透气式防毒衣是在专门制作的服装上添加化学防护剂，或者用特殊的化学材料制成服装，用于吸附及中和毒剂蒸气。这种透气式防毒衣对毒剂蒸气有较好的防护作用，但对液态毒剂防护效果不佳。其最大优点是对机体不良影响甚小。在夏季穿戴对人体散热生理功能影响较小，可长时间穿着而不易中暑。

② 隔绝式皮肤防护器材（图 5-20）。大体上可分为两类，全身防护器材和局部防护器材。全身防护器材主

要有连身式防毒衣和两截式防毒衣，还有防毒斗篷。局部防护器材主要有防毒围裙等，防毒围裙供对人员和武器装备洗消的人员使用。隔绝式皮肤防护器材是用各种隔绝材料制成的。防毒作用是依靠其胶质层减慢毒剂的渗透速度来达到防毒目的。

图 5-20 隔绝式皮肤防护器材

（六）监视与反监视

监视指在监视对象不知情的情况下，严密注视观察监视对象，从而获取想要的信息（图 5-21）。通过了解监视的方式和反监视的手段，可以提高海外项目工作人员的反监视能力，增强自身的安防意识，从而避免陷入危险之中。

图 5-21 监视是恐怖分子获取信息的重要手段

1. 常用监视与反监视手段

在所有的犯罪活动开始前，大到恐怖炸弹袭击，小到盗窃抢劫财物，犯罪分子都会进行不同程度的前期侦查监视准备（图 5-22）。监视的主要目的是在整个犯罪行动的计划与实施过程中，对目标进行选择，了解目标人物的行为方式，如交通方式、生活习惯、爱好、安保配备等，或者打探固定目标安保力量的行为模式，如栅栏、门、锁和报警器的位置、保安的巡逻路线及巡逻时间等信息。

监视是恐怖活动能否成功的重要一环。因此，从监视环节着手，阻止恐怖分子获取情报的途径，是防止恐怖袭击的一个重要措施，反监视也是安保工作的重要组成部分。

如果拥有较强的警觉性和一定的自卫防范技能，个人和集体将会成为恐怖分子难以下手的目标，从而有利于预防和规避被恐怖分子袭击的风险。

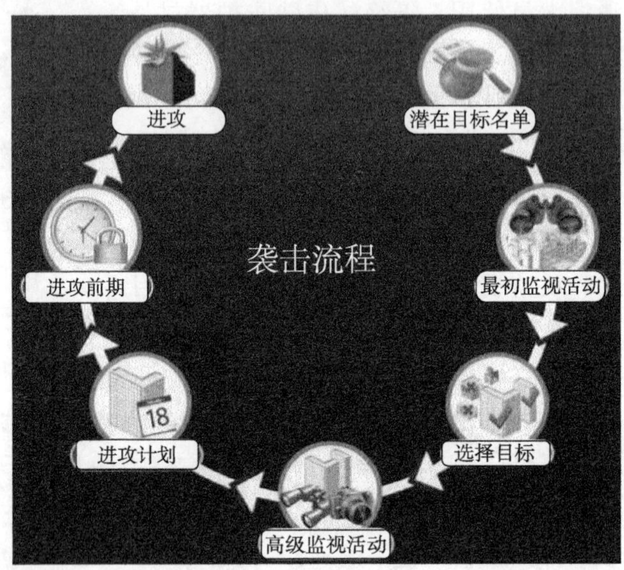

图 5-22　袭击流程

2. 监视方式

政府级别的专业监视几乎无法被业余人员监测到，但恐怖分子或犯罪分子基于条件限制采取非专业监视活动必然加大暴露的机会，而安保工作利用的就是这个机会。常用的监视方式一般有电子监听、徒步跟踪、交通工具跟踪 3 种。

1）电子监听

电子监听又称电信接收，它是指利用先进的电子设备系统对有线、无线、微波等通信信号进行截收、分析、破译、处理的全过程，属于一种电子侦察，实际上是窃听技术的综合发展。

第二次世界大战期间，美国就运用电子监听技术截获了德国和日本许多重要军事情报。英美军队在北非沙漠击败希特勒的王牌隆美尔军，美国在太平洋中途岛战役中重创日军，并在布尔根维尔岛南岸上空击落日本联合舰队总司令官山本五十六的座机等战例，电子监听获取的信息和情报都在其中起了决定性作用。

常见的电子监听装置有手机窃听器、安装在房屋或电话线路上的窃听器等（图 5-23）。同时，监听的方式也有很多种，如通过电话交换机控制用户电话，建立窃听系统，对侦查目标电话进行监听；在电话系统里安装窃听器件，窃听通话内容；以及利用电话系统的某一部分窃听房内谈话等。

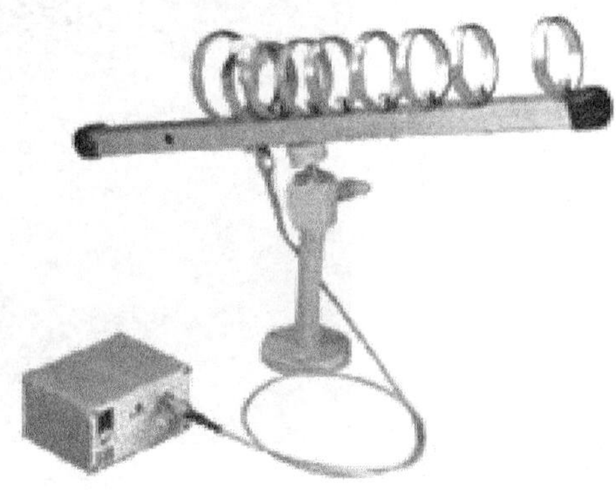

图 5-23 各式各样的电子监听装置

2）徒步跟踪

徒步跟踪一般可分为单人跟踪、多人跟踪。一般而言，高质量的徒步跟踪应有多人参加才能保证跟踪不出现意外，但恐怖组织由于人力和跟踪成本的限制，通常是一人或二人进行跟踪。

经验丰富的跟踪者会采取下列方法保持跟踪：

（1）跟踪距离适中。在户外场合，当来往人员拥挤或较多时，跟踪者一般会适当缩短与跟踪对象的距离，反之，当来往人员较少时则拉长与跟踪对象的距离。在监视场合，跟踪者的位置一般保持在能看清跟踪对象的距离之内，以达到监控目的，以便随时根据对象的活动情况采取措施。

（2）跟踪方式灵活。当跟踪对象走近建筑群或将要拐进楼群中时，跟踪者一般会靠近对象以免脱梢，有时会采取在马路对面跟踪的方式以免被跟踪对象发现。

当跟踪对象走进有若干进/出口的商场时，跟踪者也会走进大楼，尽可能地随着人流跟踪对象，根据对象的位置适当地调整与对象距离的远近。

当跟踪对象进入一栋办公楼或其他单独的楼房时，跟踪者会判明是否可以跟入，有时会选择外面一个合适的位置等待对象出现再继续进行跟踪。

跟踪者在不同场合会采取具体的方法掩藏自己，如化妆、脱（戴）帽子、摘（戴）眼镜、反穿夹克等。

3）交通工具跟踪

当被跟踪对象使用各种机动交通工具时，跟踪者将会使用车辆（图 5-24）

甚至飞机（图 5-25）实施跟踪监视。

图 5-24　车辆跟踪

图 5-25　飞机空中跟踪

使用车辆进行跟踪监视时，跟踪者会根据正在实施监视行动的具体情况，运用各种技巧伪装自己。交通流量情况会影响跟踪者与跟踪对象之间的距离，随着两车之间距离拉大，失去跟踪对象行踪的可能性就大大增加；监视车与对象车之间的距离过近，被跟踪对象发现受到监视的可能性也会增加。对于跟踪者来说，他们会尽力在两车之间保持最佳的距离，即离跟踪对象车近到不致失去对象行踪但又不会被对象发觉的距离。实施跟踪监视时，如果使用多辆汽车，跟踪者往往会频繁变换各监视车的位置，以防一辆监视车跟在跟踪对象车后面的时间过长，而被其发现。

跟踪者会用很多伪装方法，既保持被跟踪对象处于自己观察之下又避免被对象发现。当跟踪者仅为一人时，在整个监视行动中，他会更注意自己外观的变化，例如，准备一两款样式不同的帽子、假发、墨镜、平光眼镜、可两面穿的夹克衫，以及任何看上去与具体监视环境相适合的物品。

跟踪者在监视时经常会不断对车辆及人员进行伪装：安装或拆除后视镜；将小饰物放上或从仪表板上拿下来；在车内安装一块特殊的开关板，在夜间调暗或关闭车上的各种灯光；改变车牌号码；租用出租机构的车辆，并且每天换租一辆或数辆车；重新安排车内人员位置；改变车内人员的外表等方法。

还有一种伪装方法：监视车的驾驶人员会改变他原有的驾驶习惯。例如，当路面上有两条以上的同方向车道时，跟踪车辆的驾驶人员会间隔一段时间换用另一条车道。此外，几乎所有的车都存在后视盲区，在多车道的路面上，跟踪者会适当地驶近对象车，设法使自己的车位于对象车的盲区范围内。盲区是指汽车后视镜观测不到的范围，以及驾驶人员从座位上向身后正常观察到的视场（正常从后侧窗户望出去的范围）。如果有一辆车位于对象车左侧或右侧后方较远，需要司机完全扭回头才能看到；或是距对象车侧后方较远，从车上的后视镜中看不到，则对象车的驾驶人员往往不容易注意到这辆车。

专业组织的跟踪会提前几周甚至几个月对目标进行跟踪监视准备。如冷战时期的苏联，对在莫斯科活动的美国 CIA（Central Intelligence Agency，中央情报局）特工人员进行的一项名为“战略监视”的行动。苏联将莫斯科分成若干个区域，每个区域内安排一定数量的特工，对在本区域内活动的目标进行监视，当目标人物从一个区域到另一个区域时，所有监视人员均不需随目标的移动而移动，而只需进行监视活动的交接，相当于一个个的“电子眼”，很难被目标发现。这种规模的监视队伍很难被发现，但需要动用大量的人力和物力，因此，这种级别的监视只有政府才有能力进行。

3. *反监视方式*

反监视就是发现监视活动者并对其进行干扰。反监视的目的在于迫使监视者暴露自己的监视意图、身份和位置，从而阻断恐怖分子进一步获取目标的资料信息，使恐怖袭击停止在计划的早期阶段，进而达到保护自身安全的目的。

要进行有效的反监视，必须熟悉 TEDB 原则和 SDR 原则。

1）TEDB 原则

T（Times）即出现频率，指一个人多次出现；E（Environment）即环境，指一个人在不同的环境中出现；D（Distance）即距离，指在两个距离较远的地方重复看到某人；B（Behavior）即行为，指一个人表现出不正常的行为。

由于大部分的恐怖分子都没有进行过专业的训练，因此，他们的监视活

动往往符合 TEDB 原则。如，在目标移动的时候移动、目标移动时试图向同伙联络或做手势、避开目标的目光、突然转弯或停止等。

当发现某人在一段时间内，在不同环境和距离重复出现，表现出不正常的行为，或者感觉到周围有不自然、不正常的情况，可以假定自己成为被监视的对象。只要我们有较强的安全意识，就有能力发现敌方的监视活动。

2）SDR 原则

SDR 是监视探测方法（Surveillance Detection Route）的英文缩写。较高水平的反监视手段，需要利用 SDR 来发现和摆脱监视。如果认为自己处于被监视状态，可以通过改变自己的行动路线，迫使对自己进行监视的人员改变监视路线，从而使其更容易被发现或者受到干扰。例如，选择进入有多个出入口的场所，可以使监视者因不知道你会选择哪个出口而与你保持更近的距离，从而加大其暴露的风险，使你有更多的机会发现监视者。

以下一些技巧可以使你更快地发现和摆脱监视者：突然面对监视者、对疑似监视者的方向进行明显的拍照，与保安或警察对话并指向监视者的方向等。

4. 如何发现被监视及应对方法

1）发现被监视及应对方法

在公共场所如何发现被监视及应对方法主要有如下几点：

(1) 经常回头。可以观察周边的安全情况以及是否有人跟踪。

(2) 偶尔停步。停步时可以假装喝水，也可以假装系鞋带，这样既不容易被监视方发现，也可以察看自己是否安全。

(3) 环顾四周。假装看风景或建筑等，察看四周情况，若确定被监视，马上想办法甩开。

如发觉自己被监视，在公共场所，可以选择有多个入口和出口的商场、超市、光线较暗的电影院、人流量大且有多个出口的公园等，也可以选择多乘坐几次电梯、变换步行的速度和方向等方式来摆脱监视者的跟踪。

在摆脱监视后，可以把监视者的特征等情况告知警方或同事，以便对其进行反监视。由于监视者往往比较狡猾，因此，在对其进行反监视时，一定要更为小心。

2）在营地及作业现场发现被监视及应对方法

恐怖分子的监视一般都是在营地及作业现场外围进行，如果发现营地及作业现场附近在某一时间段内一直有身份可疑的人、陌生人或车辆出现并停留，可以认为定营地及作业现场被监视。

此时，可以在营地及作业现场周围地区加强安保力量；对可疑和陌生的人员及车辆进行盘问，阻止其进入营地及作业现场；不定期改变营地及作业现场安保巡逻路线和安保人员监视点。

此外，在营地周边设立一道隐蔽的安全防护网和监视设备（图 5-26），也能对恐怖分子进行有效的反监视。

图 5-26 电子眼可以对监视者实施反监视

当然，还有一种更隐蔽的方式，即可能被恐怖分子进行了电子监视。这时应报告所在国家（地区）的安全部门，并加大对 IT（信息技术）系统的安全防护。

3）在旅途中发现被监视及应对方法

由于人们在旅途中往往处于十分放松的状态，对别人的注意不够，这就给恐怖分子作案留下了空隙，因此在旅途中应十分小心。

在旅途中，如果发现有人在一段时间内随你在不同的交通工具或地点重复出现，并表现出不正常的行为，如目光一直在你身上，随你的行动突然停止或转弯，有奇怪的手势等；在驾驶过程中，在一段时间内一直有相同的车辆尾随等，都可以认为自己已被监视。

若在公共交通工具上，可以走下交通工具，在站台上等人全部走开，或者选择有多个出入口的车站下车，以摆脱监视者的跟踪。若正在驾驶车辆，可以选择车流量较小的路，也可以利用路口的红绿灯变换来摆脱监视者的跟踪。

此外，可以趁监视者不注意时，利用相机或手机装作拍风景，把可疑人员拍进照片里，以便及时通知当地警方或者其他同事。

（七）野外生存知识与技巧

海外项目野外作业时，在失去生活必需品供给的条件下，野外生存条件非常严酷。因此，掌握一定的野外生存技能十分重要。本节介绍一些简单的野外生存常识。

1. 野外生存技巧

1）找水、收集水

生命离不开水，没有食物，正常人可以活三周，但没有水，三天都难以维持。所以水要优先考虑，以下几点提示可以帮助你在野外迅速找到或收集到水：

（1）找水源的首选之地是山谷底部地区。在高山地区寻水，应沿着岩石裂缝去找，干涸河床沙石地带往往会挖到泉眼。

（2）天空出现彩虹的地方，肯定有雨水；在乌黑、带有雷电的积雨云下面，会有雨水或冰雹；在总有浓雾的山谷里定有水源。

（3）若在炎热的夏季地面总是非常潮湿，地面久晒而不干、不热的地方，地下水位较高；在秋季地表有水汽上升，凌晨常出现薄雾，晚上露水较重，且地面潮湿，说明地下水位高，水量充足；在寒冷的冬季，地表的隙缝处有白霜时，地下水位也比较高；春季解冻早的地方和冬季封冻晚的地方以及降雪后融化快的地方地下水位均高。

（4）在海岸边，应在最高水线以上挖坑，很可能有一层厚约5cm过滤后的可食用水浮在密度较大的海水层上。

（5）收集雨水。在地上挖个洞，铺上一层塑料，四周用黏土围住，可以有效地收集雨水。

（6）跟踪动物、鸟类、昆虫可以找到水源。夏季蚊虫聚集，且飞成圆柱形状的地方一定有水；有青蛙、蚂蚁、蜗牛居住的地方也有水；另外，燕子飞过的路线和衔泥筑巢的地方都是有水源和地下水位较高的地方。鹌鹑傍晚时向水飞，清晨时背水飞；斑鸠群早晚飞向水源。

（7）植物中取水。竹类等中空植物的节间常存有水，藤本植物往往有可饮用的汁液，棕榈类、仙人掌类植物的果实和茎干都含有丰富的水分。但千万不要饮用那些带有乳浊液的藤或灌、乔木的汁液，因为这些汁液通常都含有毒素。

（8）日光蒸馏器。在干旱沙漠地区利用下述方法能较好地收集到水：在相对潮湿的地面挖一宽约90cm、深约45cm的坑，坑底部中央放一集水器，坑面悬一条拉成弧形的塑料膜。阳光能使坑内潮湿土壤和空气的温度升高，从而蒸发产生水汽，水汽与塑料膜接触遇冷凝结成水珠，下滑至器皿中。

饮用凹地积水处的水时，即使在极度疲惫干渴的时候，也最好不要立即狂饮，应该就当时的环境条件对水源进行必要的净化和消毒处理，以避免因饮水而中毒或染上疾病。

以上取水方法在野外缺水时是有效的。然而，单纯地依靠上述方法去寻找水源也不是长久之计，且很复杂、很辛苦。只限于少数人员（3~7人）和短时间（3~5天），人员过多或时间过长则不适用。就安全而言，最好不要远离水源1~2天的路程，也不要一人独闯丛林。

2）野外生火

在野外，火除了可以将食物煮熟，还有很多其他用途：火苗释放热量产生暖意，能节省体内热量散失；火可以烘干衣服，可以吓跑野兽；烟雾可以驱走虫害；用火熏过的肉保质时间较长；火还可以煅烧金属打制工具等。下面我们了解一下如何在野外生火：

（1）寻找到易燃的引火物。首先要寻找到易燃的引火物，如，枯草、干树叶、桦树皮、松针、松脂、细树枝、纸、棉花等。

（2）捡拾干柴。干柴要选择干燥、未腐朽的树干或枝条。要尽可能选择松树、栎树、柞树、桦树、槐树、山樱桃树、山杏树之类的硬木，此类树木燃烧时间长、火势大、木炭多。不要捡拾贴近地面的木柴，贴近地面的木柴湿度大，不易燃烧，且烟多熏人。

（3）理出空地。理出一块避风、平坦、远离枯草和干柴的空地。最好选在近水处，要在篝火旁预备些泥土、沙石、青苔等用于及时灭火。

（4）点篝火。将引火物放置中间，上面轻轻放上细松枝、细干柴等，再架起较大较长的木柴，然后点燃火物。火堆的设置要因地制宜，可设计成锥形、星形、“井”字形、并排形、屋顶形、牧场形等，也可利用石块支起干柴或在岩石壁下面，把干柴斜靠在岩壁上，在下面放置引火物后点燃即可。一般情况下，在避风处挖一个直径1m左右、深约30cm的坑。如果地面坚硬无法挖坑也可找些石块，垒成一个圆圈，圆圈的大小根据火堆的大小而定，然后将引火物放在圆圈中间，上面架些干柴后，点燃引火物引燃干柴即成篝火。如果引火物将要燃尽时干柴还未燃起，则应从干柴的缝隙中继续添入引火物，直到干柴燃烧起来为止，而不要重新架柴点火。

3）宿营

宿营地要因地制宜，在山地和海岸边露营，尽量避免在恐怖分子和野兽经常出没的地区宿营。没有帐篷的情况下应尽量利用自然的洞穴，找不到合适洞穴，可选一个背风的岩壁露营，在丛林中可利用树木、竹、藤、茅草等搭架遮棚以保温、防风、防湿。宿营时应注意以下几点：

（1）在搭帐篷之前，必须仔细勘察地势，营地上方不要有风化的岩石，一旦发现附近有岩石散落的迹象，绝对不可再搭帐篷，尤其是靠岩石壁越近

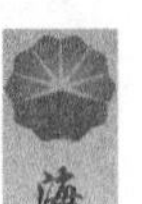

的地方越要留意，尽量避免在凹状的地方扎营。若发现滚石，应立即大声喊叫，通知同行伙伴。

（2）不要在泥石流多发地建营地。许多石块有被泥土包裹的痕迹是识别发生泥石流的主要标志。营地不要选在离泥石流通道太近的地方。

（3）尽可能不要在山顶或空旷的地上安营，以免遭到雷击。

（4）不要在河滩、河床、溪边及川谷地带建立营地，以防被突如其来的洪水冲走。

4）睡袋使用

使用睡袋是有技巧的，不会“睡”的人即使用高寒睡袋（-35℃）在一般低温下（-5℃）也会感到冷，那么怎样才能睡得更暖些呢？在使用睡袋时，有很多外在因素影响睡袋的性能，要注意的是睡袋本身并不发热，它只是有效地将体温流失减低，下面的方法会帮助你睡得更暖些：

（1）避风防潮。在野外，一个挡风的帐篷能提供一个温暖的睡眠环境。在选择营地时，不要选择谷底，那里是冷空气的聚集地，也要尽量避开承受强风的山脊或山凹。一张好的防潮垫能有效地将睡袋与冰冷潮湿的地面分开，充气式防潮垫效果更佳，在雪地上尽可能用普通防潮垫。

（2）保持睡袋干爽。睡袋吸收的水分并非主要来自外界，而是人体，即使在极寒冷的情况下，人体在睡眠时仍会排出至少一小杯的水分。保温棉受潮后会黏结而失去弹性，导致保温能力下降。若睡袋连续使用多天，最好能在太阳下晾晒。经常清洗睡袋可使保温棉保持弹性。

（3）多穿衣服。一些较松软的衣物可兼作加厚睡衣用。将人与睡袋之间的空隙填充满，也可使睡袋的保暖性加强。

（4）睡前热身。人体就是睡袋的热量来源，若临睡前先做一小段热身运动或喝一杯热饮，会将体温略微提高并有助于缩短睡袋变暖的时间。

2. 方向识别

在野外活动，诸如地质考察、生产作业、徒步旅行等，为防止迷路，正确地判定所在位置和方向，必须掌握定位和识别方向的手段。

1）利用自然特征判定方向

在没有地形图和指北针等制式器材的情况下，要掌握一些利用自然特征判定方向的方法。

（1）利用太阳判定方位（图 5-27）。方法非常简单，可以用一根标杆（直杆），使其与地面垂直，把一块石子放在标杆影子的顶点 A 处［图 5-27（a）］；约 15 分钟后，当标杆影子的顶点移动到 B 处时，再放一块石子

[图 5-27（b）]。将 A、B 两点连成一条直线，这条直线的指向就是东西方向 [图 5-27（c）]。与 AB 连线垂直的方向则是南北方向，向太阳的一端是南方。身处南半球时，方向相反。

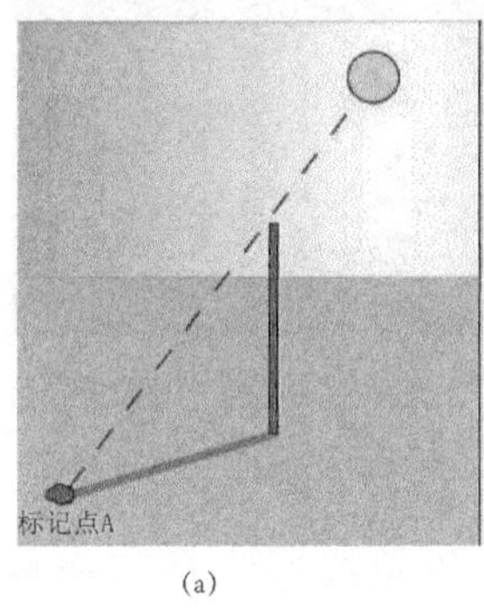

(a)

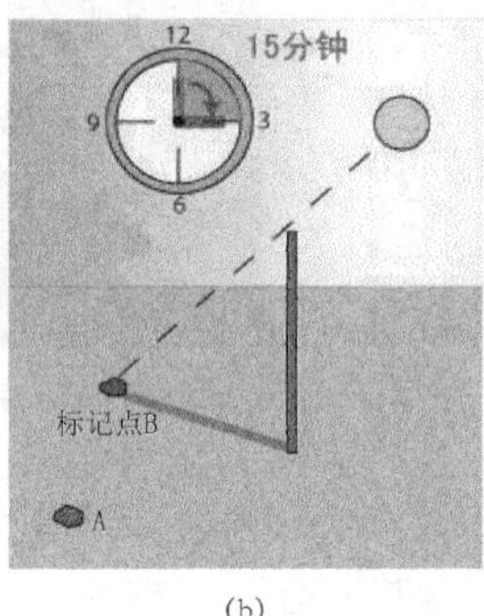

(b)

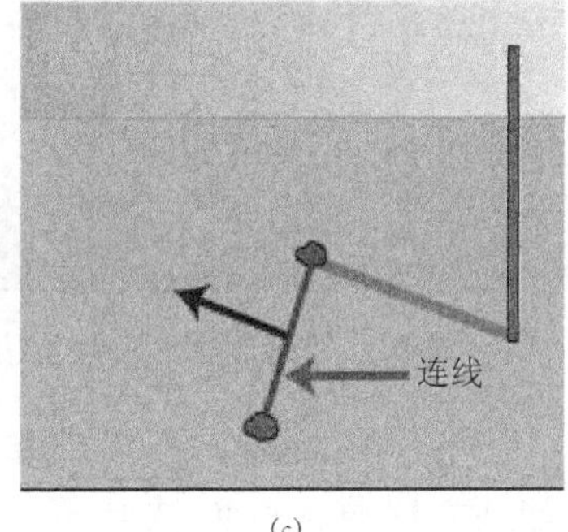

(c)

图 5-27 利用太阳能判定方法

（2）利用指针式手表对太阳的方法判定方向。手表水平放置，将时针指示的（24 小时制）时间数减半后的位置朝向太阳，表盘上 12 时刻度所指示的方向就是概略北方。假如现在时间是 16 时，则手表 8 时的刻度指向太阳，12 时刻度所指的就是北方。此种方法只适合在北半球使用，在南半球没有规律性，夏天时无法在北回归线以南使用。

图 5-28 利用北极星判定方向

夜间天气晴朗的情况下，可以利用北极星判定方向（图 5-28）。寻找北极星首先要找到大熊星座的北斗七星，该星座由 7 颗星组成，像一把勺子。当找到北斗星后，沿着勺边 A、B（图中无 AB）两颗星的连线，向勺口方向延伸约为 A、B 两星间隔的 5 倍处一颗较明亮的星就是北极星。北极星指示的方向就是北方。还可以利用与北斗星相对的仙后星座寻找北极星。仙后星座根据季节的不同呈现出不同的形状。仙后星座由 5 颗与北斗星亮度差不多的星组成，形状像 W（图 5-29）。在 W 字缺口中间的前方，约为整个缺口宽度的两倍处，即可找到北极星。南半球没有“南极星”，但有南十字星座，南十字星座由四颗星组成，其中两颗距离最长的星，以五倍的距离直线延伸，找到一个虚构点，然后在虚构点的下方找到一个参照物，这个参照物的方向就是南方（图 5-30）。

图 5-29　利用仙后星座判定方向

图 5-30　利用南十字星座判定方向

（3）利用地物特征判定方位。使用时，应根据不同情况灵活运用。在北半球独立树通常南面枝叶茂盛，树皮光滑。树桩上的年轮线通常是南面稀、北面密（图 5-31）。农村的房屋门窗和庙宇的正门通常朝南开。建筑物、土堆、田埂、高地的积雪通常是南面融化得快，北面融化得慢。大岩石、土堆、大树南面草木茂密，而北面则易生青苔。

图 5-31　年轮线

在野外迷失方向时，切勿惊慌失措，要立即停下来，冷静地回忆一下所走过的道路，想办法按一切可能利用的标志重新制定方向，然后再寻找道路。最可靠的方法是“迷途知返”，退回到原出发地。

在山地迷失方向后，应先登高远望，判断清楚前进的方向。通常应朝地势低的方向走，这样容易找到水源。顺河而行最为保险，这一点在森林中尤为重要。因为道路、居民点常常是濒水临河而建的。

如果遇到岔路口，道路多而无所适从时，首先要明确前往的方向，然后选择正确的道路。若几条道路的方向大致相同，无法判定，则应先走中间那条路，这样可以“左右逢源”，即便走错了路，也不会偏差太远。

2）利用地形图、指南针、卫星电话等确认方向

具体方式方法将在本节“5. 常见安全设备（GPS、指南针、卫星电话、急救箱）使用、求救信号等”中做详细介绍。

3. 食物及饮用水

1）采捕食物的方法

野外生存获取食物的途径主要有两种，一种是猎捕野生动物，另一种是采集野生植物。

（1）猎捕野生动物。猎捕野生动物首先要知道动物的栖息地，掌握动物的生活规律，然后再采取压捕、套猎、捕兽卡以及射杀等方法进行猎捕。这需要在专家指导下经过较长时间的训练和实践后才能真正掌握。下面仅简单介绍可食用昆虫的种类及食用方法。

可以食用的昆虫有蜗牛、蚯蚓、蚂蚁、蝉、蟑螂、蟋蟀、蝴蝶、蝗虫、湖蝇、蜘蛛、螳螂等。人们对吃昆虫虽然不习惯，甚至感到厌恶，但在万不得已的情况下，为了维持生命，保持体力，不妨一试。但是应注意，要将其煮熟或烤透，以免昆虫体内的寄生虫进入人体，导致中毒或得病。

蝗虫：浸酱油烤着吃，煮或炒也可以；螳螂：去翅后烤或炒，煮也可以；蜻蜓：干炸后可食；蝉：生吃或干炸，幼虫也可食；蜈蚣：干炸，但味道不佳；天牛：幼虫可生食或烤；蚂蚁：炒食，味道好；蜘蛛：除去脚烤食；白蚁：可生食或炒食；松毛虫：烤食。

（2）采集野生植物。可食野生植物包括可食的野果、野菜、藻类、地衣、蘑菇等。识别可食野生植物是野外生存知识的主要内容之一。常见的野菜有苦味菜（图5-32）、蒲公英、鱼腥草、马齿苋、刺儿草、荠菜、野苋菜、扫帚菜、菱、莲、芦苇、青苔等。野菜可生食、炒食、煮食或通过煮浸食用。

图5-32 可食苦味菜

一般人需要在专家指导下经过一段时间的训练才能掌握这些知识，这里介绍一种最简单的鉴别野生植物是否有毒的方法，供紧急情况下使用。通常将采集到的植物割开一

个小口子，放进一小撮盐，然后仔细观察是否改变原来的颜色，通常变色的植物不能食用。

2）饮用水的净化与消毒

一般说来，除泉水和井水（地下深水井）可直接饮用外，不管是河水、湖水、溪水、雪水、雨水、露水，还是通过渗透、过滤、沉淀而得到的水，最好都进行消毒处理后再饮用。消毒方法如下：

（1）将净水药片放入水容器中，搅拌摇晃，静置几分钟，即可饮用，还可灌入壶中存储备用。一般情况下，一片净水药片可对 1 升的水进行消毒；如果水质较混浊，可用净水药片进行消毒。目前，军队大都采用此法在野外对水进行消毒。

（2）如果没有净水药片，可以用随身携带的医用碘酒代替净水药片对水进行消毒。在已净化过的水中，每升水滴入 3~4 滴碘酒；如果水质混浊，则在每升水中滴入的碘酒要加倍，搅拌摇晃后，静置的时间也应长一些，20~30 分钟后，即可饮用或备用。

（3）利用亚氯酸盐，即漂白剂，也可以起到消毒的作用。在已净化的水中，每升水滴入漂白剂 3~4 滴，水质混浊则加倍，摇晃匀后，静置 30 分钟，即可饮用或备用。注意不可把沉淀的浊物一同喝下去。

（4）如果以上的消毒药物均没有，正巧随身携带有野炊时用的食醋（白醋也行），也可以对水进行消毒。在净化过的水中倒入一些醋汁，搅匀后，静置 30 分钟后便可饮用。

（5）在海拔不太高（3000 米以下）且有火种的情况下，把水煮沸 5 分钟，也是消毒的好方法。

（6）如果寻找到的水是咸水时，用地椒草与水煎煮，这虽不能去掉原来的咸味，却能防止发生腹痛、腹胀、腹泻。如果水中有重金属盐或有毒矿物质，应用浓茶与水煎煮，最后出现的沉淀物不要喝。

目前，有一种饮水净化吸管，在野外非常实用，形如一支粗钢笔，经它净化的水无菌、无毒、无味，无杂质，不需经过沸煮即可饮用，很方便。

另外要注意，在水源紧缺的情况下，要合理安排饮用水，不要因为一时口渴而狂饮。如果一次喝个够，身体会将吸收后多余的水分排泄掉，这样就会白白浪费很多水。每次只喝一两口，然后含在口中慢慢咽下，待感觉到口渴时再喝一口，慢慢地咽下。这样重复饮水，既可使身体将喝下的水充分吸收，又可解决口舌咽喉的干燥，还可节约水。

4. 隐蔽和保存体能

1）隐蔽方式

身处原始森林中，有许多危及生命的动物存在，所以一定要注意隐蔽自己。充分利用身边的物品，如树枝、野草等伪装自己，迅速融入周围的大环境，即达到隐蔽的目的。寻找隐蔽材料时一定要就近取材，不要选用与宿营地周围环境有较大反差的材料。

2）保存体能

在野外应避免剧烈运动，并要生火取暖，避免身体失温，必要时要补充能量。无力脱险时，尽量节省力气，要静卧，保持体力，寻找食物和水并计划使用，以延长时间。更重要的是要有信心，要乐观、积极自救和等待救援。

5. 常见安全设备（GPS、指南针、卫星电话、急救箱）使用、求救信号等

1）GPS 的介绍

目前手持 GPS 种类繁多，外观各异，且具有各自不同的特点和性能，但归纳起来，一般都有如下几种基本功能：

（1）导航功能：作为高智能向导，引领用户前往科学考察、资源调查样点、自助旅游等目的地。如果 GPS 内有电子地图，可根据电子地图进行导航，也可按照预先设置好的航线导航。

（2）定位功能：实时知道自己在哪里，并可以将任意点的位置（坐标）不断保存在机器中，或发送给有关控制或指挥中心。

（3）测量功能：可以测点的坐标、方位角和高程，测直（曲、折）线的长度和两点间的水平距离，测任意多边形图形的面积等。

（4）记录功能：在导航中，随时记录各种行程数据信息及运动历史轨迹（走过的路线）等。

（5）查询功能：查找运动目标（或自己）及目标地在电子地图中或城市交通图中的位置。查看当地日月的升起、落下时间等。

目前，几乎所有的手持 GPS 接收机，具有与计算机上传或下载数据的功能。接收机的背后有 USB 接口或串行接口，高档的接收机同时具备两种接口，通过专用数据线与软件，可与计算机连接，实现计算机与手持 GPS 间的数据交换，以便在计算机上安排、分析路线，对数据进行处理。

2）手持 GPS 的使用（图 5-33）

（1）手持 GPS 的操作按键。

综观目前各种不同品牌的手持 GPS 接收机，虽然大小不一，外观不同，

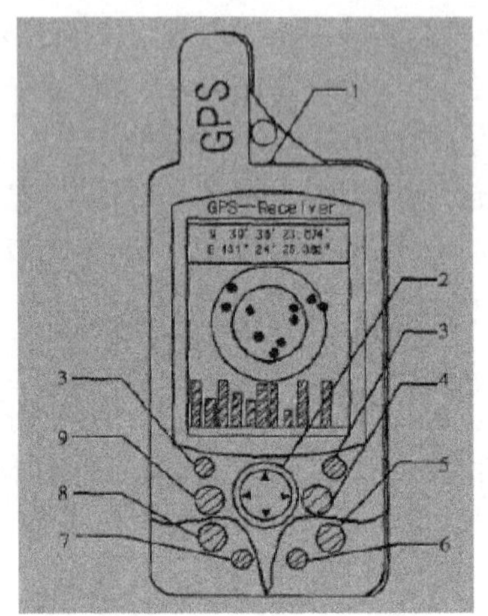

图 5-33 手持 GPS 示意图

1—电源键；2—方向键；3—+/-缩放键；4—翻页键；
5—菜单键；6—输入键；7—退出键；8—存点键；9—查找键

价格也相差悬殊，功能和操作方法上也有差异，但它们中有些操作按键的作用和功能是相同的，其按键主要有以下几种：

① 电源键：开机或关机；有的手持 GPS 可调节屏幕窗口的对比度和亮度。

② 菜单键：打开主菜单或当前页面的选项菜单；有的手持 GPS 连续按下两次将打开主菜单。

③ 存点键：将当前位置存储为一个航点；有的手持 GPS 连续按下两次可实现快速存储航点。

④ 翻页键：按此键可循环显示各页面；有的手持 GPS 利用它打开或关闭电子罗盘，或关闭背景光修改页面。

⑤ 导航键：用于开始或停止导航，是导航必需的按键；有的手持 GPS 按住 2 秒，将会记录下当前位置，并立刻向这个位置导航。

⑥ 方向键：键盘中央的圆形按键，有四个方向，用于上下左右移动黑色光标；有的可移动地图；手持 GPS 没有字符字母键，靠此键输入数据（字母），或选择汉字。

⑦ 输入键：确认光标所选的选项功能；或输入数据；有的手持 GPS 按住 2 秒将会存储当前的位置。

⑧ 退出键：反向循环显示主页面，或终止某一操作退出到前一界面；或取消输入的数据。

⑨ 查找键：访问查找菜单；按住 2 秒可存储当前位置为紧急事故点。

⑩+/-（缩放键）：在地图页面，缩放地图页面比例尺，放大或缩小显示的地图范围；有的手持 GPS 可以向上，或向下翻页：有的手持 GPS 在输入文字时，实现输入文字与字母的转换。

⑪ 背景光：主要功能是可以反复开关背景光，以便于夜间使用，但一般比较耗电。

⑫ 鼠标键：按下后放开，对所选择菜单或选项确认；按下后保持，把当前点标志为航点；上下/左右移动，可移动到选项或菜单，可移动到屏幕上的按键、图标，可输入中文或数据，可移动地图页面光标。

就一种手持 GPS 接收机而言，按键数量不一，少者 4 个、5 个，多者 10 个左右。一般是一键多功能。具体使用时，应当认真地学习和反复研究手持 GPS 的使用手册，熟悉其功能和操作方法。

（2）手持 GPS 的主要页面简介。

手持 GPS 一般具有 5~6 个页面，多则达 10 多个页面。但主要有以下几种：

① 卫星页面。该页面，一般显示 GPS 接收机的状态、卫星信号强度和搜索卫星的情况。

② 航迹导航页面。该页面将显示你现在的位置和走过的路线（轨迹），存储的航点的名字和符号也会在画面上显示。移动时，画面会自动旋转，上方的指北针时刻告诉你北的方向。在这一页面，可进行面积的测定。

③ 罗盘导航页面。导航页面显示了方向信息，指引你到达目的地。页面中有电子罗盘，在导航状态下，罗盘会随着路线方向的变化而变化，罗盘和方位指针的工作是相对独立的。罗盘的正上方指示你当前的运动方向，方位指针则始终指向目的地。如果方位指针的箭头指向正上方，表明正在前往你的目的地方向。如果该箭头指向其他方向，则要调整运动方向直到向上为止。然后在此方向上继续前进。另外，上面还有非常重要的导航参数：方位（角）、航向（角）、距离、速度等。

④ 功能菜单页面。在此页面下，可以实现对 GPS 接收机的各项功能操作与设置，包括航点、航线、航迹、存点、设置（时间、里程单位、初始化设置、系统设置等）等。

⑤ 导航地图页面。有的手持 GPS 内置最新路网图，并加装大城市、中等城市交通详图。利用地图中间的三角形位置图标显示你的个人位置及运动方向。当你行进时，地图将显示你的移动轨迹。地图页面还会详细地显示地理内容，如河流、湖泊、公路、城镇、街道等。可以用不同的比例尺查看地图，直接按动缩放键就可以缩小放大地图。有的 GPS 还可存储一定区域的地图，

在显示位置数据的同时，直观地显示用户在地图上的位置。

⑥ 旅行计算机页面。该页面同时显示了 8 种不同类型的导航数据。每个数据区都是可选择的。你可以把相关的信息选项安排在指定的区域。主页面之间可以切换，一般所需要的导航与定位信息都可以在“卫星页面”“地图页面”“导航页面”“导航地图页面”和“主菜单页面”找到，只要按翻页键就可以切换了。

(3) 手持 GPS 的功能介绍。

虽然手持 GPS 品牌不同，但其基本功能差不多，都有主流的 12 通道接收能力，定位精度也基本一致。但是由于产品不同，其侧重点也不同。而且其功能在不断增强，内存也成倍增加，屏幕也由黑白向彩色发展。有的手持 GPS 已经设置了不同语音提示、趣味游戏，具备了闹表、秒表、计算器的功能等。但手持 GPS 的主要功能是定位、导航、测量。

① 定位。

开机。将接收机在室外开阔的地点，开机，显示屏向上，水平放置，使其内置天线朝向开阔的天空。按翻页键进入“卫星页面”。若是首次使用，需要 3~5 分钟方能实现三维定位，以后只需要 20 秒左右即可定位。

定位。此时便可在显示器上看到定位点的经纬度和大致高度。

设置。若利用 WGS-1984 坐标进行定位，定位前要进行必要的功能设置，包括初始化设置、坐标系统设置、转换参数设置、里程单位、时间设置等。设置的方法和具体步骤要参照使用书册。设置完成后，在显示器上便得到定位点的相应坐标值，若操作存点键对该点用中文命名，则该定位点的数据信息和特征便作为航点存入目标库。此过程属于单点绝对定位。

② 导航。

利用航点导航。现在的导航器已经可以存储几千个用户航点。在导航的状态下，输入目标点（如调查样点、探险目的地）的坐标值，然后启动导航键或 GOTO 键，即可按照罗盘导航页面或航迹导航页面上的指引的方向，参照方位、航向、距离等参数不断进行路线的调整，使前进方向与目标方向保持一致，保证方位角与航向角大体一致，到达终点时机子会发出警报或语音提示，导航结束。注意标称的点位精度一般在 10 米左右，不可能十分准确。

另一种导航是在实现定位的状态下，将当前位置（出发地）存储为一个航点，有的机子连续按下两次可实现快速存储航点。当远离此点时，则可启动导航键或 GOTO 键，按上述方法回到出发地。

利用航线导航。航点组成航线，假如由出发地 A 点到目的地 D 点，中间有 B、C 两点必须经过，且 ABCD 各点已经保存在目标库，那么，用 ABCD 组成一条航线，启动导航键，便可利用航线 ABCD 导航了。参照方位（角）、航向、距离等导航参数，先到达 B 点，然后又指引你到达 C 点，最后到达 D 点。有的机子可建立并存储由 1000 多个航点组成的航线，可建立 50 多条航线。若目标库中已经有了许多目标点，根据需要可以对这些点进行编辑，重新组成新的航线。

利用返航路线导航。对手持 GPS 设定历史轨迹，即以一定的采样距离间隔或时间间隔记载运动轨迹，利用其“返航路线”功能，可以得到它的逆向路线，便可沿此路线返回到出发点。这项功能在没有地图或明确路线以及需要按原路返回的行动中极为有用。

在手持 GPS 接收机使用过程中，不论是进行定位，还是进行导航，要注意使接收机周围无遮蔽物和无线电信号干扰，天线应朝上。另外，应有足够的卫星信号强度和充足的电池电量。

③ 测量。

面积测量。一般手持 GPS 测定面积有两种方式：航迹测面积与航线测面积。

利用航迹测面积。对于不规则的待测区域，可以使用航迹测面积。手持 GPS 接收机到不规则的待测区域的边界上任意点，并确认 GPS 已处于定位状态，翻页到面积测定的相关页面，确定测量面积开始按钮，然后沿着被测区域的边界行进，途中尽量保证接收机天线不受遮挡，绕边界一周回到起点，按下航迹页面的面积测定结束按钮，面积值会自动显示在屏幕上。

利用航线测面积。对于较规则的待测区域，可使用航线测面积。如果已经知道了某个待测区域的边界点的坐标，可以通过航线测面积的方法，将边界点所围的面积计算出来。具体方法是：到规则的多边形的拐点上，停留片刻，按“存点键”，命名并保存该点到航线，再到下一点，停留片刻，按“存点键”，命名并保存到同一条航线，如此进行下去，直到测完最后一点。在相关页面调出该航线，按菜单键，按显示地图或显示图形等相关按钮，就会显示测量的图形和面积值。

3）地图的使用

地图是一种记录地面上地形和地物的实用图表。如果手中有一张地形图，必须根据图外注记，了解地图精度及有关情况，才能依据地形图正确地判断地形。

首先弄清地图的比例尺。地图比例尺大，每幅地图包括的实地范围小，地形显示比较详细，精度比较高；反之，地图比例尺小，每幅地图所包括的实地范围大，地形显示比较简略，精度比较低。

认清图上等高距。在地图的图廓下方，都注明了本幅地图所采用的基本等高距。基本等高距小，图上等高线密度就大，对地貌显示就比较详细；基本等高距大，图上等高线密度就小，对地貌显示就比较粗略。基本等高线表示不出来的重要地方，如山顶、鞍部、突出部等，一般都用间曲线或任意曲线加以显示。

了解测图的时间。地图测绘时间越久，现地变化越大。地图与现地不完全符合的矛盾是经常存在的，在使用地图时应和现场勘察相结合。

地图的正确使用包括以下几步：

(1) 第一步：标定地图。

首先要学会现地标定地图方位，就是使地图的上北、下南、左西、右东方位与实地方位一致，即标定地图。

① 用指北针标定。标定方法同上。利用指北针标定地图精度高，而且不易失误，是初学者标定地图最好的一种方法。

② 利用直长地物标定（图 5-34）。直长地物，是指现地和地图上都有的又直又长的物体，如直长的路段、河渠、土堤和电线等。用直长地物标定地图方位时，先在地图上找到与现地相应的这段直长地物符号，将地图放平转动，使图上的直长地物符号与现地直长地物的方向一致，经对照两侧地形，确认无误后，地图方位即已标定。

图 5-34　直长地物标定法图

③ 利用明显的地物、地貌点标定（图 5-35）。明显的地物点，如烟囱、小桥、桥梁等；明显的地貌点，如山顶、鞍部、分水线与合水线的转弯点、明显的山背倾斜变换点（即由陡变缓或由缓变陡的明显位置）等。利用这些明显的点标定地图，前提是已知站立点的图上位置。标定时，先确定站立点在地图上的位置，再在实地选择一个地图上也有的地物点或地貌点，转动地图，使地图上的站立点和已选择的地物点或地貌点构成的一条直线，与实地

相应两点构成的一条直线概略重合，并且方向一致，地图即已标定。

图 5-35　明显地物、地貌标定法

这种标定地图的方法简便、迅速，特别适用于快速奔跑中标定地图。

(2) 第二步：确定站立点。

标定地图后，就应随即确定站立点在图上的位置，这是现地用图的关键。

① 综合分析法（图 5-36）。用这种方法确定站立点时，先进行控制对照，即对站立点附近明显地形特征进行综合分析。这时的控制对照是在站立点不明确的情况下进行的，但站立点所在地图上的范围是清楚的，控制对照时，应根据各明显地形点的特征及其相互关系位置，通过综合分析，是可以确定其图上位置的。

图 5-36　综合分析

图 5-36 所示就是用图者站在三角标左下方的山背上，根据左侧冲沟和前方山顶的关系，确定站立点在图上的位置。

② 后方交会法（图 5-37）。这种方法通常是在地形较平坦、通视较好的

地段上采用。用这种方法确定站立点时，先通过控制对照，在实地较远处选择两个地图上也有的明显地形点。图 5-37 就是选择远处山顶与独立房，然后标定地图，用指北针长尺边切于地图上山顶的定位点，摆动直尺，向实地相应山顶瞄准后，沿直尺边向后画方向线；用同样的方法向实地独立房瞄准后，并画方向线；两方向线的交点就是站立点的图上位置。定向越野中，由于时间受限，一般不能采用直尺瞄准精确确定站立点，只能用上述原理直接目测出方向线，确定站立点的概略位置。

图 5-37　后方交会法

（3）第三步：确定目标点。

在进行地图与实地对照，以及在运动中需要明确运动方向和运动路线时，都要确定目标点的图上位置。

① 目估法（图 5-38）。当目标点在明显地形点上时，从图上找出该明显地形点，即为目标点在图上的位置。

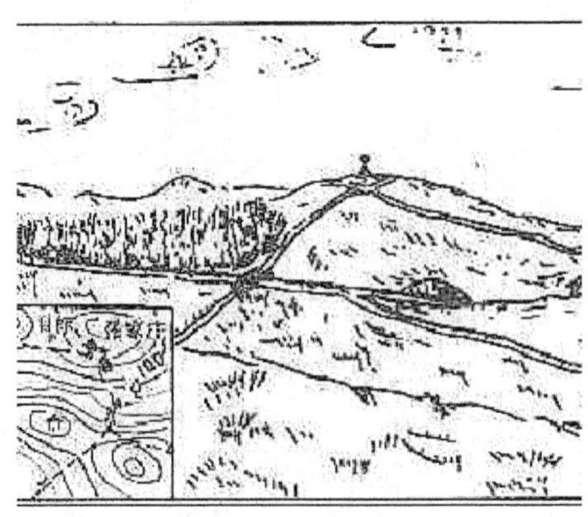

图 5-38　目估法

② 光线法（图 5-39）。当目标较多，其附近没有明显地形点时，多采用光线法确定目标点的图上位置。

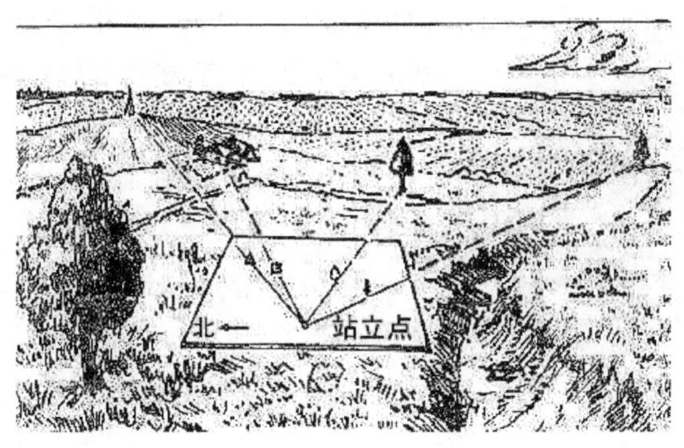

图 5-39　光线法

③ 前方交会法（图 5-40）。当目标点较远且附近又无明显地形点时，可在两个测站点上用前方交会法确定目标点在图上的位置。

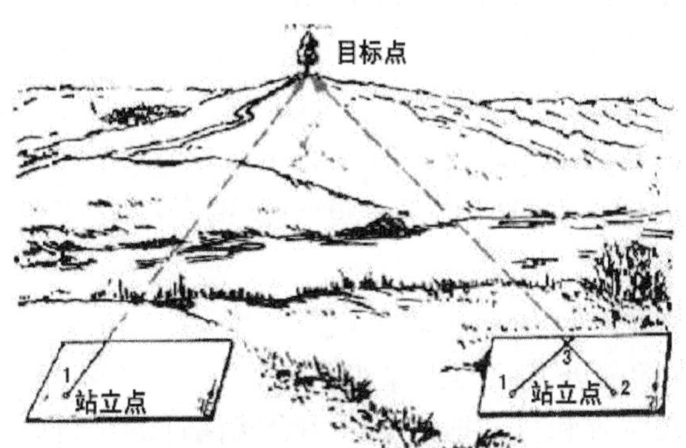

图 5-40　前方交会法

选定现地与图上都有的 2~3 个明显地形点，标注 1 点、2 点作为测站点。

在第 1 点上先标定地图，确定该点图上位置；再以指北针直尺边切该点向现地目标点瞄准后，并向前画方向线。

以同样方法在第 2 点上描画方向线，两方向线的交点“3”就是目标点（独立树）的图上位置。

4）指南针的使用

使用指南针（图 5-41），可使地图和实际地形的方位一致，探知现在你所在的地点和寻找的目的地的方位。指南针上有刻度，“南”刻度是 180，“北”刻度是 0（也可以说是 360），“东”刻度是 90，“西”刻度是 270。

图 5-41　指南针

指南针务必水平拿着，而且要远离以下列举的各种物品，才可避免磁针发生错乱：应离铁丝网 10m，高压线 55m，汽车和飞机 20m，以及含有磁铁的设备（如磁性容器等）10m。

（1）利用指南针和地图探知现在所在位置。

利用指南针和地图探知现在所在位置的步骤如下：

① 使实际地形和地图方向一致。

② 在地图上找出两个可看出的目标物。

③ 将指南针的进行线（或长边）朝向其中的一个目标物。

④ 找到圆圈配合箭号和指针（北）相吻合。

⑤ 不改变圆圈的方向将其放在地图的北方位置。

⑥ 指南针的长边之尖端吻合地图上的目标物。

⑦ 当圆圈的箭号和磁北线延线画一条直线。

⑧ 针对另一目标依照同样的方法进行。两条线的交错处即是现在所在位置。

（2）利用指南针探知前进的方向。

利用指南针探知前进方向的步骤如下：

① 使连接现在位置和目的地的直线吻合指南针的进行线（长边）。

② 圆圈的箭号和磁北线平行（箭号在地图的上边部分）。

③ 将指南针从地图上拿开，拿在身体前面。

④ 扭转身体直到箭头和指针重叠。

⑤ 再重叠进行线的方向即等于地图的目标方向。

5）卫星电话的使用

目前在大部分地区内，所熟悉的 GSM 网络和有线电话网络已经十分便利，但在较为偏僻地区，如远离城市的乡村、森林、山区、沙漠、戈壁、大草原上，通信仍有很多不便，常规通信网络并不能覆盖到我们所要到达的地方，要解决这个问题最为可靠的方法就是使用卫星电话通信。

（1）卫星电话的特点。

卫星电话可弥补现有地面网覆盖的不足，利用卫星通信技术提供经济的、真正意义上的全球通信。其主要功能是填补有线和无线通信终端无法覆盖的区域。在现代通信中，卫星通信是无法被其他通信方式所替代的，常用通信所提供的所有通信功能，均已在卫星通信中得到应用。它可用于石油天然气行业、水利部门、科学考察和探险、海上运输、海关缉私、紧急救援、新闻采访、外出旅游以及国际商务旅行等。此外，由于卫星系统通话保密性能好，因此还适合公安边防、军队使用。

卫星电话随时随地通话的优点为野外的活动提供了可靠的保证。卫星电话的通信依靠卫星，只要有足够的空间，卫星电话就可以搜索并锁定卫星，实现通信。

（2）卫星电话的使用方法。

①海事卫星电话（图 5-42，图 5-43）的使用。

图 5-42　海事卫星电话图

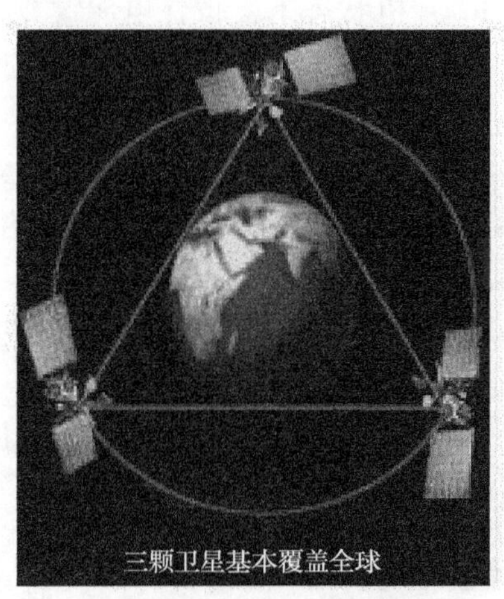

图 5-43　卫星覆盖

a. 电话业务通过 RJ11 连接话机和终端。

b. 上网业务可以通过以太网接口连接计算机和终端。

c. 终端有两种启动模式，接通电源后自动开机或关机状态下按住电源键 3s 至电源指示灯亮（图 5-44）。

d. 辨明卫星的大致方位，终端开机 15 秒后可以听到信号强度的提示音，液晶屏上显示信号强度值，根据信号强度的指示，调整终端，对准卫星，若信号强度值高于 50，终端可以正常工作。

e. 如不使用上网业务不用连接计算机，当信号强度值最高时，按终端控

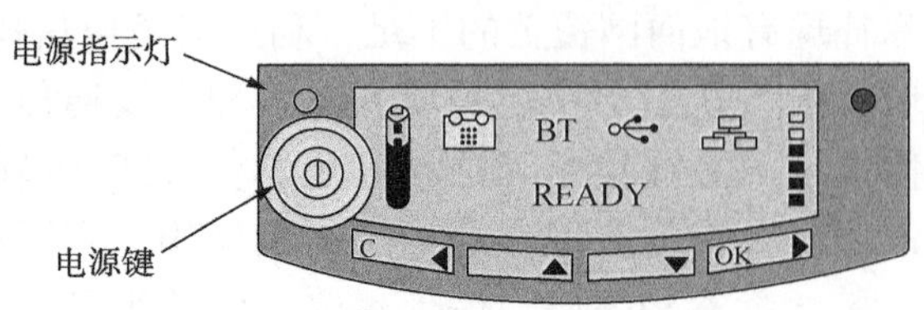

图 5-44　终端显示屏示意图

制面板上的 OK 键，液晶屏显示 registering，表示正在注册，显示 ready 或 transmiting，表示可以正常工作。

f. 使用电话业务，应符合国际长途电话拨号规则，并以#号结束：

00+国家代码+区号（去掉首位 0）+电话号+#，如拨叫北京电话 65293934，应拨打：00 86 10 65293934#。

g. 如使用上网业务，应在启动终端后，连接电脑，地址设为自动获取。

h. 开机状态下，按住电源键 2 秒，终端关机。

②铱星卫星电话（图 5-45）的使用。

图 5-45　铱星卫星电话

a. 选取户外可见天空的地点，远离建筑物及高架物体，将天线旋转及伸展至垂直地面位置。

b. 打开卫星手机翻盖，按住电源按钮（左下角红色按钮），开启电源。

c. 卫星手机有 PIN 码（开机密码），输入 PIN 码（新机 PIN 码：1111），然后按 OK 钮，屏幕出现“COMPLETE”。

d. 然后屏幕出现“SEARCHING”（正在搜寻卫星），屏幕再现“IRIDIUM”及左上角出现信号强度符号显示，就可以通话了。

e. 拨号方式（以北京电话号码为例）：

铱星拨打固定电话：00+86+10+固定电话号码（例如：00+86+10+8205××××）；

拨铱星打手提电话：00+86+手提电话号码（例如：00+86+1390111××××）；

固定电话拨打铱星：00+14807682500+12 位铱星电话号码（例如：00+14807682500+12 位铱星电话号码，固定电话须开通国际长途权限）；

手提电话拨打铱星：00+14807682500+12 位铱星电话号码（例如：00+14807682500+12 位铱星电话号码，手提电话须开通国际长途权限）；

铱星电话互相拨打：00+12 位被叫方铱星电话号码（例如：00+12 位被

叫方铱星电话号码，铱星电话获拥国际长途权限）。

f. 注意事项：

SIM 卡的插入和取出一定要在关机状态下进行，以免损坏铱星电话。

电池电量用尽后再充电，充电时要充满，铱星电话屏幕右上角有电量显示。

手机天线转动时，要小心，防止折断天线。键盘翻盖要轻稳。

尽量在开阔地带使用，信号较好。

在船上使用时，注意保管好，放在较低的安全的地方，以免晃船时摔坏。

每次使用时，请保持天线向上的状态，并和头部保持一定距离，以减少电磁波对头部的辐射。

请务必记住开机密码（PIN 码）。如果输入开机密码错误，请不要连续输入错误的开机密码，否则，超过 3 次手机将被锁住。如果因开机密码错误输入，可输入解锁码（PUK 1 码），解开被锁的手机，但要重新输入新的开机密码。如果 PUK1 码连续 10 次输入错误，将烧毁 SIM 卡。

（八）战术手语

1. 战术手语概述

战术手语就是以约定俗成的各种姿势（或辅助表情）模拟形象，构成一定的意义，以互相交际和交流思想，是一种实用性较强的、较隐蔽的联络方法。其特点在于：无须任何设备和电源、不易被窃听和干扰、不存在延误。

在语言交流存在障碍的情况下，战术手语是一种极好的信息传达方式，尤其在几乎不允许发出声音的险恶环境中，可以通过战术手语来进行交流。

2. 战术手语的种类

无论是在充满悬念的解救人质，还是深入敌后实施特种作战，都需要特种兵大显身手。在这种险象环生而又必须尽量避免发出声音的环境里，人员间的信息交流是能否成功逃离险境的关键因素。此时，除了高科技含量十足的通信手段，各种手势信息的交换就起到特殊作用，这就要求海外工作人员了解一些手势的具体含义。下面介绍的是专门为特种兵量身定制的一种特殊“语言”——特种部队手语。因为特种兵必须腾出一只手来握持武器，该手语都可以用一只手来完成；另外，在发出手语时，无须面向受讯者，因为在紧张形势下，发讯号的队员要时刻监视着危险方向，不可能持续转过身来向后方的队员做出指示。

战术手语已成为特殊环境下交流的一项基本技能。作为随时随地都有可能与犯罪分子打遭遇战的海外工作人员，熟练掌握手语的含义并能运用自如，不仅可以提高救援效果，而且可以最大限度地保护自身的安全，减少不必要的伤亡。在一定意义上说，手语不仅是敌我对峙状态下沟通战术的科学方法，也是自我保护的有效手段。下面介绍一些战术手语的表示方法。

1）数字表示

下面所示（图 5-46）就是数字 0~9 的手语表示方法：

图 5-46　战术手语

两位以上数字的表示，可以用单手从高位数到低位数依次表示（例如：表示 35，应先表示数字 3，放下手臂，再表示数字 5）。

2）人物表示

（1）成人：手臂向身体一侧伸直，手臂约与肩同高，手成掌状，掌心向下。

（2）小孩：手臂向身体一侧伸出，手肘弯曲，掌心向下，手掌约与腰间同高。

（3）男性：手掌在同侧面颊上下移动两下，寓意是男性的胡须。

（4）女性：手呈爪状，掌心向内，置于同侧胸膛，寓意是女性的胸部。

（5）人质：手呈八字掌，置于颈部。

（6）我：食指伸直，指向自己的面部。

（7）你：食指伸直，指向目标的胸部。

（8）绑匪（犯罪嫌疑人）：拇指和食指卡住另一只手（持枪或握拳）的手腕部位，其余三指并拢伸直。

3）物品表示

（1）短枪：食指和拇指伸直成90°，掌心向前，约与头部同高，也可以用食指向自己的枪套或手中握持的手枪来示意。

（2）长枪：高举手臂，掌心向前，食指和拇指伸直成90°，也可以用食指指向自己手持的步枪来示意。

（3）爆炸物：大臂贴于身体一侧，与小臂呈90°，掌心向上，手指分开成爪状，而后有节奏的五指捏拢和分开。

（4）匕首：拇指、食指和中指并拢伸直，其余两指握拢，手贴于腰间。

（5）门：食指由下方向上、向左再向下，逆时针做开口矩形的动作，寓意门口的形状。

（6）窗户：食指由下方向上、向右、向下再向左顺时针做闭合矩形的动作，寓意窗户的形状。

（7）汽车：手握空心拳，小臂与大臂呈 90°，掌心向前，做左右圆弧动作。

（8）狗：大臂贴于身体一侧，与小臂呈 90°，掌心向上，手指分开成爪状。

4）动作告知

（1）听见：五指并拢，自然弯曲，贴于耳后。

（2）那里（这里）：用食指指向目标。

（3）掩护：手握拳，置于脑后。

（4）救命：两臂伸直高于头顶，手呈掌状，做交叉运动。

（5）集合：手做握拳状，高举过头顶，食指垂直向上竖起，缓慢地做画圈动作。

（6）看见：五指并拢，捏握帽檐，若未戴帽时将手掌水平置于眉毛上方。

（7）安静：作握拳手势，竖起食指，垂直置于唇上。

（8）杀害：小臂抬平，手呈掌状，掌心向下，置于颈部，从颈部划过。

（9）劫持：手握拳置于腰后。

（10）趴下：手臂向身体一侧伸直，掌心向下摆动至腰间高度，同时屈膝。

（11）蹲下：手臂向身体一侧伸直，掌心向下摆动至腰间高度。

（12）转弯：食指呈L形，其余四指卷握，小臂抬平，端于腰间，按照指向的方向转动身体（左转弯用右手表示，右转弯用左手表示）。

（13）前进：举起手臂，屈曲手肘，手呈立掌，向前做劈砍动作。

（14）撤退：手臂自然下垂，手呈掌状，大臂保持静止，小臂向前做挑砍动作。

5）简单句子组合

把句子拆成一个个词组表达。例如：救命，我是人质。

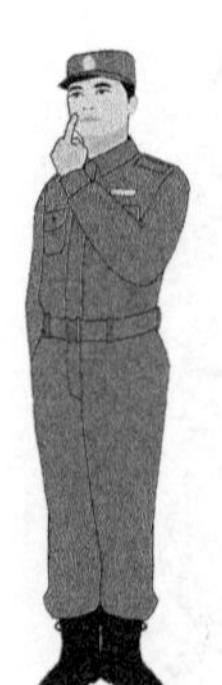

二、基本安全应对

（一）路遇危机处置

1. 军警检查

（1）车辆接近军警检查站时，要降低车速，缓缓靠近检查站，如果军警没有示意停车，驾驶员驾驶车辆缓慢驶离检查站。夜间要关掉车前大灯。

（2）如果军警示意停车，驾驶员减速并停车熄火，如果是晚上则需要关闭大灯，开启驾驶室内灯，以便军警看清车内情况，将双手放于明显位置，军警人员接近车辆时，按照其要求接受检查，此时让司机主动与其沟通。

（3）观察军警人员持枪状态（图 5-47），如单手持枪、背枪、挂枪等，分析目前区域局势，观察周边状况。

（4）如要求我方员工下车，双手从外侧打开车门最佳。车内人员缓慢下车，车门轻开轻关，手不要伸进衣服或口袋内。下车后服从指挥，双手要放于明显位置，掌心向外面向军警检查人员。对于军警简单的手势搜查动作要给予配合。不与军警人员有身体接触，不与军警有眼神交流。

（5）需要出示有效证件时根据军警要求，出示有效证件，配合检查，不要有太多的对话。

（6）检查车辆时，对于有后备箱的车辆，如要求我方员工打开，正常打开然后向后退，不要主动将手伸近后备箱内。不使用遥控钥匙打开后备箱。

（7）如遇军警故意刁难，可适当给些小恩小惠，缩短检查时间。

（8）如果自己或同事因证件或其他手续问题，而被扣留，同行人员又没有办法解决时，应及时向单位或大使馆报告。

图 5-47　遭遇军警检查

2. 遭遇示威

示威活动是激进主义的一种表现类型，通常采取一群人集结在同一地方的形式。示威可以用来表示对某一公共议题的观点（不论是正面或负面的），尤其是和社会不公及人民疾苦有关的议题。示威活动所关注的通常是政治、经济和社会等方面的议题。由于示威时参与的人数多，不易组织，加之群众情绪激昂，很容易被蛊惑利用，演变为与政府的暴力冲突甚至流血事件（图 5-48）。遭遇示威时要做到以下几点：

（1）马上离开示威区域，以免被无辜殃及。

（2）到大商场或酒店等室内场所寻求避难。

（3）了解地形很重要，应迅速查看所处地区的地形地物和方位，寻找安全地带和快速离开通道。

（4）马上向使领馆或者公司报告，寻求帮助并知会其他同胞。

（5）如果开车时遇到了示威，应立即掉头；如果无法立即驶离，设法把车辆停在路边，不要阻碍示威车辆或人群通过，同时锁上车门，摇上玻璃，保持发动机在运转状态。若有打、砸、抢、烧等恶性事件发生，应迅速下车，混在人群之中离开现场。

图 5-48　示威活动

3. 路遇抢劫

1）开车时遇到抢劫如何保护

（1）停车，接受劫匪的要求。劫匪提出的要求，只要是自己能够满足的，尽可能满足。对于不能满足的要求，也不要直接拒绝，要耐心地向其表示自己真的无能为力，倘若自己获得安全，可以争取满足其要求。

（2）不要突然移动车辆。移动车辆会使劫匪产生怀疑，进而导致其对受害人采取强制措施，造成受害人身体上的伤害，甚至失去生命。

（3）避免目光接触。遇到抢劫最好眼睛朝下看，因为与劫匪的目光接触会使后者感到不安，并加重对受害人的疑心，稍有不慎就有可能酿成大祸。

（4）把双手放在明显的地方。最好是将双手交叉背过头去，或者将双手掌心向前举过头顶，以表示自己并无反抗意图（图5-49）。

（5）服从。大多数情况下劫匪是携带武器的，人数一般在两人以上，并考虑过遭遇反抗的应对措施，所以受害人在无绝对把握的情况下不要挑战劫匪。

（6）事后立即向我国驻外使领馆、公司和当地警方报告。

图5-49　路遇抢劫

2）走路时遇到抢劫如何保护

（1）周旋。佯装服从，稳住劫匪，分散劫匪的注意力，松懈其警惕性，拖延时间，寻机迅速脱身逃走并报警。

（2）如果无法听懂劫匪所说的语言，不要轻举妄动，要以生命为重，钱物为轻。

（3）抛物。将随身携带的包或值钱的物品抛向远处，并佯装生气、害怕。当劫匪忙于捡钱、抢物时，快速脱身报警。

（4）不得已时，要奋起反抗，利用可以拣拾的石头、木棍等一切武器反抗，实施正当防卫，并迅速离开现场。

（5）在遭遇人身和财产双重危险时，应以人身安全为重，以免受到更大的伤害。

4. 路遇绑架

（1）如车辆前方出现武装持枪人员枪口对向我方车辆，未开枪时，应马上停车。

(2) 停车后，车辆人员立即做出服从的肢体动作，把双手放在明显的地方。

(3) 武装人员接近车辆时，听从劫持人员要求。

(4) 如果成为人质，一定要保持冷静，不要反抗，相信公司，相信国家。

(5) 不对视，不对话，露出手脚趴在地上，动作要缓慢，没有明确指令，千万不要乱动，双手始终在歹徒视线内。

(6) 一定要使自己保持安静，听（看）清楚歹徒说的话和动作，千万不要突然站起来或与歹徒有身体接触。

(7) 偷偷观察恐怖分子人数，头领，便于事后提供证言。

(8) 在被劫持现场，不要乱触摸任何东西。

(9) 切记不要意气用事，不要单靠个人力量硬拼，更不要行为失控。

(10) 在恐怖分子胁迫自己时观察附近有无建筑物、车辆等可以隐蔽的地方。

(11) 被劫持走时想办法给搜救人员留下线索。

(12) 长时间被劫持，一定要有活下去的信念，想尽办法与外界取得联系，融入武装劫持人员的生活中。

5. 路遇枪击

(1) 听到枪击声，首先在车内做好防护——俯身保头胸，不要试图冲过。

(2) 判断枪声来源，枪声远近；枪声是否密集；观察附近是否有持枪嫌疑人；双方交火位置；停车、下车、观察、转移要迅速。

(3) 枪声较远时（声音长距离远，声音短，距离近，不包括隧道），避开双方火力线位置。

(4) 枪声较近或车辆中弹，要立即停车，人员在俯身保头胸的同时，向枪声较近或车辆中弹的反方向压低身体打开车门，以最低高度最快速度下车，寻找掩体。

(5) 车辆可以利用的部位是前方发动机位置和轮胎部位（图 5-50），也可以寻找周边掩体做以防护，而后伺机离开。转移时身体一定要降低，同时不要跑直线，避免自己成为目标，以 S 形步伐迅速向前转移。

(6) 如果驾车在车队中，此时路遇射击袭击时，情况允许的话头车可迅速冲过，如果无法冲过，应迅速倒车逃离现场。

图 5-50　枪击时应对

6. 路遇爆炸威胁

（1）在较多人员出行时，车队中车辆之间应保持一定的距离，在野外一般可为 100m，在市区可为 50m。

（2）车队应配备经验丰富的当地安保人员，车辆之间保持不间断对讲联系，一旦遭遇不测，后面的车辆能够有足够的时间脱离现场。

（3）时刻观察车辆外面的情况，遇到异常情况应果断做出应对措施。

（4）在遭遇袭击后（图 5-51），应及时与当地警方和我国驻外机构联系，请求救援。

图 5-51　路边炸弹

（二）突发事件的应急处置

在恐怖活动比较猖獗的国家（地区），针对外国人的绑架、纵火（图 5-52）、枪击、生化恐怖袭击事件屡有发生。劳务人员、工程技术人员、新闻记者，甚至联合国或人道主义机构的工作人员都会成为被攻击的对象。恐怖主义活动严重威胁着我国海外工作人员的人身安全，因此，在应对不同恐怖袭击时，掌握一定的应急避险技能以成功保护自身及他人人身安全是非常必要的。

图 5-52　塞尔维亚示威者袭击美国使馆并纵火

1. 纵火袭击

1）遇到纵火恐怖袭击的应对办法

纵火恐怖袭击作为恐怖分子常用的袭击手段，海外工作人员一定要有所认识。一般来说遇到纵火恐怖袭击时，应注意如下几点：

（1）熟悉环境，暗记出口。在陌生的环境里，如入住酒店、商场购物、进入娱乐场所等，为了自身安全，一定要留心疏散通道、灭火设施、安全出口及楼梯方位等（图 5-53），以便关键时刻能尽快撤离现场。

（2）扑灭小火，惠及他人。如果发现火势并不大，尚未对人造成很大威胁时，可用消防器材，如灭火器、消防栓等，奋力将小火控制、扑灭。不要惊慌失措地乱喊乱跑，置小火于不顾而酿成大灾。

（3）保持镇静，明确方向，迅速撤离。面对浓烟和烈火要保持镇静，迅速判断危险地点和安全地点，正确选择逃生路线，尽快撤离危险地区。

（4）不入险地，不恋财物。在遭遇火灾危险时要尽快撤离现场，不要因害羞或顾及贵重物品，把时间浪费在穿衣服或寻找、搬运贵重物品上。已逃离险境的人员，切莫重返险地。

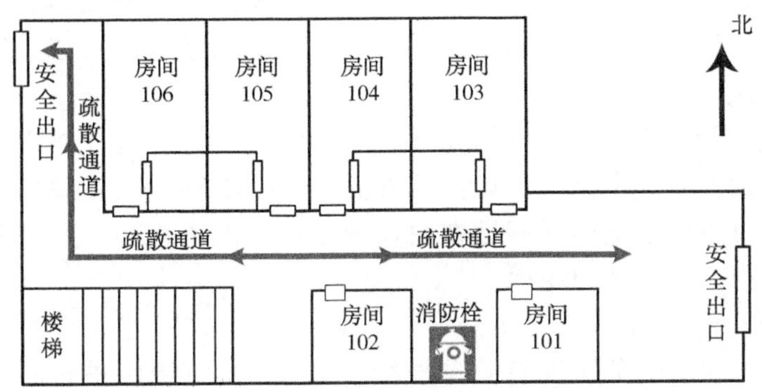

图 5-53　紧急疏散示意图

（5）简易防护，捂鼻匍匐。在火灾现场可用湿毛巾、口罩捂鼻，匍匐撤离（若现场人员较多，则尽量不要匍匐，防止踩踏）。烟雾较轻，飘于上部，贴近地面撤离是避免烟气吸入、滤去毒气的最佳方法。穿过烟火封锁区时，可向头部、身上浇冷水或用湿毛巾、湿棉被、湿毯子等将头和身体裹好，果断、迅速地逃离现场。

（6）善用通道，莫入电梯。发生火灾后，建筑物往往容易断电而造成电梯“卡壳”，给救援工作带来难度，影响及时疏散。电梯直通楼房各层，烟气涌入电梯通道极易造成“烟囱效应”，人在电梯里随时会被浓烟毒气熏呛而窒息。因此，要根据情况选择进入相对较近而又安全的楼梯通道。

（7）火已及身，切勿惊跑。如果身上着了火，切记不可跑动或用手拍打，这样会形成风势，加速氧气的补充，促旺火势，应当立即脱掉衣服或就地打滚压灭火苗，也可及时跳进水中或让人往身上浇水，若使用灭火器材灭火会更加有效。

（8）缓降逃生，结绳自救。高层、多层公共建筑内一般都设有高空缓降器或救生绳，可以通过这些设施安全地离开危险楼层。在没有这些专门设施而安全通道又被堵、救援人员不能及时赶到的情况下，应迅速利用身边的绳索或用床单、窗帘、衣服等自制简易救生绳，并用水打湿，从窗台或阳台沿绳缓滑到下面的楼层或地面，安全逃生。

（9）避难场所，固守待援。如果用手摸房门已感到烫手，则说明火势很大而且很近，此时一旦开门，火焰与浓烟势必迎面而来。如果逃生通道被切断且短时间内无人救援，可采取创造避难所、固守待援的方法：首先应关紧迎火的门窗，用湿毛巾、湿布塞堵门缝或用水浸湿棉被蒙上门窗，同时打开背火的门窗；然后不停地用水淋透房间，防止烟火渗入；固守在房内，直到救援人员到达。

（10）缓晃轻抛，寻求援助。尽量待在阳台、窗口等易于被人发现及能避免烟火近身的地方。白天，可以向窗外晃动鲜艳衣物，或外抛轻型晃眼的东西；晚上，可以用手电筒不停地在窗口闪动或者敲击东西，及时发出有效的求救信号，引起救援者的注意。

2）遇到纵火恐怖袭击“七忌”

纵火恐怖袭击的危害性有其自身特点，为了更好地保护自己，一定要牢记以下“七忌”：

（1）忌惊慌失措。不要惊慌失措、盲目逃跑或纵身跳楼，要保持冷静，尽快了解所处的环境位置、起火点、起火原因和火势大小，正确选择逃生方式和路线。

（2）忌盲目呼喊。现代建筑物燃烧时会散发出大量的烟雾和有毒有害气体，容易造成毒气窒息死亡。可用湿毛巾捂口鼻，匍匐前进，逃离火场，紧急时刻呼叫时也不要移开毛巾。

（3）忌留恋财物。不要为穿衣或取贵重物品浪费时间，更不要为取物品而重返火场。

（4）忌乱开门窗。若房间充满烟雾，必需时可打开门窗，排放烟雾后，立即重新关闭好，防止长时间开窗致使外面大量浓烟涌入室内，能见度降低，高温和毒气充斥，无法藏身。

（5）忌乘坐电梯。一旦着火，电梯就会断电，可能将乘坐者困在电梯里，无法逃生。

（6）忌胡乱奔跑。随意奔跑，不仅容易引火烧身，还会引起新的燃烧点，造成火势蔓延。

（7）忌轻易跳楼。当在房间无法避难时，也不要轻易做出跳楼的决定，可扒住阳台或窗台翻出窗外，等待救援。

3）在公共汽车上遇到纵火恐怖袭击的应对办法

一般来说，公共汽车上人员密集、空间狭小，一旦遇到纵火恐怖袭击，其逃脱难度也相对较大。因此，掌握必要的逃脱技巧就显得十分重要：

（1）冷静面对火灾。当乘坐的公共汽车发生火灾时，要保持头脑冷静，寻找最近的出口，比如门、窗等，找到出口立即以最快速度离开车厢。

（2）利用车载灭火器灭火。当公共汽车火情不大、起火程度很低时，应立即使用一般位于驾驶员座位后方和中门附近的车载灭火器将火扑灭。

（3）使用安全锤砸破车窗。如果乘坐的公共汽车是封闭式的车厢，在火灾发生时，应迅速破窗逃生。现代封闭式公共汽车均配备有破窗用的安全锤，可以在危急时砸碎车窗逃生。一般而言，钢化玻璃中间最为牢固，四角和边缘较为薄弱，使用安全锤时要猛击车窗的四角和边缘，尤其是玻璃上方边缘最中间的地方，然后将整块玻璃推出窗外。如果没有安全锤，可以利用一切硬物（高跟鞋、皮带扣等）来砸碎车窗玻璃逃生。

（4）使用车门紧急开关打开车门。车门紧急开关一般位于车门顶部，在车辆失去动力的情况下，旋转开关就可以手动打开车门。

（5）利用紧急逃生天窗脱逃。公共汽车顶部一般都有紧急逃生天窗，只是人们容易把它误认为是通风口。在紧急情况下，旋转逃生天窗的开关，便能打开窗口逃生。

4）在列车上遇到纵火恐怖袭击的应对办法

在列车纵火恐怖袭击事件中，伤亡人数往往较大，这与公众对列车的防火安全认识不足有很大的关系。因此，提高公众对列车纵火袭击的应对能力，对于旅途安全十分重要：

（1）不要盲目跳车。行驶的列车发生火灾后，千万不能盲目跳车，否则无异于自杀，应立即通知列车员停车灭火避难。

（2）迅速停驶列车。列车起火后应迅速冲到车厢两头的连接处，找到链式制动手柄，按顺时针方向用力旋转，使列车尽快停下来；或者迅速冲到车厢两头的车门后侧，用力向下扳动紧急制动阀手柄，也可以使列车尽快停下来。

（3）利用车厢的窗户逃生。当列车停稳后可用坚硬的物品将窗户的玻璃砸碎，通过窗户逃离现场。

（4）顺着列车运行的方向撤离。要防止烟雾毒气的袭击，用湿毛巾、手帕等捂住口鼻，弯腰移动撤离。必须是顺着列车运行的方向撤离，因为通常情况下，列车在运行中火势是向后面的车厢蔓延的。

5）在客船上遇到纵火恐怖袭击的应对办法

客船遭遇纵火恐怖袭击往往是海盗所为，他们大多是为钱财而来。因此，应利用好这一点，为自己赢得最大的逃生机会：

（1）不要盲目跟人乱跳乱跑，应等待救援或寻求适当机会自救或互救逃生。

（2）可向客船的前部、尾部和露天甲板逃离，必要时可以利用救生绳、救生梯向水中或者来救援的船只逃离，也可穿上救生衣跳进水中。

（3）如果火势蔓延，封住通道，来不及逃离时可关闭房门，防止烟气、火焰侵入。情况紧急时，也可跳入水中。

（4）当客船前部某一楼层着火，还未蔓延到机舱时，应先迅速往主甲板、露天甲板逃离；然后，借助救生器材向水中和来救援的船只及岸上逃生。

（5）当客船上某一客舱着火时，逃出后应随手将舱门关上，以防止火势蔓延，并通知相邻客舱内的旅客迅速疏散；若火势已封住舱内通道时，相邻客舱的旅客应关闭靠内走廊舱门，从通向左右船舷的舱门逃生。

（6）当船上大火将直通露天甲板的梯道封锁时，可以到顶层施放绳缆，沿绳缆向下逃生。

6）在地下商场中遇到纵火恐怖袭击的应对办法

地下商场是经常被人忽视，但往往也是最容易出事的地方，是恐怖分子经常利用的作案场所（图 5-54、图 5-55）。提高自身的安全意识，并掌握地下商场的一些特点，对成功的逃生将起到非常重要的作用：

图 5-54　印度孟买发生连环恐怖袭击

图 5-55　警察救出一名老人

（1）沉着冷静，识记方位。凡进入地下商场的人员，一定要观察其设施和结构布局，记住疏散通道和安全出口的位置。

（2）迅速撤离。迅速逃离到地面或其他安全区域。

（3）灭火与逃生相结合。把火势控制在最小范围内，采取一切可能的措施将其扑灭，若一时无法扑灭，应迅速逃离现场。

（4）逃生时，尽量低姿前进，不要深呼吸，可能的情况下用湿衣服或毛巾捂住口鼻，防止烟雾进入呼吸道。

（5）若疏散通道被大火阻断，应尽量想办法延长生存时间，如可躲入房间，用水浸湿毛巾、衣服等将门缝塞紧，等待消防队员前来救援。

7）在高层建筑物中遇到纵火恐怖袭击的应对办法

高层建筑物遭遇恐怖袭击往往是灾难性的。人多、通道少、慌张等都成为逃生的大障碍。要想在这种环境下为自己赢得逃生的机会，就必须要掌握如下要点：

（1）利用建筑内部设施。利用普通楼梯、观景楼梯进行逃生；利用阳台、通道、走廊、安全绳等进行逃生；将房间内的床单或窗帘等物品连接起来进行逃生。

（2）根据火场广播逃生。当某一楼层或某一区域的火势已经蔓延时，不可盲目行动，要注意听火场消防人员广播和救援疏导信号，选择合适的逃生路线和方法。

（3）开门前先触摸门锁。若门锁温度很高，应关闭房内所有门窗，用毛巾、被子等堵塞门缝，并泼水降温，同时利用手机等通信工具向外报警。

（4）不要轻易乘电梯。

（5）不要乱钻、乱躲。高层建筑火灾发生时，千万不要钻到床底下、衣橱内躲避火焰或烟雾，这些都是危险的地方，又不易被发现，难以获得及时营救。

（6）在逃生中要注意防止中毒。可用水打湿衣服捂住口鼻，若一时找不到水，可用饮料代替；逃生行动中应采用低姿前行，以减少烟气对人体的伤害。

2. 恐怖分子的劫持

1）恐怖分子劫持的手法

恐怖分子为了达到其目的，大多选择劫持人质或公共交通工具，最主要的劫持手法有劫持公共交通工具上的人员和劫持在公共场所、固定建筑物内的人员两个方面。

（1）劫持公共交通工具上的人员。

恐怖分子为了达到政治上、军事上或个人的意图，采用捆绑、殴打、伤害等暴力胁迫手段或其他手段控制公共交通工具以及驾驶人员和乘客，以迫使、威逼政府部门满足其提出的要求或实施恐怖袭击。恐怖分子劫持的主要对象是乘坐飞机、火车、轮船等公共交通工具的人员。

劫持飞机事件：2001 年 3 月 15 日，一架载有 170 名乘客和 12 名机组人员的俄罗斯客机从土耳其的伊斯坦布尔机场起飞后不久，被 3 名车臣武装分子劫持到沙特阿拉伯西部的麦地那市。16 日，沙特特种部队制服了劫机者，并解救出机上人质。

劫持火车事件：印度当地时间2009年4月22日早7时，一列由恰尔肯德邦开往北方邦的火车遭到恐怖分子劫持，车上近800名乘客被扣为人质。据称，火车上参与劫持行动的恐怖分子多达200人，均来自反政府武装纳萨尔组织。

劫持轮船事件：2008年11月15日，载有200万桶原油及25名船员的世界第二大油轮“天狼星号”在肯尼亚近海被索马里海盗劫持（图5-56，图5-57），并要求船东支付1000万美元赎金。2009年1月9日，在收到300万美元赎金后，海盗将油轮及船员释放。

图5-56 巨型油轮“天狼星号”被海盗劫持

图5-57 索马里海盗

（2）劫持在公共场所、固定建筑物内的人员。

武装恐怖分子突然袭击，占领人员聚集的公共场所或建筑物，扣压平民作为人质，并以杀害、威迫人质等手段威逼政府部门满足其提出的要求，或直接杀害人质造就恐怖气氛。典型案例可参考别斯兰事件（图5-58，图5-59）。

图5-58 别斯兰事件的遇难者

图5-59 别斯兰事件中获救的人质

2）被恐怖分子劫持后的应对措施

一般来说，除非出于政治目的，恐怖分子大多是为财而来。利用大众传播媒介提示自己的存在，吸引世界的注意力，表达自己的政治诉求，或者进行讹诈、威胁，这是当今恐怖主义的时代性特征。被劫持者一定要仔细观察恐怖分子的言行、动机，采取适当的行动，确保自己的生命安全：

（1）若被劫持，不管遇到什么困难，一定要坚定信念，节省精力，保存体能，坚持到底。

（2）避免与劫持者对视，以免使其紧张，从而对自己造成伤害；也不要与其对话，趴在地上，动作要缓慢。

（3）不要意气用事，单靠个人力量硬拼。应尽可能保留和隐藏自己的通信工具，及时把手机调为静音，适时用短信等方式向警方求救。短信主要内容包括：自己所在位置、人质数量、劫持者人数等。

（4）别轻易相信任何人，不要将自己的想法或计划告诉任何人，在被劫持者中可能有劫持者的线人。

（5）避免参与政治讨论，对劫持者的话题不发表意见，若对方问你，可以说不知道或假装听不懂。

（6）要对劫持者强调你在家庭和单位中的重要性，不伤害你就可以拿到钱，避免被撕票。

（7）应熟记常用的电话号码，特别是单位使用的当地电话号码（手机和座机），在紧急情况下可能对你有用。

（8）接受劫持者提供的食物和水（甚至酒），保存体力，同时要保持头脑清醒，尽量不与他人交谈。

（9）考虑劫持者可能向你提出的问题，如果不至于招致伤害，诚实地回答对方的问题。

（10）如果有逃脱的机会，要迅速逃离，但要千万小心，这可能是劫持者设的圈套。

（11）不要与劫持者谈任何条件，而对方提出的条件尽可能予以满足。

（12）保持冷静，并按劫持者命令行动，想办法保护自己不受伤害。

（13）以积极的态度与劫持者搞好关系，但不必过分奉承。

（14）若劫持者为收敛钱财，则不要试图留下任何东西。

（15）在警方发起突击的瞬间，尽可能趴在地上，在警方掩护下脱离现场。

（16）注意观察劫持者的人数、头领，撤离危险区域后，人质应积极配合

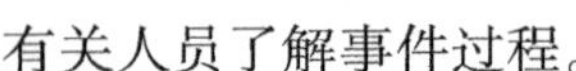

有关人员了解事件过程。

3. 枪击

1）常见枪械及性能

（1）基本枪械知识。

枪械是指利用火药燃气能量发射弹丸，口径小于 20mm（大于 20mm 定义为“火炮”）的身管射击武器。以发射枪弹，打击无防护或弱防护的有生目标为主。枪械是步兵的主要武器，也是其他兵种的辅助武器。在民间还广泛用于治安警卫、狩猎、体育比赛等。按照不同的标准可进行如下分类：

① 按口径分类：分为小口径枪、大口径枪和普通口径枪。一般口径小于 6mm 的称为小口径枪，口径大于 12mm 的称为大口径枪，口径为 6~12mm 的称为普通口径枪。

② 按有无膛线分类：分为滑膛枪和线膛枪。滑膛枪是枪管内膛无膛线的枪械，可发射霰弹、箭形弹等。线膛枪是枪管内膛有膛线的枪械，枪管的膛线使弹头产生旋转，从而保证了弹头飞行稳定性。线膛枪比滑膛枪更具有理想的射程和射击精度。

③ 按装填弹药的位置分类：分为前装枪和后装枪。从枪口装填发射弹药和铁砂的枪械称为前装枪。从枪管后方装填发射弹药的枪械称为后装枪。由前装枪发展为后装枪是枪械发展史上一个重大转折。后装枪比前装枪具有更高的可靠性、安全性、装填速度和射击威力。

④ 按弹膛的数目分类：分为单膛枪、单管多膛枪、联装枪和组合枪。一支枪上只有一个固定弹膛的枪械称为单膛枪。有一个固定枪管，并有多个弹膛的枪械称为单管多膛枪，如转轮手枪。由多个独立的、相同的枪管组合而成的枪械称为联装枪。由两种或两种以上不同枪管组成的枪械称为组合枪。

⑤ 按用途分类：分为军用枪械、民用枪械和警用枪械。

（2）世界两大知名枪械系列。

① AK-47 系列（图 5-60）。

图 5-60　AK-47

类型：突击步枪；
有效射程：300m；
弹匣容量：30 发；
理论射速：600 发/min。

AK-47 步枪是目前世界上产量最多的步枪，据不完全统计，AK-47 突击步枪以及由它发展或仿制的系列步枪在全世界的用量近 9000 万支，其性能之精良不言而喻。冷战时期因其“物美价廉”为众多亲苏国家引进、仿造。苏联解体后，由于原加盟共和国在枪械出口方面的管理松散，致使 AK-47 和其他 AK 系列枪支大量流入世界热点地区。

民间手工作坊是反政府武装非法购得 AK-47 的主要渠道。在长达 2800km 的阿富汗与巴基斯坦交界地区，分布着数以百计的专门从事枪支仿制的村子。许多民间作坊制枪的工艺水平之高让人无法想象，其制造出来的 AK-47 完全继承了该枪结构简单、枪身可靠和杀伤威力大的特点。

除了巴阿边界地区的仿造，恐怖分子获取 AK-47 还有另外两个途径：一是非正常的军火贸易，因中亚地区军火管控很松，苏联原加盟共和国军队枪支被盗后，通过走私的方式，使 AK-47 进入其他国家；二是恐怖分子直接从军警驻地和武器仓库进行抢夺。

② M16 系列（图 5-61）。
类别：突击步枪；
有效射程：400m；
弹匣容量：30 发；
理论射速：700~950 发/min。

图 5-61　M16 系列

M16 步枪是第二次世界大战后美国换装的第二代步枪，也是世界上第一种正式列入部队装备的小口径步枪，对后来的轻武器小型化产生了深远影响，由美国著名的枪械设计师尤金·斯通纳设计。迄今为止，M16 系列步枪已被近 100 个国家（地区）使用。由于美国执行较为严格的武器出口管制且弹药补给困难，M16 步枪在海外武装分子手中并不多见，主要分布在引进该步枪的国家（地区）内部反政府武装、恐怖分子和贩毒集团手中。

2）在公共汽车上遇到枪击的应对方法

目前，在公共汽车上遇到枪击相当少见，但并不意味着就不会发生。在国外，若遇枪击应保持镇定不要慌乱，及时向当地警方报警。特别是在一些战乱或恐怖主义盛行的国家（地区），掌握自我的防护手段是十分必要的：

（1）快速掩蔽。在公共汽车上遇到枪击时，迅速低头隐蔽于前排座椅后或蹲下、趴下，不要站立。

（2）择机下车。在情况不明时，不要下车；确定枪击方向后，下车沿着相反方向，利用车体做掩护快速撤离。

（3）到达安全区后，及时检查是否受伤，发现受伤后要及时实施自救、互救。

（4）事后协助。积极向警方提供现场信息，协助警方控制局面。

3）地铁上遇到枪击后的应对方法

地铁上人多，一旦遇到枪击，极容易造成混乱。如何选择适当的自我防护方法十分重要：

（1）快速掩蔽。要快速蹲下，尽可能背靠车体或者趴下，不要随意站起走动。

（2）判明情况后，快速撤离到较为安全的车厢内；等车到站后，迅速下车撤离，在车门和出站口避免拥挤，听从站台工作人员指挥，有序撤出。

（3）如果车辆中途停在隧道内，不要急于破窗跳车，以免受到其他伤害。

（4）到达安全区后，检查是否受伤，若发现受伤及时进行自救、互救。

4）在大型商场遇到枪击后的应对方法

大型商场的枪击事件往往是抢劫、寻仇报复、派别冲突等引起的。在这种情况下，犯罪分子的心理往往已经失去控制，因此，作为个人应该掌握必要的逃脱技巧：

（1）快速掩蔽。快速降低身体姿势，利用柜台和衣架躲避，迅速向紧急出口撤离；来不及撤离可就近蹲下、趴下或隐蔽于掩蔽物后，等待救援。

（2）在没有引起犯罪分子注意、确保自身安全的情况下，利用周围遮掩物伺机逃离枪击现场。

（3）检查和处理伤情。利用已掌握的自救知识和技能，实施科学合理的自救和互救。

5）在宾馆、饭店或娱乐场所遇到枪击的应对方法

宾馆、饭店或娱乐场所往往人多且杂，在遇到枪击时，大多会慌乱而散，

这大大增加了逃生难度。因此，需注意如下几点：

（1）快速掩蔽。要快速蹲下或趴下，隐蔽于桌子、沙发、吧台、立柱等下面或后面；在室内听到外面有枪击声，不要出去观看，及时躲避在沙发或床侧面，不要躲避在门后或衣橱内。

（2）如果时机合适，就近向安全出口方向分流疏散撤离，不要惊慌拥挤以免造成踩踏伤亡；在人群中前行时，要和人流方向保持一致，不要强行超过他人，也不要逆行。

（3）若在逃离过程中被推倒在地，应保持俯卧姿势，两手抱紧后脑，两肘支撑地面，胸部不要贴地，以防止被踩伤，条件允许时迅速起身逃离。

6）遇到枪击时如何选择掩蔽物

遇到枪击时首要的防护措施是寻找掩蔽物，以避免自己的身体受到伤害。一般来说，选择掩蔽物有如下技巧：

（1）掩蔽物最好处于自己与恐怖分子之间。

（2）选择质地密度不易被穿透的掩蔽物，如墙体、立柱、大树干、汽车前部发动机及轮胎等。木门、玻璃门、垃圾桶、灌木丛、花篮、柜台、场馆内座椅、汽车门等不能够挡住枪弹，所以不能作为掩蔽体，但能够起到隐蔽作用，避免恐怖分子在第一时间发现自己，为下一步逃生争取时间。

（3）选择能够挡住自己身体的掩蔽物。有些物体质地密度大，但体积过小，不足以完全遮挡住自己的身体，达不到掩蔽目的，如路灯杆、小树干、消防栓等。

（4）选择形状易于隐藏身体的掩蔽物，如立柱；但有的质地坚硬，形状不规则的物体，枪弹射中后易发生弹跳，掩蔽其后易被弹跳伤及，如假山、观赏石等。

4. 爆炸袭击

1）主要爆炸物的性能

本书中的爆炸物指的是在海外工作时可能遭遇的具有较大杀伤力的地雷、火箭筒、炸弹等以 TNT（三硝基甲苯）或 TNT 与其他物质的混合物为主要成分的武器。

（1）简易爆炸装置。

简易爆炸装置（Improvised Explosive Device，简称 IED）已成为恐怖分子和极端分子所使用的主要武器和最为危险的武器，对全世界的所有平民、军人和公众构成威胁。

简易爆炸装置制材可能是商用、军用、自制炸弹或者部分炮弹组成。成本低、不易侦测、材料易取得是其受恐怖分子青睐的主要原因。简易爆炸装置的引爆方式高达90多种，令人防不胜防，措手不及。随着制作技术越来越先进，通常难以发现和加以防护。

简易爆炸装置主要分为3种：组件式、车载式、自杀式炸弹。

①组件式IED（图5-62）。简易爆炸装置一般由起爆系统或引信、炸药填充、雷管、雷管电源以及容器组成。在伊拉克等国家（地区），由迫击炮弹和炮弹组成的IED是最常见的恐怖袭击爆炸装置。恐怖分子一般采用以下方法使用此类爆炸装置：

a. 通常由恐怖分子（并不一定是成年人）将其从天桥上扔到下方行驶的车辆前或从路边扔到前行的车辆前。

b. 埋于用东西盖上的坑洞上。

c. 安放在主要道路及供应线上。

② 车载式IED（图5-63）。车载简易爆炸装置（俗称汽车炸弹）是将车辆作为爆炸装置的载体，在受害者不知情的情况下，打开车门或发动汽车后触发安装其中的炸药而引爆；也有利用汽车的普遍性与机动性，隐藏于路边或冲过防护线，接近目标而引爆杀伤。根据车辆类型的不同，这些IED的形状、色彩和体积各种各样，它们可以是小轿车、大型货车、驴车或救护车。恐怖袭击的技巧是使用多个车辆，在这种情况下，用头车做诱饵或障碍物，一旦头车停下来，当安全人员开始检查或将其扣留，跟进的车载IED随即冲上来，从而增加伤亡比例。

图5-62　组件式IED

图5-63　车载式IED

③ 自杀式人体炸弹（图 5-64）。自杀式人体炸弹是一种极端的军事报复行为，也是一种极不人道的做法，恐怖分子多用此行为。恐怖分子将炸药绑在自己身上，向对方引爆，他们的目的不是自杀，而是杀死或杀伤尽量多的士兵和平民。自杀式人体炸弹一般使用高爆/碎片效应炸药和指令起爆点火系统，某些种类的开关或按钮要手动激活，带有碎片的爆炸装置能藏于特制的背心、皮带或衣服内。

（2）手雷。

手雷（图 5-65）是一种用手投掷的弹药。大多数手雷呈球形，便于携带。手雷的引信为弹性延时引信或触发引信，但无论是哪种引信，拔出安全插销后，只要不投掷出去，手握手雷永远都不会爆炸。触发式手雷对抛掷的高度也有特别的要求，如美制的 M68 手雷，抛掷高度需要超过 5m 落地后方可引爆。

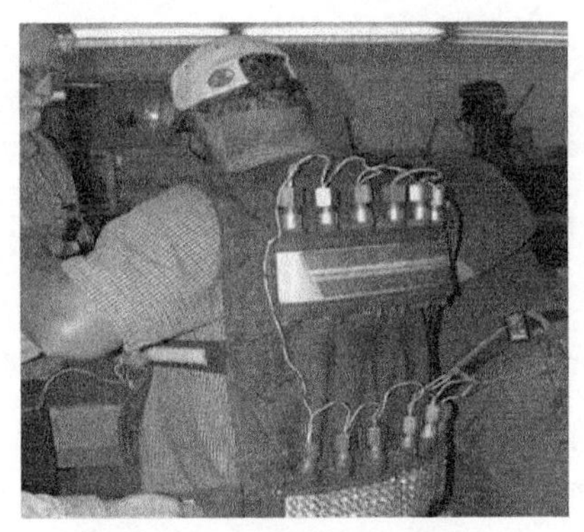
图 5-64　自杀式炸弹背心

图 5-65　手雷

杀伤原理：纵横沟槽将手雷表面切割成多个“瓣面”，常见的有 48 瓣和 72 瓣，这种瓣面设计有利于内部火药爆炸后弹片四散开去，扩大杀伤范围。手雷内部还装有大量钢珠，可达 3000 颗以上，杀伤力极大。一般手雷的杀伤半径约为 7m。

（3）地雷。

据估计，目前在世界上有 70 个国家和地区分布着 1 亿多枚地雷，仅阿富汗就有 300 万~500 万颗地雷仍未排除。同时，在战火仍未熄灭的地区，地雷经常因其成本低、杀伤力大的特点成为袭击的重要工具。值得石油企业注意的是，目前世界上主要的产油国与冲突热点地区具有高度的重合性，遭遇地雷是在这些国家（地区）遇到的最危险的状况之一，因此，了解地雷的基本

知识十分必要。

地雷的工作原理是利用目标的碾压触碰作用或利用目标产生的物理场（磁、声、震动和红外等）启动引信，也有用绳索、有线电、无线电等操纵爆炸的。

地雷根据用途可以分为两种，分别是防步兵地雷和防坦克地雷（图 5-66）。

爆炸式防步兵地雷的杀伤范围是与地面成 60°角、半径在 15～30m 的空间（图 5-67）。

图 5-66　防坦克地雷外观

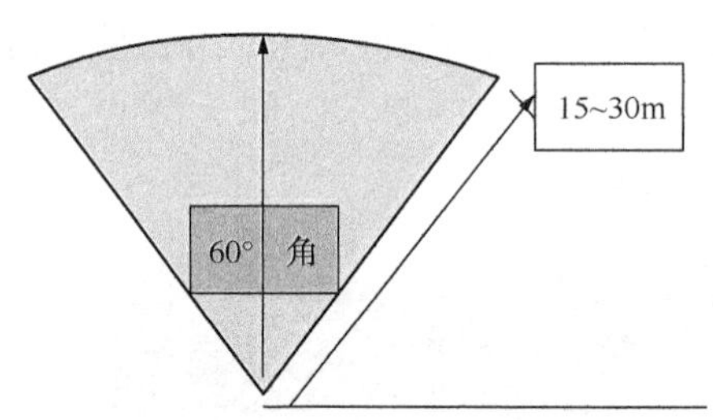

图 5-67　地雷杀伤范围原理图

（4）火箭筒。

火箭筒（图 5-68，图 5-69）是一种发射火箭弹的便携式反坦克武器，主要发射火箭破甲弹，也可发射火箭榴弹或其他火箭弹，用于在近距离打击坦克、装甲车辆、步兵战车、装甲人员运输车、军事器材和摧毁工事及杀伤有生目标。

图 5-68　常见的火箭筒

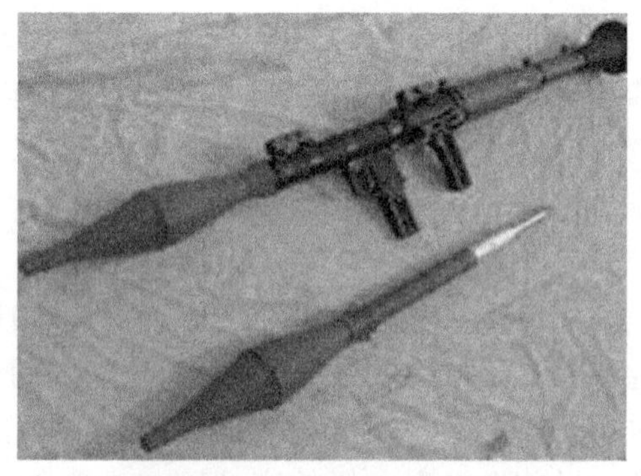

图 5-69　手提箱式火箭筒

火箭筒的主要特点：

① 质量小、结构简单、操作方便、造价低、易于大量生产和装备；

② 弹道低伸、射击精度较高；

③ 射速高、火力猛、杀伤效果大；

④ 能在有限空间内使用，适于城镇巷战，也能在碉堡、掩体以及野战工事内使用；

⑤ 可减小发射痕迹，战场生存能力较强。

2）在公共场所遇到爆炸袭击的应对方法

“以小炸弹聚众，以大炸弹杀人”是恐怖分子常用的伎俩。恐怖分子常使用小的炸弹引起人群的聚集和围观，在吸引了众多群众后，在附近引爆更大的炸弹，制造恶性的连环爆炸事件。公共场所常见受害区域包括：地铁、公交车、宾馆、商场、寺庙等。常见爆炸遇袭处理方法有：

（1）迅速就近隐蔽或者卧倒，就近寻找简易遮挡物护住身体重要部位和器官。

（2）保持镇静，寻找、观察安全出口，在爆炸结束后伺机逃离爆炸现场。

（3）注意避开脚下物品，一旦摔倒应设法让身体靠近墙根或其他支撑物。

（4）不要用打火机点火照明，以免引起二次爆炸或燃烧。

（5）服从工作人员和专门人员的指挥。

（6）不要因顾及贵重物品而浪费宝贵的逃生时间。

（7）注意观察现场可疑人、可疑物，协助警方调查。

3）在施工作业现场或营地遇到爆炸威胁的应对方法

在施工作业现场或营地遇到爆炸威胁，一定要高度重视，并注意如下防护技巧：

（1）首先要保持冷静，安防人员要迅速弄清爆炸物所在地点，并通过广播、电话等告知所有项目人员，项目人员要记清平时防恐演习时的逃生出口和逃生方式。

（2）要听从指挥，按照项目安防负责人统一指挥路径撤退。在撤退过程中要相互配合，切勿慌乱、拥挤，以防止造成不必要的损伤。

（3）立即通知地区警方或安全负责人，并请其派出专业的防爆人员，排除爆炸隐患。

（4）要坚持以人为本原则，在救人第一的前提下，尽量挽救项目财产。

（5）如果爆炸已经不幸发生，只要还有意识，就要迅速离开现场，坚决不要围观，避免遭受可能发生的二次爆炸的伤害。

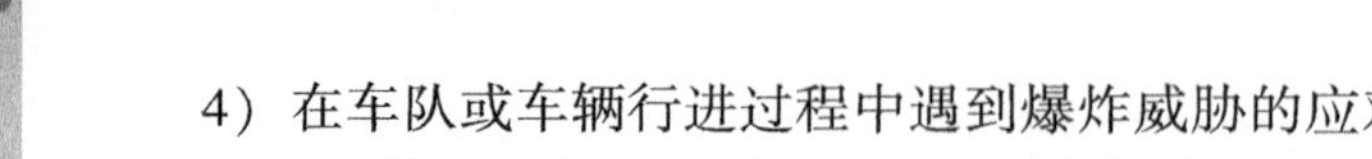

4）在车队或车辆行进过程中遇到爆炸威胁的应对方法

（1）在较多人员出行时，车队中车辆之间应保持一定的距离，在野外一般可为100m，在市区可为50m。

（2）车队应配备经验丰富的当地安保人员，车辆之间保持不间断对讲联系，一旦遭遇不测，后面的车辆能够有足够的时间脱离现场。

（3）时刻观察车辆外面的情况，遇到异常情况应果断做出应对措施。

（4）在遭遇袭击后，应及时与当地警方和我国驻外机构联系，请求救援。

5）火箭弹袭击的防护与应对

（1）如果恐怖分子用火箭筒射击，当距离较远时，应采取的措施是原地卧倒或借助于坑、沟、坎等自然地形隐藏自己。

（2）前面讲到，火箭弹弹头必须产生剧烈撞击才能达到爆炸效应，因此，在选择隐藏物体时，无论在城区或者野外都尽量不要利用水泥墙、汽车、木板房、井架、储油罐等物体隐藏身体，若选择这些物体作掩护，当火箭弹与其撞击后，借助爆炸效应会形成更大的杀伤力。

（3）在驻地或相对固定的生活工作区域内，可利用6层沙袋防护火箭弹的袭击。

（4）可利用链接栏栅防范火箭弹。当火箭弹撞击到链接栏栅时，可能会造成火箭弹电子程序引信短路，使弹头不能起爆，如果没有起爆，火箭弹也就失去了作用。如果个别火箭弹侥幸穿过链接栏栅，其平衡尾翼也会被链接栏栅刮掉，这样火箭弹就会失去稳定而脱离弹道飞向别处，然后自毁。

（5）对于火箭弹，要采取综合防范措施加以应对，例如，在驻地或工作区域外围设立壕沟、土墙、链接栏栅等多重设施进行防护。

6）手榴弹袭击的防护与应对

（1）如果手榴弹或爆炸物落在距离你不远处，应立即向远离手榴弹的方向扑出并卧倒（不能用手捡起来再扔，因为大多数手榴弹的爆炸延时只有3秒）。

（2）如果能躲到掩蔽物后面更好，手榴弹爆炸时杀伤范围是存在死角的（大概和地面呈30°角），所以，躲藏在这个角度内较安全。

（3）遭遇爆炸时人们会本能地四散奔逃，但需强调的是，手榴弹可以伤及爆炸点15m以内的人员，最好的办法是立即卧倒，因为手榴弹的碎片大部分向斜上方飞散，伤到趴在地上的人的可能性小。卧倒时面部朝下，脚对爆炸方向，夹紧双腿，双手抱头，身体与地面保持一定距离，以减少爆炸产生的震波对内脏造成的伤害，同时应张大嘴巴，以减少震波对耳膜的刺激。

5. 非常规恐怖袭击

非常规武器是指原子弹、氢弹等核武器，化学武器，生物武器等具有大规模杀伤性，且人们无法预知和控制其使用后果的武器。现代战争一旦用上这些武器，将可能招致人类毁灭性的大灾难。已有的非常规武器通过联合国大会签署的一些公约得到控制，被禁止用于战争，部分已被销毁。大部分非常规武器技术都掌握在少数几个世界军事强国手中，其威慑力远远大于实战中的使用。

1）化学恐怖袭击的应对

化学恐怖袭击是指在和平环境下，将战争中使用的化学毒剂包括有毒气体、烟雾剂、液体或化合物等，用于危害人、畜生命安全和污染环境、毁坏农作物，以制造社会恐慌、破坏社会安定为目的的行为。化学恐怖袭击可以分为杀伤性化学袭击、迟滞性化学袭击和扰乱性化学袭击 3 种。

杀伤性化学袭击指以杀伤对方有生力量为主要目的的化学袭击；迟滞性化学袭击指以迫使对方行动迟缓、难以机动为主要目的的化学袭击；扰乱性化学袭击指以扰乱对方作战行动、疲惫其有生力量为主要目的的化学袭击。

化学毒剂则是指用于战争目的，以毒害作用杀伤人畜、毁坏植物的有毒物质。主要包括神经性毒剂、糜烂性毒剂、全身中毒性毒剂、窒息性毒剂、失能性毒剂和刺激性毒剂 6 大类。

与常规武器相比，化学武器的特点是：杀伤途径多，可经口、鼻、皮肤渗入人体；持续时间长，可延续几分钟、几小时，甚至几天、几十天；杀伤范围广，染毒空气可随风扩散，渗入无防护设施的工事、舱室，滞留于沟壕和低洼处。

（1）如何判断是否已发生化学恐怖袭击。

化学恐怖袭击作为恐怖分子使用的非常规手段之一，往往容易被人忽视。通常来说出现了如下情况，就有可能发生了化学恐怖袭击：

① 异常的气味。如大蒜味、辛辣味、苦杏仁味等。

② 异常的现象。因为某些动物对速杀性毒剂很敏感，它们的表现是受到化学恐怖袭击的可靠依据。比如，有翅小昆虫飞行不稳或不能起飞；鸟类、家禽、家畜等出现瞳孔散大或缩小、站立不稳、呼吸困难、惊慌、痉挛等症状；在大范围的植物叶上发现油状液滴、有色斑、花朵颜色发生变化等。以上情况都应引起警觉并采取相应的防护措施。

③ 异常的感觉。一般情况下当人受到化学毒剂或化学毒物的侵害后，会出现不同程度的不适感觉，如恶心、胸闷、惊厥、皮疹等。

④ 现场出现异常物品。如被遗弃的防毒面具，桶、罐、装有液体的塑料袋等。

（2）化学恐怖袭击的应对方法。

化学恐怖袭击危害大、涉及范围广，因此，有必要掌握相关的防护知识：

不要惊慌，进一步判明情况。化学恐怖袭击多利用空气为传播介质，使人在呼吸到有毒空气时中毒，并常伴有异常的气味、异常的烟雾等现象。

尽快掩避。利用环境设施和随身携带的物品遮掩身体和口鼻，避免或减少毒物的和吸入。如果没有防护器材，可用的防护方法有：用湿毛巾、围巾、衣服或织物等掩住口鼻和披在身上，尽量避免接触毒剂，迅速向侧上风方向转移，离开染毒区域。

如果在室内，外面有毒气体飘来之前，应迅速关闭门窗，减少活动量，尽可能采取个人防护措施；待有毒气体飘过，尽快寻找出口，迅速有序地离开污染源或污染区域，尽量逆风撤离。

若不慎被化学毒剂感染，需进行必要的消毒处理；若吸入有毒气体，最简单的方法就是大量饮水，采取催吐洗胃的方法加快毒物的排出。

2）核与辐射恐怖袭击的应对

核与辐射恐怖袭击一般来说不容易发生，但掌握相关的防护技巧十分必要：

（1）一旦发现核爆炸闪光，应迅速利用各种防御工事进行防护；如在室外来不及进入防御工事，要迅速利用三五步内的有利地形卧倒。

（2）可利用的地形地物较大时，横向爆心卧倒；地形地物较小时，面向爆心卧倒；无地形地物可利用时，背向爆心卧倒。卧倒的动作要领是：双手交叉垫胸下，闭眼收腹闭嘴巴，两腿伸直且并拢，低头憋气用物遮。如在室内来不及进入防御工事，应立即利用墙角、墙边或桌（床）下以卧姿或坐姿进行防护。

（3）核辐射感染区内行动的人员，要戴好防毒面具或口罩，也可用毛巾捂住口鼻，扎好裤口、袖口、领口，用衣服、雨衣、塑料布、床单等把暴露的皮肤遮住。不要露天吃东西，不要在地上坐卧，不要打闹嬉戏，不要触摸受污染物体。

3）生物恐怖袭击的应对

生物恐怖袭击是指在和平环境沿用细菌战（亦称生物战）的手段，以致病微生物及其毒素攻击人、畜或污染环境、毁坏农作物，以达到危害人类健康和生命安全，制造社会恐慌、破坏社会安定为目的的行为。

(1) 生物恐怖袭击的特征。

生物恐怖袭击作为最新型的恐怖袭击手段之一，人们对它的了解相对较少，下面简单介绍几种生物恐怖袭击的特征：

① 事件区发现不明粉末或液体、被遗弃的容器和面具、大量昆虫等。

② 微生物恐怖袭击发生后48~72小时或毒素恐怖袭击发生后几分钟至几小时，会出现规模性的人员伤亡。

③ 在现场人员中出现大量相同的临床病例；在一个地理区域出现原本没有或极其罕见的疾病。

④ 在非流行区域发生异常流行病。

⑤ 患者沿着风向分布，同时出现大量动物病例等。

(2) 生物恐怖袭击的应对方法。

一旦遇到生物恐怖袭击，要结合该袭击的特点，掌握好必要的防护技巧：

① 利用环境设施和随身携带的物品遮掩身体和口鼻，避免或减少病原体的侵袭和吸入。

② 尽快寻找安全出口，迅速有序地离开污染源或污染区域。

③ 不要回家或到人多的地方，以避免扩大病源污染。

④ 对受污染的人员和地区进行隔离和消毒。

6. 其他常见突发事件

1) 遭遇武装交火

(1) 立即趴在地上，一定要平趴，脸朝下。

(2) 如有可能，寻找沟渠或结实的建筑物躲起来。

(3) 判断哪里打枪、打向哪里、自己所处的位置是否安全。

(4) 观察周围人的举动，仿照他们，一般多数人做出的选择为正确的选择。

(5) 只有确认交火完全停止后，才能迅速离开。

2) 公共场所常见“保护神”

公共场所一般都有完善的防火、灭火设施和紧急出口，如何利用好这些防护设施，提高逃生概率，也是必须要掌握的：

(1) 在公共场所一般均有报警开关标志，箭头指向位置即按钮位置，按下按钮即可报警。

(2) 走廊配有干粉灭火器箱，上面贴有红色灭火器标志。

(3) 楼层内设有事故照明灯，可见清晰的紧急出口标志。

(4) 在走廊或者楼梯处有消防栓，附近配有消防带。

7. 报警撤离

1）报警时应注意的事项

报警看似简单，实则充满了技巧：

（1）保持镇静，不能因为恐慌影响正常的判断。

（2）判明自己目前是否面临危险，若有危险，做好个人防护，迅速离开危险区域或就地掩蔽。

（3）如果语言不通，应首先选择向我驻外大使馆或项目总部报警，由其协调当地警方进行救援。

（4）首先报告最重要的内容，包括时间、地点、事件、后果等。如枪击的地理位置、嫌疑人的体貌特征和衣着打扮、伤亡人数等；纵火事件要说清发生火灾的地点，如哪个区、哪条路、哪个住宅区、第几栋楼第几层、附近有无危险物等。

（5）把握报警时机，要在接警人员提问前清晰地说明情况，以争取被救援的时间。

2）紧急撤离危险现场时应注意的事项

在紧急撤离危险现场时，有以下几点需要注意：

（1）保持镇静，判明所处位置，及时撤离。

（2）慎选通道，辨清紧急出口所在，不要使用电梯。

（3）不要贪恋财物，不要重返危险境地。

（4）防护自身，注意避险。用物品遮掩身体，身体易受害部位不要靠近窗户玻璃，不要逆着人流前行，以避免被推倒在地。

（5）紧抓固物，巧避藏之，溜边前行。拥挤时，如有可能要抓住牢固的东西（如楼梯栏杆），暂时躲避，待人群过去后迅速离开现场。

（三）自然灾害事故应对

1. 台风

（1）台风袭来时，应打开门窗，使室内外的气压得到平衡，以避免风力掀掉屋顶，吹倒墙壁。

（2）在室内，应该保护好头部，面向墙壁蹲下。

（3）在野外遇到台风，应迅速向台风前进的相反方向或者侧向移动躲避。

（4）台风已经到达眼前时，应寻找低洼地形下，闭上口、眼，用双手、双臂保护头部，防止被飞来物体砸伤。

（5）乘车遇到台风，应下车躲避，不要留在车内。

2. 洪涝

（1）受到洪水威胁，如果时间充裕，应按照预定路线，有组织地向山坡、高地等处转移。已经受到洪水包围的情况下，要尽可能利用船只、木排、门板、木床等，做水上转移。

（2）洪水来得太快，已经来不及转移时，要立即爬上屋顶、楼房高处、大树、高墙，暂时避险，等待援救。不要游水转移。

（3）在山区，如果连降大雨，容易暴发山洪。遇到这种情况，应该注意避免渡河，以防止被山洪冲走，还要注意防止山体滑坡、滚石、泥石流的伤害。

（4）发现高压线塔倾倒，电线低垂或断折，要远离避险，不可触摸或接近，防止触电。

（5）洪水过后，要服用预防流行病的药物，做好卫生防疫工作，避免发生传染病。

3. 地震

（1）如果在平房里，突然发生地震，要迅速钻到床下、桌下，同时用被褥、枕头、脸盆等物护住头部，等地震间隙再尽快离开住所，转移到安全的地方。地震时，如果房屋倒塌，应躲在床下或桌下不要移动，等到地震停止再进出室外或等待救援。

（2）如果住在楼房中，发生了地震，不要试图跑出楼外，因为时间来不及。最安全、最有效的力法是，及时躲到两个承重墙之间最小的房间，如厕所、厨房等。也可以躲在桌、柜等家具下面以及房间内侧的墙角，并且注意保护好头部。千万不要去阳台和窗下躲避。

4. 雷电天气

（1）留在室内，关好门窗。在野外无法躲入有防雷设施的建筑物内时，要将手表、眼镜等金属物品摘掉，千万不要在离电源、大树和电线杆较近的地方避雨；尽量降低身体的高度，以减少直接雷击的危险；双脚要尽量靠近，与地面接触越小越好，以减少“跨步电压”；野外最好的防护场所是洞穴、沟渠、峡谷或高大树丛下面的林间空地。

（2）不宜使用无防雷措施或防雷措施不足的电视、音响等电器。不要靠近打开的门窗、金属管道，要拔掉电器插头，关上电器和天然气开关。切忌使用电吹风、电动剃须刀等。不宜使用水龙头。

（3）切勿接触天线、水管、铁丝网、金属门窗、建筑物外墙等带电设备

或其他类似金属装置，不要收晒衣绳或铁丝上的衣服。不要从事电话或电线、管道或建筑钢材等安装工作。切勿处理开口容器承载的易燃物品。

（4）不要或减少使用手机和手提电话，不宜停留在铁栅栏、金属晒衣绳以及铁轨附近，切勿站立于山顶、楼顶上或接近导电性高的物体。不宜进入和靠近无防雷设施的建筑物、车库、车棚、临时棚屋、岗亭等低矮建筑。

（5）切勿游泳或从事其他水上运动或活动，不宜停留在游泳池、湖泊、海滨、水田等地和小船上，不宜进行室外球类运动，在空旷场地不宜打伞。

（6）如果在户外看到高压线遭雷击断裂，此时应提高警惕，因为高压线断点附近存在“跨步电压”，身处附近的人此时千万不要跑动，而应双脚并拢，跳离现场。

（7）在户外遭遇雷雨，来不及离开高大物体时，应马上找些干燥的绝缘物放在地上，并将双脚合拢坐在上面，切勿将脚放在绝缘物以外的地面上，因为水能导电。

（8）在户外躲避雷雨时，应注意不要用手撑地，同时双手抱膝，胸口紧贴膝盖，尽量低下头，因为头部较之身体其他部位最易遭到雷击。

（9）在户外看见闪电几秒钟内就听见雷声时，说明正处于危险环境，此时应停止行走，两脚并拢并立即下蹲，不要与人拉在一起，最好使用塑料雨具、雨衣等。

5. 龙卷风

1）龙卷风的预兆

（1）强烈的，连续旋转的乌云。

（2）在云层下的地面上，有旋转的尘土和碎片。

（3）随着冰雹和雷雨，风向在不断地转变。

（4）持久不断的轰隆声。

（5）在掉落在地面上的电线附近，有明亮的，蓝绿色的火花。

（6）盘旋的底云层。

2）龙卷风的防备

（1）有地下室的房屋：避开所有的窗户，立刻进入地下室，躲在坚实的桌子或工作台下。千万不要躲在重物附近的地方，以免龙卷风破坏了房屋的结构，造成这些重物倒塌压在身上。

（2）没有地下室的房屋或公寓房：避开所有的窗户，立即进入如厕所、壁橱或最底层的内部过道。脸朝下，用双手护住头部，尽可能地蹲伏于地板上。用厚的垫子，如床垫或被子盖在身上，以防掉落的碎物砸伤。

（3）办公楼、医院等高层建筑：立即进入楼房中心，封闭的，无窗户的区域。尽可能地避开窗户。内部楼梯过道是最好的避难所。一定要避开电梯，因为如果一旦停电，您将可能被困在电梯内。

（4）活动房屋（住房拖车）：在龙卷风期间，切记不可因为任何原因而停留在活动房屋内。在活动房屋外面远比在活动房屋内有更大的存活机会。

（5）室外：如果附近有建筑物，立即进入。如果没有，则平躺在地上，脸朝下，用双手护在头部。切记不要躺在汽车或大树附近，以免它们被龙卷风吹倒而砸伤。

（6）遵循应急预案的规定，听从负责人的指挥，有秩序地走进现场建筑内部过道或房间，躲在桌子下，用双手护住头部。

第六章　危机管理

在海外项目建立应急管理与危机管理的工作实践中，海外项目社会安全应急管理与危机管理是必须要运行的一个体系，也是作为应对海外突发事件现场处理的一个重要依据。为此，应急管理与危机管理要做到早发现、早预防、早处理的管理理念，彰显海外项目对海外各类社会安全风险事件预防措施的落实和理念的形成。

第一节　危机管理的定义与特点

一、危机的定义及特征

危机是指会引起潜在负面影响的具有不确定性的事件，这类事件及其后果会对组织及其员工、产品、服务、资产、声誉和形象造成极大损害。其主要含义是：

（1）一个更好更坏的转折点，一个决定性的时刻，一段至关重要的时间，而后一个到达危急关头的情景。

（2）从静态的角度出发，可以把危机界定为一种不稳定的时间和状态。

（3）从动态的角度出发，可以把危机定义为事故、事件或活动。

（4）危机影响的范畴可扩大到人和组织的声誉。

在这个定义中，有以下几方面特点：危机是突发性事件对人、物或资源存在威胁；失控、几乎来不及行动；对人员、资源和组织造成可见和不可见的影响。

危机的特征是：

（1）对组织有严重危害性。危机的出现会威胁到一个社会或者组织的基本价值或者目标，当然其威胁程度视决策者的认知程度而定。

（2）不确定性。由于环境的不确定性、人类的有限理性以及信息的不对称，危机往往产生不确定性。这种不确定性主要表现为状态的不确定性、影响的不确定性和危机回应的不确定性。

(3) 时间的有限性。决策者对于危机情形的处理，在决策上只有有限的反应时间，面临着巨大的压力和不确定性。

(4) 危机的双重效果性。危机会带来各种损失，但危机也是机会和转机，如果决策者直面危机，则可通过危机促进制度的革新和环境的变革。

(5) 涟漪性。危机一旦发生，会产生一系列连锁反应。

二、危机管理的定义、区别及法则

危机管理是指组织对所有危机发生因素的预测、分析、化解、防范等所采取的行动。包括组织面临的政治的、经济的、法律的、技术的、自然的、人为的、管理的、文化的、环境的和不可确定的等所有相关因素的管理。

危机管理与应急管理的区别是：

(1) 应急管理。应急事件是指对人身、财产、环境及公司声誉造成或可能造成重大破坏的突发事件。应急响应是指试图组织抢救和恢复正常生产状态的有组织有计划的行动。

(2) 危机管理。危机管理是指为支持应急行动而采取的系列措施，如应对媒体、与政府部门沟通、与合作伙伴联络、维持作业和财物运作稳定等。危机管理旨在将重大危机事故对公司总部的形象、运作和盈利能力的影响降低到最低，侧重于整个集团的范围。

建立简明有效的应急管理与危机管理机制的必要性：

海外项目要有一整套切实可行的应急管理预案，从源头预防海外社会安全风险事件的发生，这就要有应急管理和危机管理机制体系的运行，完善的制度，各部门的密切配合，上下联运。上到管理层，下到基层员工对于社会安全应急管理和危机管理工作都要体现出自身的价值，做到提前预防，若发生海外突发事件就要积极响应，及时启动应急预案，将损失降到最低。

为此，海外项目要做到：

(1) 制定潜在突发事件的预警、应急管理和恢复运行计划，提供应急资源保障。

(2) 培训应急管理领导小组和应急工作小组成员，确保安全有效地履行职责。

(3) 定期测试应急预案，确保其有效实施。

(4) 定期评审各项应急管理工作，确保其有效性。

危机管理应遵循的主要法则有：

危机管理是一个动态的过程，包括预防、准备、响应和恢复 4 个阶段。尽管在实际情况中，这些阶段往往是交叉的，但每一阶段都有自己明确的目标，而且每一阶段又是构筑在前一阶段的基础之上。预防、准备、响应和恢复的相互关联，构成了重大事故危机管理的循环过程。

（1）预防。无论事故是否发生，企业和社会都处于风险之中，因此，“预防为主、常备不懈”是危机管理的主导思想。主要包括安全规划、应急教育、监测预警、安全研究、制定法规标准、灾害保险、激励措施等。

（2）准备。事故发生之前采取的行动，目的是提高应急能力，主要包括应急方针政策、应急预案（计划）、应急通告与警报、应急医疗、应急中心、应急资源、制定互助协议、应急培训与演习等。

（3）响应。事故即将发生或发生期间采取的挽救生命和财产，稳定和控制事态一系列行动。主要包括启动应急报警系统、启动应急救援中心、报告有关政府机构、提供应急援助、发布紧急公告、疏散与避难、搜寻与营救等。

（4）恢复。使生产、生活恢复到正常状态，包括短期恢复和长期恢复。主要包括清理废墟、损害评估、消毒去污、保险赔偿、灾后重建、预案复审、责任追究等。

危机管理的成功与否取决于危机反应的成功与否，最重要的是要体现出遏制危机和隔离危机两个方面，还要防止事态扩大，并要加强对媒体的管理。特别是圆满处理危机善后，要巩固危机管理成果，从危机中获益，总结教训，从观念更新、制度完善、机构建设、规章完善等方面进行改进和必要的变革。

危机管理必须遵循以下法则：

（1）“24 小时”法则。24 小时法则是指在网络时代，就企业响应危机的速度来说，24 小时是个极限。因为“丑闻”会在 24 小时内扩散到全球各个角落，所以企业应在获悉危机发生后的 24 小时内启动危机管理机制，并做好准备工作。按照危机公关处理的 24 小时法则，企业应在 24 小时内公布处理结果，不然，就会造成信息真空，让各种误会和猜测产生。

（2）“核心立场”法则。核心立场法则是指在危机爆发时，企业应把核心立场坚持贯穿到危机事件处理的始终，核心立场应简单、明确，同时，所有参与危机管理的人员都必须深入理解、始终贯彻这一立场。这就是危机处理的核心立场法则。

（3）“绝对领导”法则。缺失权威必然引发混乱，所以企业领导者应在危机乍现之时便赋予危机事件管理者充分的权力，对危机实行“集权管理”。

凡涉及危机事件管理的一切工作，危机事件管理者都拥有决策的权力。甚至有的时候，连企业最高领导者也应接受危机事件管理者的建议，为纾解危机贡献心力。“绝对领导”准则强调的是“集权管理”。

(4) “单一口径”法则。单一口径法则是指对于同一危机事件，企业内部不能传出不一样的声音，因为这是危机管理的大忌。“不同声音”不仅会令原本简单的事态趋于复杂，更会暴露出企业内部的“矛盾”，甚至可能由此引发新的危机。所以对内，必须杜绝那种未经授权便擅自发声的情况；对外则根据事前的部署，由危机事件管理者指定的发言人发布信息。

(5) “360 度”法则。360 度法则是指企业围绕危机事件所做的一切管理决策都应以企业、受众、危机波及者为决策之基准点，进行全方位的考量和筹谋。

(6) “最高利益”法则。最高利益法则是指企业在管理危机事件时的“倾向性”。协调各方利益并不意味着“无原则的平衡”，有所侧重本就是合理的。

(7) “信息对称”法则。信息对称法则是指在危机处理过程中，应努力避免信息不对称的情况，在对内、对外两个层面上，保持信息管道的双向畅通。

(8) “留白”法则。要求企业在“危机处理资源准备”和“危机影响控制”两大层面留出一定的空间。一方面，企业不应仅按照危机影响评估的“最低限度”进行资源（例如团队、物力支持、方案等）准备；另一方面，企业也不可从自己所能承受的“最高限”来尝试控制危机的影响（像信息管制、赔偿方案、客户关系等）。在对外沟通时，“留白”法则尤显重要。必须要有足够的空间，为不可测度的事态、无法预言的前景，预留进退趋避的余地——也就是说，对外“留白”意味着缓冲。

(9) “媒体友好”法则。危机状态下，公众对信息的需求强烈增加，企业需要通过恰当的媒体选择，使媒体能够向公众及时、有效地发布信息，在保障公众知情权的同时保持企业的正常运转。一旦危机事件发生，企业就要积极面对，把社会公众对危机的舆论引导到有利于危机解决的正确方向上来。发挥媒体宣传的积极作用，正确引导舆论，共同促进危机的解决。

三、危机管理原则、步骤及确定

尽管重大事故的发生具有突发性和偶然性，但重大事故的危机管理不只

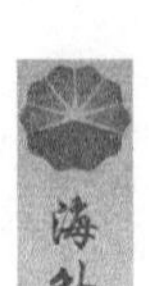

限于事故发生后的应急救援行动。危机管理是对重大事故的全过程管理，贯穿于事故发生前、中、后的各个过程。

（一）危机管理原则

（1）以冷对热、以静制动：危机会使人处于焦躁或恐惧之中。所以项目管理人员应以“冷”对“热”、以“静”制“动”，镇定自若，以减轻企业员工的心理压力。

（2）统一观点，稳住阵脚：在企业内部迅速统一观点，对危机有清醒认识，从而稳住阵脚，万众一心，同仇敌忾。

（3）组建班子，专项负责：一般情况下，危机公关小组的组成由企业的公关部成员和企业涉及危机的高层领导直接组成。一方面是高效率的保证，另一方面是对外口径一致的保证，使公众对企业处理危机的诚意感到可以信赖。

（4）果断决策，迅速实施：由于危机瞬息万变，在危机决策时效性要求和信息匮乏条件下，任何模糊的决策都会产生严重的后果。所以必须最大限度地集中决策使用资源，迅速做出决策，系统部署，付诸实施。

（5）合纵连横，借助外力：当危机来临，应充分和政府部门、行业协会、同行企业及新闻媒体充分配合，联手对付危机，在众人拾柴火焰高的同时，增强公信力、影响力。

（6）循序渐进，标本兼治：要真正彻底地消除危机，需要在控制事态后，及时准确地找到危机的症结，对症下药，谋求治本。如果仅仅停留在治标阶段，就会前功尽弃，甚至引发新的危机。

（二）确定危机管理的主要步骤

确定危机事件的主要步骤（图 6-1）有：成立突发事件应急领导小组和工作小组，启动相应的应急响应预案，周密部署各项应对措施，全面、高效、有序地落实各项应急措施，努力减少危机事件对人员伤亡和其他损失等。

图 6-1　确定危机事件的主要步骤

1. 危机事件应急响应程序

危机事件应急响应程序分3个层级，如图6-2所示。

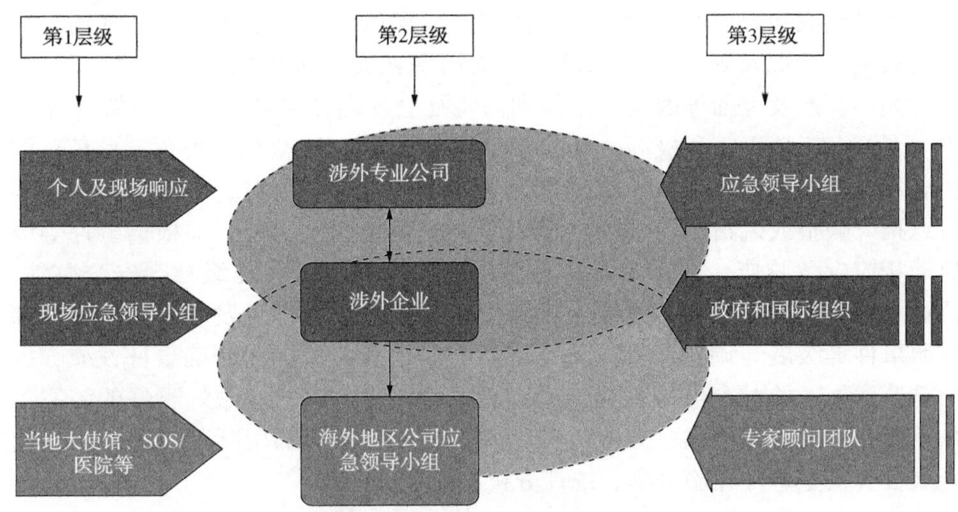

图6-2　危机事件应急响应程序

2. 启动危机事件应急管理的条件

（1）可能造成公司重大声誉影响、公众情绪激烈、事件以负面的形式引起主流媒体的关注，以及可能造成严重社会影响。

（2）所属单位在不能独立处置所辖范围突发事件时提出救援请求，或需要动员整个公司总部资源、调动社会资源。

（3）造成重大人员死亡（2人以上）、10人以上遇险或受困或多人伤害。

（4）飞机坠落或船舶、车辆等交通工具遇难并造成群体性伤亡事件。

（5）营地、流动性作业现场内、办公楼等建筑物受到灾害性或毁灭性破坏。

（6）出现火灾爆炸或油气泄漏造成人员撤离或周围群众恐慌性撤离。

（7）流行性传染病、群体性不明原因疾病、食品中毒事故等造成区域性多人丧失或不能维持正常工作和生活。

（8）所在国家或地区发生重大群体性事件，如罢工、游行、示威、集会、集体上访等造成严重社会影响或干扰生产作业；引起政府、媒体高度关注，影响大或危害程度大的活动。

（9）突发战争、恐怖暴力事件或重大刑事案件，邪教或敌对势力破坏活

动等影响程度大的事件。

（三）确定危机管理层级

通过获取和识别的威胁信息，根据风险评估的结果来确定每个现场可能出现的危机状况及紧急情况的情境。依据潜在突发事件的性质、紧急程度、危害大小、涉及范围等因素，由低到高将社会安全预警状态划分为低（Ⅳ）、中（Ⅲ）、高（Ⅱ）和极高（Ⅰ）四级预警，分别用蓝色、黄色、橙色、红色表示；所属企业应保证所有的社会安全事件都得到及时、真实的报告，不得迟报、瞒报或谎报；境外项目发生社会安全事件时，应立即根据事件等级启动相应应急响应，减少人员伤亡和财产损失。Ⅰ级、Ⅱ级社会安全事件，公司总部和所属企业负责人应赴现场协调应急处置。事件发生后，公司总部按照事件等级展开调查。事件调查应当准确地查明原因，明确事件性质，提出整改意见，并对责任人提出处理意见。事件结束后，应做好事件的结案工作，健全事件管理档案，形成事件经验资源。公司总部国际部组织所属企业开展社会安全事件经验分享、统计分析和趋势研究等。

四、海外项目应急管理要求

为确保海外社会安全风险事故发生后，能够及时、有效地实施应急救援，防止事故的事态扩大，最大限度地减少人员伤亡和财产损失，海外各分公司、项目均要成立应急管理机构，负责领导本单位应急救援工作。

（一）各级人员职责

1. 涉外公司（涉外专业公司、涉外企业、海外地区公司）总经理的职责

（1）落实社会安全管理体系的承诺。

（2）确保对新增作业活动进行社会安全风险评估，并保持更新。

（3）确保在公司业务活动中制定适当的目标、指标及应急管理预案，社会安全资源和应急资源都已到位。

（4）开展年度社会安全管理绩效评审。

（5）确保公司的内部审核、检查和绩效监测过程的实施。

2. 涉外公司作业国家/地区/现场经理职责

涉外专业公司、涉外企业、海外地区公司各级经理的社会安全职责是确保有关社会安全的方针政策得以实施和持续改进，确保社会安全管理体系标

准在作业活动中得以全面落实。

各级经理应负总责：

（1）确保把风险管理的政策有效地传达到整个公司。

（2）展示对于社会安全管理的承诺。

（3）确保对新增作业活动进行了社会安全风险评估，并保持更新。

（4）确保风险管理和应急预案的实施到位。

（5）确保社会安全目标的实现。

（6）确保所有的承包商能明确对其员工和分包商的社会安全管理技能要求。

（7）参与制订员工社会安全技能评估计划。

（8）确保体系良好运行，招聘到熟练的员工并通过适当的社会安全技能培训计划来提高其技能，满足公司的社会安全管理要求。

（9）识别临时或永久性的变化产生的潜在风险，填写变更管理申请表。

（10）建立和维护有效的应急管理预案，落实现场应急准备物资。

（11）确保项目公司和各承（分）包商之间就应急管理的职责分配进行了协商与沟通，并达成协议，形成书面记录。

（12）定期测试和审查应急管理预案，以确保其有效性。

（13）根据社会安全管理体系的绩效报告开展评审及改进。

（14）必要时予以纠正和改进。

（15）确保实施绩效监测的职责得到分配。

（16）根据公司总部的相关政策并结合当地的法律法规要求，从事件报告和调查中发现问题，并及时地纠正。

（17）事件调查后，确保跟踪和落实后续采取的预防措施。

（18）实施内部审核、检查计划和监控社会安全管理体系的运行。

3. 社会安全经理职责

（1）组织开展各项社会安全风险管理活动。

（2）参与员工社会安全技能评估计划。

（3）获取并评估社会安全相关信息，对于管理层提供专业支持和咨询。

（4）实施或参与对新作业活动进行的社会安全风险评估，并保持更新。

（5）检查控制措施确保适当并实施到位。

（6）监测控制措施的有效性并实施必要的改进。

（7）识别临时或永久性的变化产生的潜在风险，填写变更管理申请表。

（8）确保适当的应急措施已到位。

(9) 确保项目公司和各承（分）包商之间就应急管理的职责分配进行有效的协商与沟通，并达成协议，形成书面记录。

(10) 定期测试和审查应急管理预案，以确保其有效性。

(11) 组织员工开展社会安全应急培训和演练。

(12) 一旦发生紧急情况，向管理者提供专业建议。

(13) 根据社会安全管理体系绩效报告开展评审及改进。

(14) 编写社会安全管理业绩报告。

(15) 对社会安全管理绩效实施月度评审。

(16) 报告所有社会安全事件并开展调查。

(17) 与承（分）包商就事件报告及纠正和预防措施等事项达成一致意见。

(18) 参与公司的内部审核和专项检查。

4. 海外员工职责

(1) 遵守公司有关社会安全管理的规定和要求。

(2) 积极参加公司组织的社会安全培训和应急演练，通过培训和演练确保自己掌握了正确的知识和技能。

(3) 报告所发现的社会安全事件和威胁。

(4) 协助、配合公司组织的社会安全事件调查，积极参与协商和沟通。

(二) 加强海外各项目部的驻地安全管理工作

(1) 海外各项目部要留意当地报纸、电视等媒体信息，加强与该海外项目主承包商、业主和当地使领馆的协调、联系，加强对项目所在国政治经济形势、民族宗教矛盾、社会治安状况、恐怖主义活动等信息的收集、评估和预警。

(2) 出国工作人员必须服从所在项目部管理和组织安排，严格遵守项目部各项规章制度。在提高自我保护意识、加强安全防范的同时，在海外生产、生活工作中，也要学会与邻为善，入乡随俗，尽快适应当地生活。

(3) 各项目部就行程安排计划、人员数量、行程人员沟通信息（电话、网络）、行程接送的沟通和协调、行程中突遇变化、境外接待站的转乘逗留等工作做到提前教育、告知，全面跟踪，及时掌握。

(4) 各海外项目部应制定外出人员请假制度，任何项目部人员有离开工作生活区的外出事宜，都要经项目部管理人员或负责人统一安排，按时回到工作生活区，如果由于工作需要或其他原因不能按时回来，要提前打电话说明原因，严禁私自外出。

（5）外出人员乘坐项目部驻地统一安排的车辆集体性外出购物时，不能擅自脱离统一约定的购物地点或区域，如确有事务需前往其他地点，必须跟本次行程的管理人员做好沟通，并尽量要结伴前往。

（6）各项目部必须叮嘱所有人员，尽量不要独自前往项目现场所在生产区域和生活区域周围，偏僻的、缺少安保力量监护的非生产性场所。

（7）在项目驻地外出时，必须乘用项目部安排的专用车辆，无特殊情况严禁乘用外部或私人车辆。

（8）在项目部所在国家政局不稳、社会群体情绪骚动的敏感时期，各海外项目部要减少人员非必要或非紧迫性的外出。

（9）在项目驻地外出时，要避免在人多混杂的地方长时间逗留。严禁围观当地的社会、宗教、纪念性集会活动，严禁在上述活动场所长时间逗留，并大声喧哗、拍照。

（10）每一位海外现场员工要熟知所在国、所在地的报警电话、我使领馆电话、项目部重要联系电话、网络信息，并做好个人备存。

（11）外出人员如遇紧急情况，要及时汇报所属项目部主要负责人或选择报警，必要时可向中国驻当地使馆寻求帮助。

（12）海外工作期间，要尊重外籍员工，尽量不要谈论可能影响彼此两国间关系和情感的一些敏感话题。禁止酗酒，严禁酒后滋事。在参加工作生活区域外的集体性活动、聚会时，注意举止文明，讲究卫生，爱护环境，维护良好国人形象；禁止出入不文明场所，坚决杜绝赌博、色情事件的发生。

（13）海外各项目部要加强本项目部人员管控力度，禁止本项目部人员擅自出入或参加境外宗教场所、设施、仪式，认真了解并尊重海外项目部驻地的宗教、生活习俗，避免前往驻地周围比较偏僻的场所。

（14）海外各项目部要根据本项目部驻地特点、环境、习俗，做好海外社会安全突发事件类应急预案及处置管理措施的培训和演练工作，提高海外全体人员安全防范意识，增强应急处置能力。

（三）海外应急管理机构

海外项目遭遇突发性危机事件时，应立即启动预案，成立应急管理领导小组，分工明确，责任到人，迅速有效展开工作。

（1）应急管理领导小组。判断态势，向公司总部应急指挥中心报告，提出进入危机管理状态的建议；建立各工作组之间的信息沟通渠道；事故发展情况随时上报。

(2) 资源协调组。针对突发事故提出处置方案及专业性建议；联络专家和物资；应急资源的调动安排；派出专业人员或协助军队警方赴现场协调救护。

(3) 公共关系协调组。提供专业建议；收集、跟踪各方面舆论信息；草拟事件新闻稿或公告提交审批；应对媒体；发生社会安全事件时，提出处置方案和建议。

(4) 后勤保障组。启动应急指挥中心；保持通信畅通；后勤物质保障；外事联络、接待；医护协调、紧急物资采办及运送等。

(5) 应急协调组。落实应急资金和应急人员的食宿费用；处理有关人身及财产保险和理赔等事务。

(6) 值班组。接警、记录、报告；通知相关人员集中；做好应急管理过程中的各类记录。

(四) 应急管理组织分级职能

1. 公司总部应急管理组织职能

(1) 重大事项决策。

(2) 对应急事件提供支持、协调。

(3) 向国家政府部门报告情况。

(4) 组织向社会公众公布事件信息。

(5) 修订、发布集团公司危机管理预案。

(6) 审核所属单位应急预案、计划、验收应急指挥中心。

2. 海外项目部应急管理组织机构职能

(1) 编制和修订应急预案、计划，确定应对各种突发事件的程序。

(2) 筹建应急指挥中心的办公场所。

(3) 指挥和协助作业单位处理现场突发事件。

(4) 处置管辖范围的其他突发事件。

(5) 落实和调动可以调动的应急资源。

(6) 向公司总部报告突发事件的动态，按实际情况向公司总部提出支援请求。

3. 作业现场应急管理组织职能

(1) 组织现场应急抢险救助。

(2) 在得到授权时向媒体发布信息。

（3）及时向上级报告突发事件状况。

（4）执行上级应急指令。

（5）维护现场救生、消防等应急资源随时可用。

（6）组织定期应急演习和训练。

（7）定期修订应急部署。

（五）海外项目应急管理事件报告的内容

（1）事件类别。

（2）事件发生的时间、地点（海上事件需提供坐标位置）。

（3）事件发生的初步原因。

（4）事件概况和处理情况。

（5）现场人员状况；人员伤亡及撤离情况（人数、程度、国籍、所属单位）。

（6）事件对周边自然环境影响情况，造成的人员或财产损失情况。

（7）事件对周边社会人员影响情况，是否波及社会人群或造成社会人员生命财产的威胁和影响。

（8）现场气象、主要自然天气情况。

（9）请求公司总部协调、支持的事项。

（10）报告人的单位、姓名、职务和联系电话。

五、媒体应对

本节明确了媒体沟通（媒体关系管理、新闻发布渠道、新闻材料准备、信息收集与跟踪等）以及信息发布的授权和审定发布的相关内容。

（1）信息发布的准备工作。

（2）发言稿的草拟和送审。

（3）发言稿的审定及发言人的授权。

（4）信息收集与跟踪。

危机管理媒体沟通策略：

（1）目的。赢得舆论和公众的理解，降低危机对企业的影响。

（2）核心信息。中国石油是一个负责任的企业，有能力处理此次危机，并且关爱环境、社区、员工，中国石油将与各方合作做好善后。

（3）用事实说话。何时？何地？发生了什么事？采取了并将采取什么措施。没有你的声音，就会有别人的声音。以你为主提供情况，你成了信息主

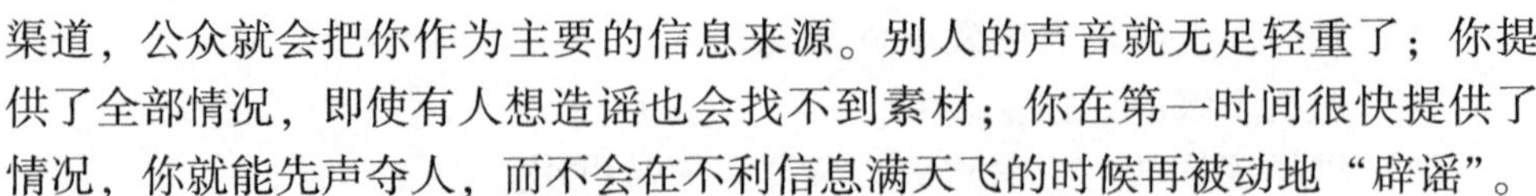

渠道，公众就会把你作为主要的信息来源。别人的声音就无足轻重了；你提供了全部情况，即使有人想造谣也会找不到素材；你在第一时间很快提供了情况，你就能先声夺人，而不会在不利信息满天飞的时候再被动地“辟谣”。

六、危机管理功能设置和应急管理培训演练

为进一步掌握突发的海外社会安全风险应急事件的处置应对，强化预案管理，海外分公司、各项目应定期组织集团公司关于对应急事件的相关法律法规、标准规范等进行学习，按照规定定期组织不同层级的人员进行培训、演练，从而提高应急处置能力。

（一）危机管理功能设置

（1）接警与通知。
（2）指挥与控制。
（3）警报和紧急公告。
（4）通信。
（5）事态监测与评估。
（6）警戒与治安。
（7）人员疏散及撤离。
（8）人群安置。
（9）医疗与卫生。
（10）公共关系。
（11）应急人员安全。
（12）消防和抢险。
（13）泄漏物控制。
（14）现场恢复。

（二）应急管理培训和演习

1. 培训要求

分析需求、编制计划、建立档案、持续改进。

2. 培训对象与内容

应急领导小组成员：法律法规、媒体应对、主要程序。

应急管理人员：法律法规、应急信息、应急程序。

现场管理人员：应急指挥、协调、主要程序。

现场操作及其他相关人员：应急职责，应急设备、应急技能。

3. 应急演习

1）基本要求

各所属单位应制定年度应急演习计划和方案，合理安排桌面演习、专项演习、综合性演习，区域性联动演习，并做好评估和记录。

2）频次要求

（1）各所属单位每年组织公司级应急演习2~3次，至少包括1次综合应急演习。

（2）各作业单位、现场根据国家有关要求和公司健康安全环保管理体系的要求，做好应急演习工作。

（3）各办公楼宇、居民区、学校每年应组织1次应对突发事件紧急避险、疏散、自救互救的演习。

4. 演习种类

1）桌面演习

桌面演习侧重在有关的应急和危机管理政策、应急小组成员的岗位职责、决策和行动。演习主要是识别应急和危机管理计划需求、目标制定、设定优先次序、建立应急或危机管理机构、强化职能小组合作技巧。

2）技能演练

选择性地启动应急人员和应急设备，通过对模拟事故的演练来强化和提高应急人员的策略思路和管理技巧。仅限于对现场事故的响应，可以有外部人员参与。演习包括书面材料、模拟设置、少量的评估员等。

3）小型演习

小型演习是对包括两级应急组织的综合应急小组人员应急协调和管理技巧的模拟训练。通常会邀请外部观察员，但观察员不一定参与演习。演习包括模拟设置、评估表、评估员、观察员等。

4）大型演习

大型演习是涉及各级应急管理机构的应急管理、协调、策略和技巧的综合演习。通常会邀请外部机构或人员参与。演习包括动员设备、评估员、外部机构参与、参与人员众多等。

5. 危机管理注意要求

（1）一个团队处理危机的态度、行动，远比危机本身更能决定最后损失的程度。

（2）危机发生时必须要应付的事务中，有一半都可以事先做好准备。

（3）有效的策略能减少危机的影响，“不能改变事件，但可以改变大众对此事件的看法”。

第二节　突发事件处置

一、突发事件的定义及特征

（一）突发事件的定义

突发事件是指发生突然，造成或可能造成严重社会危害，需要采取应急处置措施的紧急事件。我国的《突发事件应对法》将突发事件界定为：突然发生，造成或者可能造成严重社会危害，需要采取应急措施予以应对的自然灾害、事故灾难、公共卫生事件和社会安全事件。

（二）突发事件的含义

一是事件的突发性，事件发生突然，难以预料；二是事件的严重性，事件造成或者可能造成严重社会危害；三是事件的紧急性，事件需要采取应急措施予以应对，否则将出现严重后果；四是事件的类别性，我国把各种突发事件划分为自然灾害、事故灾难、公共卫生事件和社会安全事件四类，从而有利于事件的分类管理。

（三）突发事件的特征

突发事件涉及的类型众多，每类突发事件都具有各自独有的一些特征，但整体来看，突发事件具有以下共同特征。

（1）突发性。绝大多数突发事件是在人们缺乏充分准备的情况下发生的，使人们的正常生活受到影响，使社会的有序发展受到干扰。由于事发突然，首先，人们在心理上没有做好充分的思想准备，会产生烦躁、不安、恐惧等情绪；其次，社会在资源上没有做好充分的保障准备，需要临时调集各类应急资源；再次，管理者在措施上没有做好充分的设计准备，必须针对具体情况制定处置措施。虽然有些突发事件存在着发生征兆和预警的可能，但由于真实发生的时间和地点难以准确预见，同样具有突发性。

（2）不确定性。突发事件具有高度的不确定性。一是发生状态的不确定性，突发事件在什么时间、什么地点、以何种形式和规模暴发通常是无法提前预知的。有些自然灾害通过科技手段和经验知识，能够减少某些不确定因素，但是很难确定是哪些不确定因素造成的结果。如果突发事件没有不确定因素，也就不属于突发事件，这样的事件可预先做好充分的准备工作，用通常的办法去应对。二是事态变化的不确定性，突发事件发生之后，由于信息不充分和时间紧迫，绝大多数情况的决策属于非程序化决策，响应人员与公众对形势的判断和具体的行动以及媒体的新闻报道，都会对事态的发展造成影响。许多不确定因素在随时发生变化，事态的发展也会随之出现变化。

（3）破坏性。突发事件的破坏性来自多个方面：对公众生命构成威胁，对公共财产造成损失，对各种环境产生破坏，对社会秩序造成紊乱和对公众心理造成障碍。在危害发生后，由于人们缺乏各方面的充分准备，难免出现人员伤亡和财产损失，造成自然环境、生态环境、生活环境和社会环境的破坏，打乱社会秩序的正常运行节奏，引发公众心理的不安、烦躁和恐慌情绪。有些破坏是暂时性的，随着突发事件处置的结束逐步消除；而有些破坏产生的影响则是长期的，少则几年，多则几十年，甚至达到百年、数百年。如果对突发事件的处置不当或不及时，可能还会带来经济危机、社会危机和政治危机，造成难以预计的不良后果。

（4）衍生性。衍生性是指由原生突发事件的产生而导致其他类型突发事件的发生。有两种情况：一种情况是衍生突发事件的危害程度、影响范围低于原生突发事件，社会的主要力量和精力集中于原生突发事件的处置，应急活动的主要对象不会发生改变；另一种情况是衍生突发事件的危害程度、影响范围高于原生突发事件，从本质上讲，问题的主要矛盾已发生了转移，应急活动的主要对象已产生了变化，需要重新调整社会力量和精力，解决面临的主要问题。对于第二种情况只有少数情况是难以避免的，多数情况是由于处置时对问题考虑不周和控制失误所导致。

（5）扩散性。随着社会的进步和现代交通与通信技术的发展，地区、地域和全球一体化的进程在不断加快，相互之间的依赖性更为突出，使得突发事件造成的影响不再仅仅局限于发生地，会通过内在联系引发跨地区的扩散和传播，波及其他地域，形成更为广泛的影响。而且有些突发事件本身带有一定的国际性色彩，其产生的背后具有某些国际势力的支持，自然会出现联动效应，比如恐怖事件、社会骚乱，这些都会给突发事件的应对带来更大的难度。

（6）社会性。社会性是指突发事件会对社会系统的基本价值观和行为准则构架产生影响，其影响涉及的主体是公众。在突发事件的应对过程中，整个社会会重新审视以往的群体价值观念，通过认识和思考，重新调整社会系统的行为准则和生活方式，重新塑造自身的基本价值观。

（7）周期性。突发事件类型多种多样，但都具有基本相同的生存过程，都要经历潜伏期、爆发期、影响期和结束期 4 个阶段，这也就是突发事件的生命周期。潜伏期一般具有较长的时期，在此期间突发事件处于质变前的一个量的积累过程，待量积累至一定的程度后，便处于一触即发的状态，一旦“导火索”被引燃，就会立即爆发出来，给社会带来危害；爆发期是突发事件发生质变后的一个能量宣泄过程，此阶段一般持续时间比较短而猛烈。受导火索的触发，潜伏期逐步积累起来的能量通过一定的形式快速释放，产生巨大的破坏力，给整个社会带来不同程度的危害；影响期是在突发事件爆发之后，由此造成的灾难还在持续产生作用，破坏力还在延续的阶段。许多情况下，影响期与爆发期之间没有明显的界线划分，两者是交叉重叠的；突发事件的危害和影响得到控制之后进入结束期。这一时期按照不同的标准会有不同的结论。从管理的角度出发，可以以社会恢复正常运行状态为结束标志；从过程的角度出发，可以以危害和影响完全消除作为结束标志。

二、突发事件处置原则

（一）国家处置原则

（1）果断及时原则。一旦发生事件，主要领导要立即赶赴现场，快速掌握情况，及时制定措施，果断应对处置。要区分不同情况，抓住主要矛盾，因情施策，因人制宜，及时疏导化解矛盾，及时平息事态。

（2）疏导教育原则。对发生的突发事件要本着“宜顺不宜激、宜疏不宜堵、宜解不宜结、宜散不宜聚”的指导思想，综合运用法律、政策、经济、行政等手段和教育、协商、调解等方法加以处置，做到动之以情、晓之以理、明之以法。对涉事对象乃至广大群众应懂得即使合理合法，表达方式不合法、不合程序也属违法行为，也必须承担相应的法律责任。

（3）责任管辖原则。应对处置突发事件必须坚持属地管理、分级负责原则

（4）依法办事原则。处置突发事件必须依法办事，按政策办事。

（5）预防为主原则。每一起突发事件的发生都有其自身的演变过程，如

果在其演变过程中加以化解矛盾才是最好的效果。必须坚持预防为主原则，在源头上下大力气。

（二）公司总部应急指挥原则

（1）以人为本，减少危害。履行公司总部主体责任，保障员工生命财产安全，努力减少社会安全事件造成的人员伤亡和危害。

（2）居安思危，预防为主。对社会安全风险进行评估和控制，坚持预防与应急相结合，做好应对社会安全事件的准备工作。

（3）统一领导，分级负责。在公司总部应急领导小组统一指导下，完善分类管理、分级负责、条块结合、属地为主的应急管理体制，落实行政领导责任制，履行管理、监督、协调、服务职能，发挥专业应急机构的作用。

（4）依法规范，加强管理。依据有关法规和制度，使应急工作程序化、制度化、规范化。

（5）协调有序、运转高效。建立公司总部、涉外企业、国家/项目公司、所在地政府和国际组织的应急联动机制，实现应急资源共享，有效处置社会安全事件。

（6）依靠科技、提高素质。加强应急技术和管理研究，采用先进的应急技术及设施，避免次生、衍生事件发生。加强对员工、相关方、当地社区人员应急知识宣传和员工技能培训教育，提高自救、互救和应对社会安全事件的能力。

（7）归口管理，信息及时。及时坦诚面向公众、媒体和各利益相关方，提供社会安全事件信息，统一归口发布，依靠社会各方资源共同应对。

（三）突发事件处置的基本程序

由于突发事件所处的具体环境和条件不同，每一事件的特殊矛盾、规模、程度、性质和后果不同，卷入事件的群众情况不同，因而处置的办法和程序也就各异。但是，无论其状况如何，一般来说，都要经过以下6个程序，每个程序又各有一些需要注意的事项和处置策略。

1. 控制事态

突发事件发生后，领导者迅速控制事态是处置事件的第一步。事件的突发性，要求处置工作必须突出一个“快”字。快速出动是把突发事件控制在最小范围、消灭在萌芽状态的重要保证。要快速发现、快速报告，快速出动、快速到位，快速展开、快速介入，以便抓住先机，争取主动。要尽快控制事态发展，领导者可以根据具体情况成立临时专门机构。比如在处置突发事件的过程中，可以把本单位的各部门分成突发事件决策部门和处置部门两部分，决策部门及其人员主要是对事件发展情况进行预测，制定处置事件的策略和步骤，对全面工作进行指导；处置部门及其人员负责掌握动向，反馈信息，贯彻决策部门的意图，对事件进行具体处置。把决策层和执行层分开，有利于各司其职，各负其责。

2. 调查研究

当突发事件得到初步控制以后，领导者应马上进入第二阶段，即组织力量开展调查研究。对突发事件的调查，在内容上强调针对性和相关性，查明事件发生的时间、地点、背景、人员伤亡、财产损失、事态发展、控制措施、相关部门和人员的态度以及公众在事件中的反应；在方法上强调灵活性和快速性。调研过程中应广泛收集和听取事件参与者、目睹者的意见、反映和要求，从中分析事件的性质和因由；要与事件的参与者正面接触，尽量抓住事件的薄弱环节和暴露之处进行调查，以利于发现问题。一般地说，目睹者观察和提供的情况，是较为客观和准确的，因为他们与事件没有直接的利害关系，能够客观公正地分析和反映情况，为领导者制定对策提供可靠依据。根据调查来的情况，找出突发事件发生的因果联系，把握主要问题，就可以为确定事件的性质打下基础。

3. 制定对策

在通过调查研究，对事件的来龙去脉和性质予以确定之后，应迅速会同有关职能部门，进行分析讨论，制定相应的对策。制定对策须注意三个方面的问题：一是对策必须具有可行性，能在现有条件下付诸实施；二是对策应充分考虑到可能出现的各种情况和问题，做多种准备，不能简单从事；三是重视专家的意见，因为突发事件的出现，有时是在领导者不太熟悉的领域，而专家对自身涉及领域的问题有专门的知识和经验，专家的意见可以弥补领导者知识和经验的不足，特别是在事态基本得到控制的情况下，制定对策更应该重视专家的意见。总之，突发事件的处置，对领导者素质和能力的要求特别高，不允许决策出现失误和漏洞，也不允许在执行过程中软弱无力。领导者在抓主要矛盾的同时，应注意总体配合，综合治理，以便尽快解决问题。

4. 贯彻实施

经过前三个阶段的准备工作，在贯彻实施阶段，领导者应动员社会力量有序参与。面对灾害类以及恐怖动乱类突发事件，在一个开放、分权和多中心治理的社会，没有社会力量的参与是不可想象的。社会力量的参与，可以缓解突发事件在公众中产生的副作用，使公众了解真相，打消恐惧，起到稳定社会、恢复秩序的作用。突发事件造成的最大危害在于社会正常秩序遭到破坏并由此带来社会公众心理上的脆弱，所以保持稳定的社会秩序和原有的社会运行轨迹、提高公众心理承受能力是首要的选择。要尽可能保证社会公共生活的正常运转，尽可能避免突发事件进一步造成更大的公众心理伤害。对于社会性突发事件，领导者要公开表明立场，恳切地道出自己的希望和担心，这样可以增加社会公众的信任感，使感情距离拉近。诚实的态度容易赢得社会公众的尊重，减轻他们的恐慌心理，有助于尽快解决问题，恢复正常的工作和生活秩序。

5. 评估总结

突发事件解决后，领导者要对整个事件的过程进行评估。一是注意从社会效应、经济效应、心理效应和形象效应诸方面，评估有关措施的合理性和有效性，并实事求是地撰写出详尽的突发事件处置报告，为以后处置类似的事件提供参照。二是认真分析突发事件发生的原因，反思工作中的不足。

6. 重塑形象

即使领导者采取积极有效的措施处置了突发事件，企业的形象也仍然有可能受到一定的负面影响。因此，在突发事件过后，领导者要采取一定措施，进一步完善管理体制，调整组织机构使之更精干、更有工作效率。与此同时，还要以诚实和坦率的态度安排各种交流活动，加强与社会公众的沟通和联系，及时告知他们突发事件后的新局面、新进展，消除突发事件带来的负面影响，恢复或重新建立企业的良好声誉和美好声望，再度赢得社会的理解、支持与合作。

（四）突发事件报告的基本内容

突发事件报告内容主要包括接到事件报告的时间、现场处置状况、采取处理事件的主要措施及采取措施后的效果等。

1. 报送范围

凡在海外项目范围内发生的重大紧急的突发性事件、重要社会动态、重大灾情、疫情及其他关系海外员工生命财产安全、影响本项目安全的重要紧急情况，均属于重大紧急信息。

2. 信息报告的责任主体

在海外重大紧急突发事件信息报告工作中，各事发单位、各参与应急处

置单位的主要责任人及事件当事人均为信息报告的责任主体，分别对各自职责范围内的重大紧急突发事件信息报告工作负责。

3. 时间要求

海外项目部在重大紧急突发事件发生后半小时内向公司总部应急指挥中心口头报告事件基本信息，1 小时内书面报告基本情况及先期现场处置情况，并跟踪续报事态发展、善后处理、社会舆情、原因分析、经验总结、对策建议等详细情况。

4. 报送程序

各单位要简化重大紧急信息报送程序，减少审签环节，提高工作效率。重大紧急信息由本单位明确的负责人签发后立即报公司总部应急指挥中心及分管领导。任何单位不得越级报送。

5. 报告内容

信息报告分为初次报告、阶段报告和总结报告 3 阶段。

1）初次报告

要求“接报即报”，即信息报告责任主体，在获得重大紧急突发事件信息后，除力所能及进行先期处置外，需立即电话报告公司总部应急指挥中心，并负责对事件进行记录，应急指挥中心在核实情况后，上报分管海外安全工作的领导。初次报告内容包括：（1）重大紧急突发事件发生的时间、地点、类别和简要情况；（2）信息来源和接报时间；（3）先期处置情况；（4）报告人姓名及联系电话。

2）阶段报告

阶段报告要求“及时续报”，即随着重大紧急突发事件应急处置工作的开展，由牵头处置领导负责及时将重大紧急突发事件的最新情况、应急处置的阶段性进展、事件发展趋势、即将开展的工作等信息报应急指挥中心，应急指挥中心负责及时向上级领导续报事件进展。阶段报告原则上要随时续报事件进展情况；当天不能处置完毕的实行日报制度。

3）总结报告

在重大紧急突发事件处置结束后 30 日内，牵头处置领导要将事件发生及处置情况进行总结。总结报告的主要内容包括：

（1）重大紧急突发事件情况。包括突发事件发生的时间、地点、原因、性质、涉及的人员、财产和事件分类、分级等情况。

（2）重大紧急突发事件的报告情况。包括接报时间、初报时间及阶段报告等情况。

（3）重大紧急突发事件的处置情况。包括应急预案启动的时间、数量、名称等情况；开展应急处置的领导、部门、人员和设备的到场情况；领导的指示、采取的主要措施；人员伤亡和财产损失情况；事态影响的范围、控制和发展情况。

（4）善后处理情况。死者抚恤、伤者救治、受灾人员安置等情况，受损财物的赔偿补偿、恢复重建等情况，相关责任单位、责任人的处理和采取的相应措施等情况。

（五）突发事件处置培训与演练

各海外涉外公司及所属各单位应结合现场实际情况制订突发事件应急培训和演练计划，应根据应急计划的规定，按要求对海外员工进行相应的应急培训并进行考核，使员工具备应对突发事件的能力，并定期（每月、每季、每年）或不定期组织、开展专项或综合应急演练，演练结束后，进行评估和总结，以改进应急预案。培训内容有社会安全类、公共卫生类、安全生产类、自然灾害类 4 类。

1. 社会安全类

培训内容包括：所在国家地区社会风险常识，当地宗教及文化习俗、人身安全防卫、预防绑架和劫持、枪击和爆炸应对方法、军警检查、地雷及未爆炸物的预防、国际通用手语、防恐怖袭击、紧急撤离等。

2. 公共卫生类

培训内容包括：食物中毒预防与应对、传染病预防与应对、动物伤害预防与应对、高温（中暑）预防与应对、急救知识与技术等。

3. 安全生产类

培训内容包括：火灾与爆炸的扑救、触电预防、交通事故预防（车、船、飞机）、中毒预防（生化袭击）、职业危害防治等。

4. 自然灾害类

培训内容包括：洪水/台风/冰雪灾害/沙尘暴/泥石流/海啸/地震等应对。

此外，各海外涉外公司、海外地区公司和项目部还应按照假设的情景，每年至少组织 1~2 次现场实际演练，将演练方案及经过记录在案。演练内容主要有：

（1）消防应急演练。

（2）防恐怖袭击演练。

（3）应对枪击爆炸演练。

（4）遭遇劫持绑架演练。

（5）紧急情况下撤离演练。

同时做好突发事件应急演练预案修订与完善工作，把新技术和新方法运用到突发事件处置中，确保演练真实有效。

第三节　危机管理中的资源保障

在海外危机应急管理中，资源保障原则既是目标的具体实现，又是决策的依据与准则，而且还是过程的评价标准。因此，资源保障原则是海外危机应急管理的执行标准，具有非常重要的地位。

一、应急资源保障的原则

资源保障是各项工作开展的基础和执行时能否顺利进行的保证，危机管理中的资源保障应建立在平时工作的基础上，切忌“临时抱佛脚”，要打有准备和把握之仗，才能达到“未雨绸缪、有备无患”的目的。

为此，有效的资源保障必须以资源的客观现实情况为基础，海外应急管理中的资源保障需要坚持科学发展的原则，主要有：

（1）以人为本原则。以人为本指明了海外应急管理“为了谁”和“依靠谁”。在海外应急管理中，以人为本就是把保障员工生命安全作为首要任务，增强员工的危机意识和自救互救能力；坚持以人为本，就是尽量预防和控制海外危机事件发生，当危机发生后用最有效的措施保护人，尽最大努力挽救生命和保证安全，这是海外应急管理的最高准则，也是海外应急管理整个过程和一切活动的根本出发点。

同时，海外应急管理中坚持以人为本，必须充分依靠员工，调动一切可以调动的力量，并充分发挥其主观能动性，团结一致，共同参与到海外应急管理中来，这是海外应急管理的必然要求，也是海外应急管理的最终落脚点。

（2）效率性原则。海外的属性决定了效率是海外应急管理的生命。

效率性原则具有两方面的含义：一方面，时间上的效率性至关重要，海外一旦发生危机事件，必须迅速反应，全面调动资源开展危机救治，及时采取果断措施，快速、有效地遏制危机的发展和升级，缓解各类资源的供需矛盾，恢复正常的工作生活秩序，重建平衡体系。一旦错过最佳时机，将会付出更大代价，甚至造成无法挽回的损失。

另一方面，资源保障与使用效率不可或缺。从资源角度看，海外应急管理是一个资源储备与消耗补充的全过程。在该过程中所消耗与占用资源带来的各种成本的总和就是应急管理的成本。因此，只有在资源保障过程中有效、合理、充分地使用资源，不断降低耗费与占用资源所带来的无效成本、沉没成本、机会成本等各项成本，才能满足效率性原则。

海外危机事件涉及较大范围，必须集中力量，依据效率性原则快速高效配置资源，以期实现核心资源的科学布局与优化配置，实现资源的快速有效调度。

（3）可持续原则。海外危机事件既是风险，又是机遇。海外危机事件对原有平衡体系的危害与破坏也孕育着改革与发展的良机，是工作进步与自我完善的契机。

进行海外应急管理，要兼顾长远，不能以牺牲长远利益作为代价。海外应急管理中的资源占用与消耗必须与海外产生的经济效益相适应。必须把危机管理同经济效益结合起来，与以人为本的发展结合起来，把海外应急管理策略有机地整合到公司方方面面的可持续发展战略之中。

总之，要用发展的眼光看待和对待海外危机事件，在海外应急管理的资源保障时，从长远着眼，从现实着手，走可持续发展之路。

（4）公平性原则。海外应急管理不仅要注重效率，更要重视公平。这是海外应急管理的内在本质要求，尤其在海外应急救援资源保障时更要如此。

公平不是平均，公平要有主次。在海外应急管理中的资源优化配置中，要把握整体的平衡，抓主要矛盾，调动一切资源，尽最大努力满足最普遍、最基本、最强烈的资源需求，以主要矛盾的解决来全面缓解次要矛盾，避免各类资源需求矛盾之间的相互冲突。

公平也要有先后。要把握主要矛盾和次要矛盾的关系，重视不同环境下不同群体对不同资源的特性需求，以及相互之间的关联，有选择、有重点、有次序地逐步化解各类次要矛盾，消除局部失衡现象。

公平性原则力求使有限的资源所发挥的效用能够惠及最广的方面，以实现海外应急管理的资源保障目标。正是从这个意义上来说，公平性原则与效率性原则是必然联系的。只有两者结合起来，才能实现资源的优化配置。

（5）管控结合原则。海外应急管理中的资源保障，要坚持统一指挥，注重关键资源的控制，全面提高资源保障效率。为确保对海外危机事件的控制，决策层必须集中时间精力和有限资源，抓主要矛盾，确保对主流信息、安全人才、安全设施、基础设施、应急救援物资等核心资源的控制，加大资源集聚优势和辐射力度，实现其科学优化配置与快速有效调度，保障总体局面的稳定与控制，从而为海外应急管理的其他工作环节提供坚实可靠基础与强有力支撑。

海外应急管理中的决策是有限理性的非程序化决策，是对海外这种非常态的一种特殊应对措施，这样的决策越是事无巨细，失误与缺陷就越多。因此，必须重视和利用各种制度和机制等“看不见的手”对相关资源进行管理，提高资源保障的灵活性与效率性。同时，还要围绕危机事态的发展变化，将以控制为主和以管理为主的两种资源保障方式统筹结合起来。这是海外应急管理的必然要求。

（6）协调性原则。协调在海外应急管理资源保障与优化中具有十分重要的作用。海外应急管理中的资源保障过程本身就是一个依照资源属性，对各类资源及其供给和实际需求进行协调的过程。海外应急管理中，各类资源的所有者性质不同，职责不同，价值与利益取向也会有所差异，而且在应对海外的介入方式也不尽相同。有效的协调必须把个体的、局部的力量聚合成整体的力量，发挥资源整体的最大效用。因此，海外应急管理资源保障必须坚持协调性原则，整合各种资源，并对各级各类资源进行统一指挥、有效协调，发挥整体功效，化无序为有序，最大限度地减少内耗，提高资源保障效率和运行效率。

（7）开放性原则。海外应急管理能力不仅取决于现有资源的种类和数量，也取决于对所需资源的协调获取能力。在海外应急管理中，一方面在努力提高资源保障效率的同时，还要发动员工积极参与，进一步提高资源保障效率，提高资源的吸纳能力。另一方面，要寻求外部资源协助，如信息交换与共享、人员借调、物资和资金的支援等，同时必须密切关注其他范围的海外危机事件，及时提供支援与帮助，做到齐心协力，紧密合作，共同应对海外危机事件，以期达到预防与控制的结合，最大限度地减少损失。

海外应急管理中的资源保障，要将内部资源外移，以便在不同区域和范围内得到整合与共享；还要将外部资源内移，增强所需的关键资源的可得性。要重视和发掘潜在资源，提高资源的吸纳能力。此外还要建立战略资源储备机制，建立资源目录，提高关键时期资源的有效调动能力。

（8）具体性原则。具体性原则是指在海外资源保障过程中，要具体问题具体分析。必须结合海外危机事件的类型、级别、程度等，围绕海外应急管理的目标，将各类资源有机结合起来，灵活运用，并结合海外的具体发展变化情况，突出重点，将海外应急管理资源保障的各项原则全面贯彻落实到海外应急管理的全过程中。

依照公司总部社会安全管理体系程序文件规定，所属涉外专业公司、涉外企业、各海外地区公司应成立本单位涉外应急领导小组，用以解决、应对可能发生的各种危机事件。本着以人为本、减少危害的原则，各国家、地区或项目公司，基层单位须根据各自的风险情况储备应急物资，并建立应急物资信息库，尽可能地做好应急资源保障工作。各国家、地区或项目公司，基层单位应将各自的应急物资信息报本单位国内本部，国内本部进行汇报，报涉外应急工作小组备案，应急物资信息库每年更新一次。

二、应急资源保障的基本要素

（一）应急资源保障的重要性

应急资源保障就是保障应急管理体系正常运行所需要的各类资源总称，既包括人力资源、资金资源和物质资源，也包括信息保障和技术保障，同样对应急资源保障的有效管理也属于应急资源的范畴。简单来说，应急资源包括人、财、物、信息、技术和管理，是一个系统的概念。

海外危机事件应对的本质就是对应急资源保障的充分占有、合理配置和快速展开，应急资源的需要结构、数量、资源配置与更新等是否科学，直接影响应急管理的成败，所以应急资源保障对整个应急管理具有极其重要的意义。

（二）海外社会安全突发事件应急保障的内容

社会安全突发事件是指在社会冲突中不可调和的情况下，由于矛盾激化所导致发生的突发事件，包括不可预测的因素。包括重大刑事案件、恐怖袭击事件、涉外突发事件、经济安全事件、群体性事件、民族宗教事件及其他影响严重的突发性社会安全事件等。

海外社会安全突发事件的突发性、破坏性和难预测性等特征，决定了在应对过程中所需要各类应急资源保障主体必须针对性地进行预先储备，以便

于突发事件发生后能及时快速部署和保障有力。

社会安全突发事件应急资源保障应当包括应急资源的需求分析、预先准备、优化配置和后续管理四个关键环节，如图 6-3 所示。

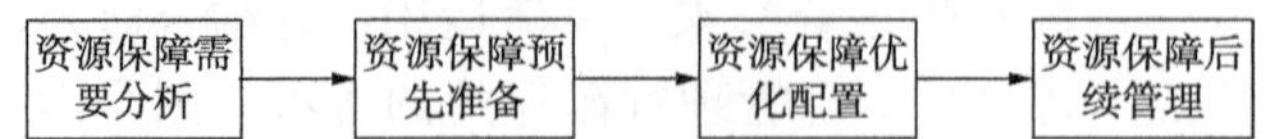

图 6-3　社会安全突发事件应急资源保障四个关键环节

1. 资源保障需要分析

海外应急资源保障需求分析，既要考虑静态风险状态下需要配备的各种应急资源保障，也要考虑社会安全突发事件发生时所需应急调配的资源和其他额外应急资源，见表 6-1。

表 6-1　在某国家各油区项目社会安全风险及应急资源保障需求表

场所	区域		
	南部地区	中部地区	北部地区
现场营地	战争次生灾害、恐怖袭击、武装抢劫、社区滋扰、抢劫偷盗等	武装占领、经济封锁、社区民兵军警滋扰、政府强行征车等	恐怖袭击、抢劫偷盗、社区滋扰等
路途动迁野外流动或半固定作业现场	绑架挟持、恐怖袭击、武装抢劫、阻挠施工、阻拦道路、社区滋扰、盗窃等	偏远油井社区滋扰、社区军警滋扰、盗窃、阻挠施工、阻拦道路等	恐怖袭击、绑架挟持、武装抢劫、社区滋扰、阻挠施工、阻拦道路、部落冲突、盗窃破坏等
场站固定作业现场	战争次生灾害、恐怖袭击次生灾害、偷盗等	场站内社会区滋扰、偷盗等	恐怖袭击次生灾害、偷盗等
应急资源保障需求重点	以人员撤离为主“三防”建设、人力和信息资源为重点	以营地坚守为主，辅以陆路撤离，人力和生产生活物资储备为重点	以人员撤离与营地坚守相结合，“三防”建设和人力资源为重点

2. 资源保障预先准备

资源保障预先准备主要是要建立有效的应急资源保障网络。海外石油项目应成立项目总部、区域项目部和单体项目部三级应急网络，总部设立应急指挥中心和应急办公室，指挥中心下辖对外联络组、应急反应组、法律事务组、医疗救护组、物质保障组、后勤保障组及善后处置组等专业保障小组。区域项目部和单体项目部下设自身保障组，加强各小组应急队伍建设，明确各级应急领导小组和各保障组的工作职责。

建立有效的应急指挥网络可随时把握各项应急资源的运行情况与实时动态，并根据实际情况快速有效地进行调配，以应对各种海外社会安全突发事件。

3. 资源保障优化配置

海外石油项目静态应急资源保障配置主要考虑两项因素：一是根据石油工程项目作业区域发生过的社会安全突发事件进行统计、分析，根据分析结果配置相应资源；二是分析在将来某一时期发生某类社会安全突发事件的概率，通过需求预测配备特定种类和数量的资源。

根据各区域项目部单体项目的总体进度计划安排，预测单体项目人力资源、设备设施资源在某一时期的需求量。根据单体项目工程特点，有侧重点优化配置各类应急资源的数量和类别。

4. 资源保障后续管理

在政治敏感期，某一单体石油项目在突发社会安全事件发生时，静态应急资源保障上升到动态保障，现场应急需求由预测变成了现实，并随着突发事件的不断变化对应急资源的配置形成动态需求。实践中项目总部，区域项目和单体项目部始终处于应急待命状态，依据突发事件的动态发展情况，保证应急资源的动态调运和配置。

对应急资源实施动态监控，各区域项目部和单体项目部社会安全周报中，使用统一模式上报各种应急资源的配置动态分布表，对各种应急资源的分布区域、配置数量、状态和可用性等实施动态管理。

随着海外社会安全形势的不确定性，区域项目部和单体项目部适时决策将应急资源发到每名员工（如个人急救包、专业应急包等）；随着时间的推移，对有效期要求较为严格的应急资源（如瓶装应急水、应急食品等）提前发放并及时补充和更新；随着项目的进展，现场人员将不断变动，应急小组和应急资源随之及时更新。

坚持应急资源预先调运和预先补充，尽量将可能发生的武装冲突、边境封锁、道路中断等突发事件造成的影响降为最低，并注重应急资源调运过程中的动态跟踪，做好应急资源保障调运或补充过程中的应急管理。

（三）应急物资的储备

所属各海外分公司（项目部）或基层单位须依据可能遭遇的风险储备应

急物资，并建立应急物资信息库。储备的应急物资包括但不限于以下几种物资：

（1）伤员现场急救所需的药品及器械。例如，适用于抢救因中毒窒息、胸外伤、溺水、触电等原因造成的呼吸抑制或窒息以及处于假死状态的伤员的自动复苏器；所在地区可能发生的传染病、流行病的预防及治疗药品；医院联系信息以及救护人员的装备（头盔、防护服、防护靴、防护手套、安全带、呼吸保护器具等）。

（2）供本单位人员 2 周使用的食品、饮用水及生活必需品。

（3）人员撤离、转移、疏散的路径、地图、交通工具等。

（4）在环境恶劣地区、政治敏感地区或独立在海外工作的队伍，需配备的通信工具不少于 2 种（2 套），即固定电话 1 部，若干对讲机和移动电话。原则上每个管理人员一人 1 部移动电话，以确保通信畅通。

（5）消防设备以及消防救护器材（救生网、救生梯、救生袋、救生垫、救生滑竿、缓降器等）。其中，消防设备包括：灭火剂（水、泡沫、二氧化碳、卤代烷、干粉、惰性气体等），灭火器（干粉、泡沫、气体灭火器等）以及简易灭火工具（扫帚、铁锹、水桶、脸盆、沙箱、石棉被、湿布、干粉袋等）。

此外，海外分公司（项目部）或基层单位应将各自的应急物资信息上报所属国内单位总部汇总，然后上报公司总部海外防恐事件应急管理办公室备案。应急物资信息库每年需更新 1 次。

所属各单位应急机构及各海外分公司（项目部）、基层单位应急值班电话应保持每天 24 小时畅通，确保应急信息和指令得到及时报告和传达。公司总部海外防恐应急处置小组将不定期对应急通信情况进行抽查。

三、资源保障主要内容

（一）人力资源保障

在海外发生社会安全突发事件时，保证及时开展应急救援，最大限度降低人员及财产损失，应成立海外社会安全突发事件应急领导小组，按照项目总部、区域项目部、单体项目三级应急网络的分工，处置和应对各类海外社会安全突发事件（表 6-2）。

表 6–2　应急人力资源保障

类别		分工	备注
人力资源保障	三级应急网络	总部	指挥中心
		区域项目部	应急办公室
		单体项目	应急值班室
	专业保障小组	信息联络组	
		应急反应组	
		法律事务组	
		医疗救护组	
		物质装备保障组	
		后勤保障组	
		善后处置组	

海外应急领导小组织主要职责：

（1）指导、协调各专业保障小组的应急处置工作，确保本单位如发生海外社会安全突发事件的应急处理工作有序进行；组织日常的应急演练、宣传培训等工作，提高应急快速反应能力，保证应急组织高效运转；组织不定期的安全检查和隐患排查工作。

（2）组织对社会安全突发事件的调查和处置工作，为事故或事件调查提供专家服务和技术支持。

（3）接到事故或事件报告后，立即决策并启动应急预案，指挥并安排组织救护，防止事态扩大，尽量减少人员伤亡和财产损失。

（4）制定专业保障小组的任务职责。

（二）交通保障

交通保障主要是指汽车、船舶和飞机等交通工具，用于在危机预防、应对和善后过程中人员、物资转移。做好交通保障的内容和标准主要是保证车辆、船舶和飞机状况良好，许可齐全，驾驶员可靠，并配备足够的油料，且数量完全满足现有人员一次性（转移）撤离需要。

1. 汽车

通常情况下，交通保障可能涉及多种交通工具，首先是汽车陆路转移：

（1）车辆应配备有应急撤离所需要的电瓶，柴/汽油，机油，充气工具，拖车工具等。

(2) 所有撤离车辆都要配备手电筒、大绳、铁锹、反光牌、修车工具、两个以上备胎。

(3) 条件允许还应储备适量的水和食物（通信工具等）。

(4) 定期对车辆进行安全检查和维护保养。

(5) 在海外驻地，应每日根据人员变化对“人员撤离或转移乘车安排表”进行更新。

(6) 固定雇员司机，同时在安排表上应对中方人员进行合理搭配，指定每辆车的备用中方司机及带车人，中方备用司机定期由 HSSE 部门进行试驾、考核。

(7) 车辆调度应掌握每辆车的备用钥匙，根据预案将车队进行编号排序，定期对司机进行培训，比如车队行进中的速度、队形及停止前进时的队形等。

(8) 视情况考虑所有车辆携带或张贴无武装标识（或国旗等标识）。

(9) 对于所有的撤离或转移路线，都应提前掌握路况信息，配备地图或导航仪。

2. 船舶

如我方单位拥有船舶，可参照汽车转移所采取的措施进行准备。如果需要租赁船舶的话，尽量根据驻地风险级别进行提前筹划，与船舶公司建立长期联系，签订协议或者租赁合同，确保在危机发生后能够及时安排船只进行人员转移或撤离。

3. 飞机

如需飞机资源，同样参照租赁船舶的方法，与航空公司建立长期联系，签订协议或合同。为了更加及时稳妥，尽量与多家航空公司保持联系，同时有重点地进行沟通，比如有过合作关系、信誉度好、实力雄厚的优先等。

【案例】 2016 年 7 月 8 日，南苏丹首都朱巴爆发战乱，首都朱巴及法鲁杰油田现场有大量中方人员滞留，公司总部协调组在大使馆的领导下，迅速启动应急预案。协调组及各乙方单位与多家航空公司沟通、联系，在飞机资源非常紧张的情况下，由于建立有长期合作关系，迅速与多家航空公司达成了协议，租赁了十几架次的包机，将公司总部员工和其他中资单位人员安全撤离至苏丹喀土穆、肯尼亚内罗毕、乌干达坎帕拉等地，而后顺利撤回国内。

2015 年 5 月 20 日，南苏丹法鲁杰油田现场爆发武装冲突，我公司总部协调小组紧急启动应急预案，在两天里，租用包机 8 架次，安全撤离 404 名员工。

（三）资金保障

公司总部设立有国际业务社会安全事件应急储备金，为应急提供资金保障。涉外专业公司、涉外企业、海外项目公司应设立应急储备金，保证本单位应急需求。

应急备用金是整个资源保障的重点，其数量应根据所在国家和地区的经济物价水平、风险等级和我方单位人员数量而定。单位应急储备金一般应能够维持我方人员一周左右，普通标准的食、宿，或一次性转移费用，如飞机租赁；如果需要留守，还应相应增加，确保留守人员 30 天日常开销。备用金应以美元和当地货币两种构成，以美元为主，准备现金。

个人也需随身携带备用金，公司总部应规定，驻外单位应为员工发放应急备用金，金额应参考各单位和项目、公司所在国家和地区风险等级和物价水平，美元和当地货币相结合，以美元为主，并要零整结合，分开存放（通常情况下，员工应配备不少于 200 美元的现金及按当时汇率不少于 50 美元的当地货币）。

应急备用金应有专人负责，专柜存放，专款专用，当发生危机事件，启动应急预案后方可使用（表 6–3）。

表 6–3　应急资金保障

类别		内容	备注
应急资金保障	专项应急资金投入	营地安全隐患治理	
		租赁交通工具	
		采购应急通信设备	
		储备应急食品	
		准备个人应急包	
	个人备用金	个人备用金储备	
		本部员工发放	
		备用金	

（四）医疗救护保障

医疗保障是在危机发生、人员受伤后所需要进行的必要措施，也是我驻外单位保障体系中比较薄弱的环节。由于我公司总部员工海外驻地大多是经济欠发达地区，医疗条件和水平有限，因此具备一定的医疗保障条件是对我公司总部驻外企业的一个基本要求。

驻地在城市，具备条件的，应与附近医院建立联系，形成良好机制，以保障我方人员身体健康。驻地远离城市或医院的，也可在驻地派驻专职医生，建立医务室，配备必要的药品，有条件的单位还应配备移动急救箱，做好保障。

根据驻地实际情况，设立医疗室，配备医疗器械和药品。医疗器械：诊察床、诊察桌、药柜、简易担架、除颤仪、输液架、止血带、广口瓶、氧气、听诊器、血压计、出诊箱、体温计、纱布罐、镊子、夹子、止血钳、剪子、污物桶、口罩、一次性手套、紫外线灯、脱脂棉、纱布绷带、夹板、消毒棉签、注射器等。

常用药品包括跌打膏药、云南白药、创可贴、扶他林、红花油、京万红、酒精、碘酊、双氧水、清凉油、风油精等外用药；还有消炎药、感冒药、退烧药、清火药、消化不良药、心脑血管药、降糖药、降压药、止咳平喘药、止泻药、抗过敏药、解热止痛药、防暑药和蛇药等。

医疗器械、药品应建立台账，专人负责，并定期更新药品。同时，所有员工应接受相关的自救互救培训，了解医疗常识，定期体检，接种相关疫苗。HSSE 部门对每个人的身体健康情况应建立电子档案，重点人员应保存其医生处方，以备查看。并且为每个人配备医疗救护包，确保员工在极特殊情况下能够自我救护。个人救护包内的应急药品应以外伤和抗生素类的为主，并根据员工自身情况，有针对性的携带相关药品（例如创可贴、感冒药、退烧药、肠胃止泻药、抗生素、防蚊虫叮咬药及硝酸甘油等）。

还可为员工注册国际 SOS 会员，充分利用外部医疗救援力量，确保员工在遭遇突发事件后能够及时获得救援。

（五）安保力量保障

根据所在地的社会治安情况、风险等级和物防、技防水平来配备必要的安保力量，尽量依靠当地政府，与其建立良好关系，建立“大安保区域”，同时提倡中方安保和当地安保相结合的方式，确保我方人员、财产安全。

安保力量涉及人防、物防、技防等，在做好物防、技防的基础上，安保人员应控制整个工作、生活场所的所有出入口、周界拐角、重点部位等区域，还应部署巡逻岗增加安保警戒（图 6-4）。为确保安保力量指挥顺畅，应安排安保队伍专门负责人（通常由中方人员担任）、队长、副队长，甚至小组长及联络员等。不同风险等级下保安力量配置基本原则见表 6-4。所需安保人数的确定应参考以下因素见表 6-5。

（1）依据工作、生活场所的周界长度和进出口数量确定固定岗位保安人数。

（2）保护工作、生活场所所需巡逻人数。

（3）执行护送和特殊任务人数。

（4）每日轮班模式，以及备勤人员。

（5）应急快速反应力量人数（至少3人）。

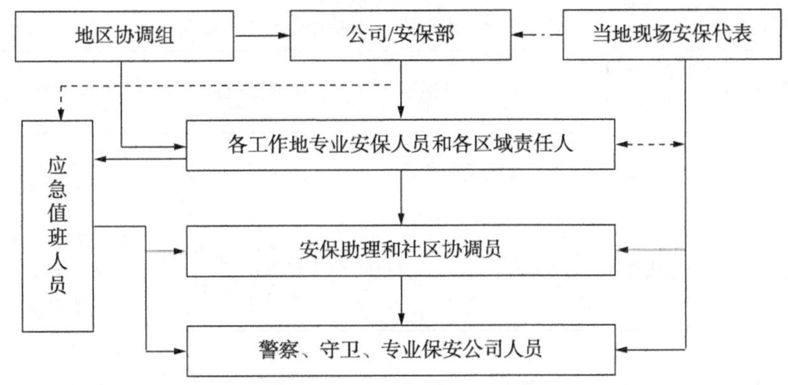

图6-4　安保力量分布

表6-4　不同风险等级下保安力量配置基本原则

岗位类别	蓝色级别	黄色级别	橙色级别	红色级别
固定岗保安	主出入口	主出入口和每个限制进入区域	在黄色级别措施基础上每个岗位增加1名保安	在橙色级别措施基础上增加军队或警察保护
巡逻岗保安	在营地内部和沿周界随机进行巡视	在营地内部和沿周界随机进行巡视，但频率增加	在黄色级别措施的基础上增加巡逻保安人数和频次	在橙色级别措施基础上增加巡逻保安人数和频次
武装警察	不需要	2人快速反应部队	4人快速反应部队	在橙色级别措施基础上增加军队或警察保护
外出武装护卫	不需要	不需要	车队前后各有一辆护卫车	在橙色级别措施基础上增加军队或者警察保护

表 6–5　不同风险级别下保安数量

保安岗位需求	蓝色级别	黄色级别	橙色级别	红色级别
主入口车辆和行人的控制	一名保安员负责车辆控制，一名保安员负责行人控制	一名保安员负责车辆控制，一名保安员负责行人控制	两名保安员负责车辆控制，两名保安员负责行人控制	两名保安员负责车辆控制，两名保安员负责行人控制，军队或警察在营地外部保护
监视可能进入的通道	不需要	4 个警戒塔，每个警戒塔部署 1 名保安	4 个警戒塔，每个警戒塔部署 2 名保安	4 个警戒塔，每个警戒塔部署 2 名保安
巡逻	1 名保安随机巡逻	1 名保安随机巡逻	2 名保安随机巡逻	3 名保安随机巡逻
快速反应部队	不需要	3 人快速反应部队	3 人快速反应部队	3 人快速反应部队，加军队或者警察保护
贴身保镖	不需要	不需要	2 名保安，基于每天一名 VIP 来访	2 名保安，基于每天一名 VIP 来访，加军队或警察保护
车辆护卫队	不需要	不需要	12 名保安，基于两个护卫小队	16 名保安，基于两个护卫小队，加军队或警察保护
值班主管	1 人	1 人	2 人	2 人，另加 1 名通讯联络员
每班值班保安	4 人	11 人	33 人	39 人
指挥官	1 名指挥官	1 名指挥官，1 名副指挥官	1 名指挥官，1 名副指挥官	1 名指挥官，1 名副指挥官
保安总数（每天 2 班）	9 人	24 人	68 人	80 人，加军队或警察

（六）通信保障

公司总部规定，涉外公司的应急办公室应设有 24 小时值班电话，保证应急信息和指令得到及时报告和传达。各国家、地区、项目公司、基层单位须配备的通信工具不少于两种（两套），确保通信畅通。

目前根据各驻地实际，建立通信保障系统，已经做到了至少有三种通信保障方式，比如网络、海事卫星电话、对讲机、手机通信（当地）等。各基层单位应委派专门人员对通信系统进行管理，保证通信畅通，收发信息及时。有条件的单位，还需配备电瓶或大型便携式充电宝等设备，员工个人也要准备充电宝等备用电源。

驻地办公，需确保网络畅通；当地日常通信，应确保员工每人至少一部手机，号码及时做好统计、报备；紧急情况时，与国内或偏远手机信号弱的地区联系，应配备海事卫星电话，有专人负责。每个驻地至少配备一部带有天线的卫星电话，每个营地或单独的工作组必须配备一部手持卫星电话，并保证电量、话费充足，定期测试（留存记录），确保与公司联络无障碍；区域内联络，或外出施工人员相互之间频繁、简短的联系，对讲机是必备通信工具，确保每个行动组或个体持有一部。

为应对突发危机事件，各单位应准备纸质通讯录（应急联系卡等），个人也要牢记紧急情况下的所在地政府、大使馆等相关部门的求助电话或单位同事联系电话。在个人应急背包内就应存放应急通讯录，便于在紧急情况下相互联络。

在遭遇危机或发布相应等级警报后，必要时要实行内部电话和网络限制。在某些国家和地区还需告知全体中方人员，手机等通信工具很有可能就在当地安全情报部门的监听之下，切记保密。

（七）物资与装备保障

涉外各基层单位须根据自身的风险情况储备应急物资，并建立应急物资信息库。应急物资与装备（表 6-6）定期检查、更新，做好登记，根据需要，按照规定应向上级单位报备。

表 6-6　应急物资与装备保障

类别		内容	备注
应急装备	三防建设	武装警卫驻守	人防
		安保巡逻	人防
		四周挖置壕沟	物防
		四周增设滚网	物防
		四周设置围栏	物防
		主门减速带	物防
		主门防冲撞设施	物防
		内部避弹室	物防
		内部报警器	物防
		升级 CCTV 系统	技防

续表

类别		内容	备注
应急物资	生产物资	应急车辆	
		随车工具	
		应急燃油	一个月
	生活物资	米、面、油、盐	一个月
		饮用水、饼干	一周
		咸菜、罐头	一周
		瓶装水	一周
	医疗急救	救护车	
		急救药品	
	专业应急包	甲类指挥应急包	执行项目领导及以上管理人员
		乙类应急协调包	
		丙类个人急救包	普通员工
		荧光应急马甲	全体员工

1. 住的方面

要保证驻地现有的各项安全功能完善，办公楼，工作地安全建设要以人防、物防、技防三要点同步进行；如防护壕沟、围栏、防弹隔离、CCTV 监控、报警系统、门、窗要做好加固等；设计营地时，要考虑取水点的远近，和营地四周地势的高矮，以及雨季、旱季的风向问题等。

为较好的应对突发危机事件，一般营地应具备四道防线：

（1）营地临近的社区作为第一道防线，应与当地社区保持良好的关系，以提供早期预警。

（2）周界作为第二道防线，可根据需要设置栅栏、围墙等物防和摄像头、电网及声光报警等。

（3）内部设施和建筑物作为第三道防线，也可设置围栏或缓冲区。

（4）建筑内墙以及上锁的门窗作为第四道防线。在极高风险国家和地区营地还应设置“避难室”，设置于隐蔽处，一般为地下，可抵御枪弹和火箭弹等小型爆炸物的袭击。“避难室”内应具备简易的吃住、照明（备用电源）、通信、应急医疗、通风及观察（监控）条件。

（5）营地大门之前的道路要建成 Z 形或 S 形状，道路还要设减速带，有条件的还要放置防冲撞水泥或缓冲区；营地围栏四周安装照明灯，并以向外照明的高挂灯为主，做到夜间外边看里面不容易，营区内应安小瓦数照明灯，位置要低矮，一般距地面1.5m左右；准备2000~5000W应急小型、可移动发电机和必要的大型电瓶以备应急使用。

2. 食物方面

做好日常食品、饮用水及应急必需品的保管及储备。为了应对各种突发事件，宿舍楼、现场各营地食品储备应以米、面粉、干面条（或通心粉）、食用油、盐、为主，保质期较长的食物，储备量不应少于全员食用30天，并定期补充欠缺。应急食品应按每人每天500克饼干（最好是压缩饼干）、3瓶饮用水、一罐肉或鱼罐头、适量咸菜标准予以储备。可适量增加若干类罐头食品和糖果的储备，但增加量不能超过每人每天标准量的三分之一。全部应急食品储备量至少可以保证全员食用两周，有条件的单位应设置专门应急食品库房，做好台账，及时对即将过期食品予以调换；同时可将应急食品分开存放，降低危机事件发生后食物损毁的风险系数（比如，应急食品一部分放置于库房，另外一部分存放于避难室，还应鼓励个人应急背包内存放少许水和食物）。

食品储备尽可能地提前采购些便于保管，不易腐烂的蔬菜，如：土豆、洋葱头，南瓜、干菜等；要对储存食品的库房安装防盗、防撬的装置；储存必要的木炭；尽可能地储存更多的饮用水。

3. 出行的方面

定期检查车辆，确保车况良好；司机定期培训，确保遵守相关规章制度。在车内配备必要的应急物品，比如手电筒、灭火器、拖绳、雨具、急救包等。

4. 其他方面

其他物品和装备根据工作、生活实际，及时采购、准备，比如防爆器材及个人防护用具、火种、净水药片、应急包、证件、移动硬盘等。

（八）技术保障

技术保障可分为风险管理保障、设施设备运行保障和媒体公关保障。

1. 风险管理保障

风险管理保障主要是指对危机事件的界定（风险识别）、风险评估、风险处置等。各驻外单位应配备专门安全主管及社会安全专职管理人员，他们的职责分别为：

（1）安全主管：负责建立健全社会安全岗位责任制和管理制度，组织开展合规性评价，落实社会安全资源；组织收集分析社会安全信息，评估社会安全风险及潜在威胁，落实各项防范措施；组织编制应急预案，定期开展演练；负责与当地军队、警察、医院、政府相关部门保持联络，做好社区事务协调；负责危机发生后的临场指挥、处置应对；组织社会安全事件经验教训总结，并及时分享。

（2）专职管理人员：编制社会安全管理计划，并提供专业支持和咨询；参与员工社会安全技能评估，负责做好岗前（中）社会安全培训；收集分析社会安全相关信息，编制社会安全日（周）报；对作业活动进行社会安全风险动态评估；负责保安管理，检查信息防、人防、物防、技防等防范措施实施到位；评估重要变更产生的潜在风险，提出防范建议；开展社会安全管理绩效监测；参与公司的内部审核和专项检查，跟踪整改纠正措施；编制应急预案和撤离计划，检查应急资源落实情况；组织员工开展社会安全应急培训和演练，确保与相关方之间应急职能协同；负责危机发生后现场应急措施的执行和情况汇报；报告所有社会安全事件并开展调查。

2. 设施设备运行保障

设施设备运行保障主要是指确保与社会安全管理相关的各种设施、器材正常运转，比如电力设施、净水设施、通信设施、警报系统、监控设施及交通设施等。

其保障人员的职责也简要明确，比如电工确保驻地发电机、警报系统、照明设施等设备正常运转；网络通信维护人员来确保监控系统、网络、通信畅通；维修工确保车辆等日常设施的工况良好等。

3. 媒体公关保障

媒体公关保障主要由驻外单位企业文化部门人员组成，单位领导作为主要负责人。其主要职责是在危机事件发生后最大限度地避免和减少危机可能造成的伤害和不利影响，维护我驻外单位的良好形象和声誉。

（九）依托外部资源保障

外部资源保障主要是指在危机管理进程中依托外部资源进行控制、延阻、解决危机的过程。驻外单位都与当地政府、社区、民间团体有着密切接触，在很多时候都需要依托这些资源来渡过危机，比如当地军警机构、医疗机构、银行机构、业主单位、部落、大使馆等。

在危机预防、应对和善后过程中，外部信息保障非常关键，无数案例证实，在危机预防、应对及善后的过程中，最急需也是最重要的资源就是信息。这些信息可以指导如何预防和应对危机，也决定着遭受的威胁和损失的大小。

获取信息的渠道有很多，比如当地新闻媒体、政府机构、反叛武装、当地雇员等，充分利用这些渠道有助于预防和应对各种危机。

任何单位和个人在危机来临时都无法独自解决，或多或少需要外部的支持，但是这个过程中需要付出一些代价，比如金钱、物品、声誉等。在处理危机事件的同时，我驻外单位的各种信息可能泄露，形象和声誉也可能遭受不同程度的影响。同时也可能对危机形势失去控制，必须将自身的一些利益甚至命运寄希望于外部资源，一些自身权益也将难以保障。

【案例】2014 年 10 月 17 日中午 11 点 30 分（苏丹时间），某中资单位运输车队在苏丹 6 区 Naha 地区执行修井队搬家任务过程中，一辆运输修井设备的拖车和一辆水罐车被不明身份武装人员截停，一名中方司机胡某（男，50 岁，河南濮阳人，2005 年起在苏丹工作）和两名苏方司机被劫持。事件发生后，苏丹尼罗河公司立即启动应急预案，并多次致电苏丹石油部部长，协调人质解救事宜。6 区项目联合作业公司安排专机运送国家安全局人员赴油田现场组织军方营救行动，协调当地部落酋长同绑匪谈判协商，为成功解救提供了巨大帮助。

在很多危机事件发生后，不得不依靠外部资源进行解决、善后。

【案例】2017 年 3 月 8 日早上 06 点（南苏丹时间），南苏丹某区操作维护项目，ADAR 油田两名 FSF（井口）操作工，印度籍，被派前往 GASSAB 油区巡线检查后遭反政府武装绑架。2017 年 3 月 19 日早上，南苏丹某区 GUMRY 油田，操作维护井口 FSF 总监安排例行井场巡检。大约早上 8：15，两名 GUMRY FSF 操作工乘坐一辆皮卡车离开 GUMRY FPF 站前往 GUMRY Geradon 区域巡检，车辆由一个当地司机开车，另有一名武装安保负责护卫。后来失去联系，经搜寻发现武装护卫在 C-2 井口附近被打死，操作工被反政府武装绑架。两起绑架事件都是当地反政府武装为了阻止当地石油生产，恐吓石油工人。

事件发生后，我驻外单位由于得不到“第一手”的信息，完全依靠当地社区、协调组、联合石油公司 DPOC、印度大使馆、中国大使馆等机构才将被绑架人员安全营救回来。

近些年海外社会安全应急资源保障及管理的实践，充分验证了应急资源保障的重要性和可靠性，也检验了应急资源保障事前准备的充分性，证明了海外项目区域化管理模式下，各种应急资源能够实现统一配置、动态监控和联动管理。

（1）充分依托业主，建立应急资源管理的联动机制。依托各区域业主，充分发挥各区域业主在行业的地位和资源优势，参照区域业主相关标准和运作模式在社会安全趋势分析、应急信息获取、应急资源运输调配等方面，建立应急资源管理的联动机制。一旦海外发生社会安全突发事件，在应急资源保障上与业主共享、互补应急资源，提高应对社会安全突发事件能力。

（2）搞好社区关系，扶持当地产业，提高自身应对能力。在加快推进石油海外项目本土化进程，提高当地部族（社区）就业率同时，以本地化雇员作为纽带，适当加大情感投入，积极投资当地公益事业，搞好与当地社区的关系。在执行项目较多、较集中的区域可进行扶持本土分包商在执行项目营地或附近地区适当拓展现代化农业，建立一定规模的蔬菜、水果基地等，以补充所在国的经济萧条、边界封锁造成的食品短缺的问题，提升自身应对突发事件的保障能力。

（3）构建应急资源保障一体化管理模式。在海外应对突发事件的应急资源保障上，要制定明确的规章制度，对应急资源需求分析、准备、配置和后续管理等，各个环节形成动态循环进行联动思考，对实践中可能出现的漏洞和矛盾进行广泛的探讨，制定可行性方案。逐步构建应急资源需求分析、准备、配置、后续管理的一体化管理模式，从而实现海外项目社会安全应资源保障向更高层次发展。

第四节　心理危机管理

员工心理健康是一个全球性的热点问题。多项研究表明，提高员工的心理健康程度，增强员工承受挫折以及对突发状况的心理应对能力，进而增强战胜困难的能力，形成健全的人格和健康的心理，将为员工的生命安全和企业的发展奠定坚实的基础。常年工作在海外的员工，要承受比其他人更多的心理压力，并且其心理不健康造成的安全隐患具有较强的隐蔽性和突发性，因此海外员工的心理健康问题，愈发得到重视。如何预防心理危机，调整好心态面对工作，是必须关注的问题。

一、心理危机的预防

（一）什么是心理危机

心理危机是指人们由于遇到一时难以接受、难以解决的事情而导致生理、情绪、认知和行为出现问题的失调心理状态。当个体面对心理危机时会产生一系列身心反应，一般危机反应会持续 6~8 周。处于心理危机状态的人，主要有以下 4 个方面的表现：

（1）生理方面。多表现为头痛、失眠、肌肉紧张、食欲下降、容易受到惊吓等。具体表现有：

① 较长时间（两周以上）内经常出现疲惫感，例如，休息一晚后，第二天起床仍觉得很疲倦，或出现原因不明的极度疲惫情况；

② 食欲开始下降、头晕目眩、失眠或半夜惊醒、便秘或腹泻、血压变化大、心律不齐等；

③ 工作和学习的效率开始下降，注意力无法集中，记忆力减退等。

（2）情绪方面。常出现焦虑、恐惧、沮丧、过分敏感和警觉、害怕死去等。

（3）认知方面。健忘、注意力不集中、缺乏自信心、无法做决定等。

（4）行为方面。社交退缩、逃避与疏离，不信任他人，不敢出门，容易自责或怪罪他人等。

要注意的是，心理危机是一种正常的生活经历，而并非疾病或病理过程。个体心理危机反应的严重程度并不一定与事件的强度成正比，也就是说个体对危机的反应有很大的差异，即相同的刺激引起的反应是不同的。心理危机反应程度与个体的个性特点、对事件的认知及解释有关，以前的危机经历、个体的健康状况、个人适应能力、所处的环境等都会影响心理危机反应。每个人在人生的不同阶段都可能会面对心理危机，由于处理心理危机的方法和自身的基础条件不同，后果常常也不同。

心理危机过后，一般会产生四种情况：第一种是顺利度过心理危机，并学会了处理危机的方法、策略，提高了心理健康水平；第二种是度过了心理危机但留下了心理创伤，影响今后的社会适应；第三种是经受不住强烈的刺激而自伤自毁；第四种是未能度过心理危机而出现严重的心理障碍和心理阴影。

如果心理危机过强，持续时间过长，个人而言，轻则危害个人健康，增加患病的可能；重则出现攻击性和精神损害（图 6-5）。对社会而言，可能会引发更大范围的社会秩序混乱，影响正常的社会生活等。能否克服心理危机，首先取决于一个人的自信心；其次，要采取适当的危机干预措施。危机干预的关键在于进行“人格塑造”，帮助发生危机者恢复自信，弥补心理缺陷，激发个人潜能。对于这方面，有心理学家解释说，危机有危险和机遇两种含义，如果它严重威胁到一个人的生活和家庭，并使人精神崩溃或产生自杀心理，那么，这种危机是危险的。但如果一个人在危机阶段得到及时有效的治疗性干预，不仅能阻止危机的进一步发展，而且还可以帮助其学会新的应对技巧，使心理平衡得以恢复甚至超过危机前的水平，因此也可以说，危机是一种机遇或转折点。

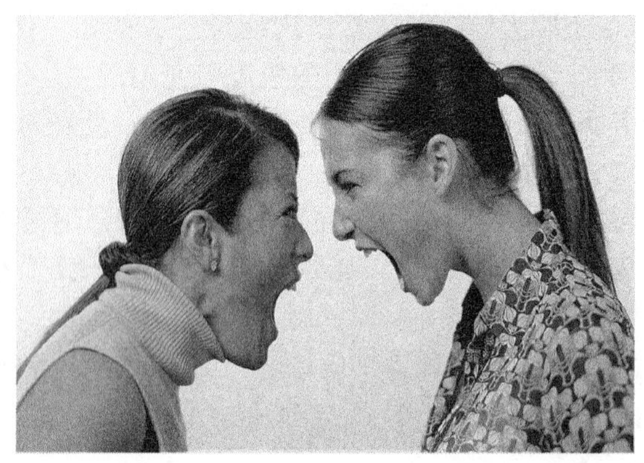

图 6-5　易争吵是心理危机的一种表现形式

（二）心理危机的自测方法

随着社会的发展，人们所面临的竞争越来越激烈，承受的压力也越来越大。研究表明，18~45 岁的城市白领是亚健康状态的多发人群。所谓亚健康，是指机体无器质性病变，但是有一些功能改变的状态。研究表明，精神负担过重、人际关系紧张、负担比较重以及压力大的人容易处于亚健康状态，长期处于亚健康状态会对人的生理和心理产生极其有害的影响。

长期处于重压之下往往会给个体带来心理危机，使其情绪波动，进而身心受到影响，最后甚至出现极端行为，如自杀、自残或者伤害他人。为了防患于未然，应该从引发这些心理危机的原因入手，在心理危机产生实质性损害前就将其消除，这是保持个体健康的关键。人们往往在心理危机产生实质性危害后才觉得需要专业的心理辅导帮助，殊不知这时个体已经受到影响，损害已经产生。

心理危机产生的原因大致有两种：一种是由一些突发性事件引起。例如，亲人去世、大灾难、失恋、遭受到恐怖袭击等，这种心理危机的预防难度比较大；另一种是由长时间的压力作用引起的，人们在日常生活中承受一些压力，在其尚未出现实质性危害时是比较难以察觉的，因此针对这种心理危机，需要一些自测方法。当个体掌握这些方法后就能防微杜渐。在心理危机萌发之际就能发现问题，解决问题。以下是一些常用的自测方法：

（1）90 项症状自评量表（SCL-90，见附录 1）。症状自评量表又称 90 项症状清单。该量表共 90 个项目，包含有较为广泛的精神症状学内容，从感觉、情感、思维、意识、行为直至生活习惯、人际关系、饮食睡眠等方面均有涉及。其评定时间为最近一周。

（2）抑郁自评量表（SDS，见附录 2）。该量表旨在衡量抑郁状态的轻重程度及其在治疗前后的变化。由 20 个项目组成，其预测的相应症状是：抑郁心境、哭泣、情绪时间差异、精神运动型激越、精神运动型迟滞、思维混乱、空虚感等。评定时间跨度也是一周。

（3）焦虑自评量表（SAS，见附录 3）。该量表旨在衡量焦虑状态的轻重及其在治疗前后的变化。由 20 个项目组成，其预测的相应症状是：焦虑、害怕、发疯感、不幸感、心悸、不能静坐、昏厥感、睡眠障碍等。评定时间跨度为一周。

在心理自测时需要注意以下几点：

一是慎用心理测试。上面的心理测试均是科学的、标准化了的心理测验。但是在测验时不可以连做多个，一次一份最好。

二是对测验结果的解释。对于测验结果需要进行科学的解读，不能凭主观臆断。

三是要采取正确的态度看待测试结果。心理测试往往受时间、地点等因素的影响，所以测试结果也只是一个估计，并不能完全说明个体的特质，因此如果出现不好的测试，结果也不必背上思想包袱，以平常心对待。

总之，人们在日常生活中首先要认识到心理危机出现的可能性，然后辅以必要的自测手段查明心理危机可能出现的方面，最后再有针对性地解决，这样才能使自身保持健康的状态。

（三）心理危机的预防方法

人们的个体特质、生活习惯、工作环境、所承受的压力以及个人境遇各

不相同，因此很难构建出一个能解决所有人心理问题的方法体系。

1. 预防心理危机的常规方法

（1）要注意保持良好的人际关系。很多心理危机的出现，原因就在于个体无法及时排解心中的焦虑、恐惧、抑郁等负面情绪。如果这时候能够得到同事、朋友的从旁帮助，及时疏导，避免不良情绪的淤积，就有可能避免心理危机的产生。

（2）在长时间的工作后要做一个全面的放松。尤其是身处重压之下，例如，高危作业的人群更需要这种调节。

（3）通过个性化的减压方式来排解压力。每个人压力产生的原因不同，释放压力的方法也不尽相同。有的人以运动减压，有的人以阅读减压。因此，个体要寻找到最适合自己的减压方式，在压力形成之时将其释放掉，这样也能有效避免心理危机的产生。

（4）克服工作安全感缺乏的观点。工作安全感是指一个人在工作中获得的信心、安全和自由的感觉。首先，要改变工作状态，调整工作节奏，适应环境和工作、管理模式的要求。其次，要居安思危，提高自身的竞争能力，加强学习培训，不断充实自己，提高业务水平和技能。最后是自我调节，变压力为动力。绝对的安全感是没有的，生活中要面对事实，接受不安全感带来困惑的现实，进行自我调节，自我减压，把压力转化为努力工作的动力。

（5）对自己进行角色定位。俗话说“车到山前必有路”，讲的是行为与不断变化的环境相适应。在工作中，应当全面、客观、系统地评价自己的职业兴趣、职业能力、爱好特长，分析自己适合做什么，能做什么，做到知己知彼，寻找符合自我的角色，从而有一个良好的工作状态。

（6）遇到挫折时，应放下烦恼，保持心情平静，正确面对并解决难题。因为挫折总是跟目标连在一起的，当受到挫折后，要重新衡量一下，目标是否定得过高，是否符合主、客观条件，如果确属目标不切实际而造成挫折，那就要重新调整目标，使自己的目标符合实际水平。

以上几点只是一些基本的方法，预防胜于治疗，只有做好前期工作，才能使问题在出现后及时得以解决。

2. 预防心理危机的指导工作

对于海外员工，可以通过专业人员对其进行诊断、建议，并对员工及其家属进行专业指导、培训，预防他们在海外作业中可能出现的心理危机，从而维持其心理健康，提高工作绩效。

(1) 危机灾难事件的应对与管理。由于海外环境的特殊性，员工处于危险境地的可能性很大，因此，应当加强海外员工的防恐意识和基本技能的培训，并使之成为安全工作中的一项基本内容。

(2) 压力管理与健康工作。海外员工往往面临着较大的工作压力和健康问题。例如，有的员工因为工作压力大，每天处于精神高度紧张状态，并伴有神经衰弱的问题；海外员工由于工作需要，长时间无法回国休假，思念亲人，心情抑郁等。针对这样的问题，一方面要组织员工进行体检，发现问题及时治疗；另一方面要组织员工开展各种娱乐活动，并提供良好的通信条件，使员工能经常和国内的亲人联系，减轻因思念过度产生的痛苦。

(3) 组织变革中的员工心理辅导。当今社会竞争日益激烈，从事海外工作的人员结束海外工作，回到国内工作的时候，会面临着怎样的困境尚不知晓。因此，有的员工会因为这方面的顾虑而对海外工作不够尽心，进而引发心理危机。针对这样的情况，可以通过消除海外员工的后顾之忧，使问题得以解决，预防心理危机的出现。

(4) 员工心理健康的调查。为了充分了解海外员工的心理情况，可定期对其进行问卷调查活动。通过调查，查找出员工潜在的心理健康问题，并及时制定相关措施，进行心理指导，从而缓解员工压力，预防心理危机，激发员工热情，创建和谐的团队。

海外员工的心理危机预防工作是一项重要的，同时又需要长久持续的工作。只有加强对员工心理健康的关注和关怀，才能使“以人为本”的经营理念得以真正贯彻落实，实现员工幸福工作与企业丰厚利润的双赢。

二、压力缓解

(一) 什么是心理压力

心理压力是指客观事物对人所产生的力量，即外界环境的变化和机体内部状态所造成的人的生理变化和情绪波动。心理压力的产生主要受客观刺激强度和自身承受力大小两个因素的影响，心理压力对个体既能产生正面的影响会使压力转变为动力，促使个体以更为积极的态度面对问题，而负面影响则使得个体失去信心和意志，变得消沉抑郁。心理压力的正面影响自然多多益善，而在日常生活中要做的是减轻心理压力所产生的负面影响。本节中提及的心理压力的影响为其对个体产生的负面影响。

1. 心理压力的产生原因

心理学家发现过高的心理压力主要由以下几个方面的原因造成：一是性格类型。例如，有些人是外向型性格，那么他在一些公共场合所承受的压力会小于内向型性格的人；二是压抑的情感。许多人有不愿意公开表达的情感，如对上司的不满等，这种负面情绪的累积会对个体产生一定的影响；三是紧张而繁重的工作。在这种状态下个体的情感、思想都无足轻重，其完全变成工作机器；四是人际关系不良。每个人都和外界产生这样或那样的联系沟通，这不但是为了工作的顺利进行，更是个体的一种精神需要，如果人际关系出现非正常状态，则有可能对个体产生心理压力。

对于海外员工，其工作本身因素，在组织中所处的角色、职业发展、组织结构与组织风格、组织中的人际关系等都有可能使他们产生心理压力。

（1）工作本身因素。工作太多太复杂或太少太简单、时间压力、面临工作任务的最后期限、做出重要的决定、工作太多变化以及工作失误，这些都会对员工造成严重的影响。

（2）组织中的角色。角色模糊和角色冲突、对人对事负有责任等。

（3）职业发展。提升过慢、社会地位低下、缺乏职业保障以及雄心受阻等。

（4）组织结构和组织风格。在决策中缺乏参与，领导对工作限制太多等。

（5）组织中的人际关系。与上级、同事相处得不够融洽，工作上经常得不到支持等。

（6）海外员工的个人情况。多数人感觉自己能力不能跟上社会发展步伐，长期与家人、好友分离，家庭成员间缺少照顾，与国内联系不方便，无法看到国内的新闻媒体报道，使自己常有孤独感等。

（7）海外局势。目前，国际恐怖主义不时制造事端，部分海外员工所处的国家政治局势动荡、民族宗教冲突、恐怖主义活动和社会治安混乱等因素对员工的生命安全构成了一定程度的威胁。这一切都会对员工造成心理压力。

（8）海外员工与所处的国家或地区在文化、生活习俗上的差异等。海外员工因与所处国家地区的文化差异以及生活不适，也会产生内心的不适感，并进而形成心理压力。

2. 心理压力的类型

心理压力的类型可以大致划分为以下 4 种：

（1）预期压力。它是由未来某种因素引起，换句话说就是对不确定因素的不安全感。

(2) 情境压力。它是一种当前压力，指马上的威胁、挑战或者骚动。这种压力产生于即时的环境变化。

(3) 长期压力。这种压力会持续一段时间，往往产生于一些无法控制的经历。这种压力的特点在于主体对于引起它的因素没有办法控制。例如，工作的不顺利、长期的疾病等。

(4) 残余压力。它是由过去的一些因素引起的压力。例如，某次工作的失误导致员工对今后的工作失去信心。

这 4 种类型只是一个粗略的划分，个体之间由于生活背景、教育程度和经历的差异，会使心理压力的表现多种多样，但是不管心理压力是何种形式，它的影响都集中体现为降低人的工作效率。

(二) 心理压力的自测方法

心理压力的产生以及其对个体的影响是千差万别的，因此要设计一个模型把所有人的情况都概括进去显然是不可能的。一般来讲，个体测试自己有没有受到心理压力的影响，通常可以通过两种方式来检查：一是观察自己精神和生理上的变化。例如，经常出现紧张、焦虑、对事物漠不关心、烦躁，甚至厌世、有孤独感等精神上的不良表现，就说明个体可能正在经受心理压力的折磨；二是心理压力过大的时候生理上还会出现一些变化。例如，血压升高、心律不齐、失眠多梦、盗汗等。

一般而言，这些精神上和生理上的表现往往会使得主体产生不舒适感，因此这种自测方法是比较准确的。但是要注意，如果在心理压力的作用下主体出现明显的不舒适感则说明心理压力对主体已经产生了实质性影响。那么怎样防微杜渐，把心理压力的负面影响消减到最小呢？这就要借助一些科学的分析模型，即心理压力的自测方法。

随着心理学的发展以及各项科学技术的应用，学者们从大量的案例中统计得出一些基本的反映个体心理压力的因素，从而设计出很多心理压力测试的模型。例如，下面这个心理压力测试模型：

(1) 对什么事情都提不起兴趣。

(2) 容易感冒，且不易治愈。

(3) 晚上不易入眠，即使睡着了也是多梦。

(4) 易与同事发生口角。

(5) 有头脑不清、头痛的感觉。

(6) 稍有一点不顺心就会生气，焦躁不安。

(7) 有很重的烟瘾。

(8) 不喜欢出现在人多的场合和社交场合。

(9) 平时很少笑。

(10) 经常口腔溃疡。

(11) 食欲不振。

(12) 看电视不停地换台。

(13) 舌头上出现白苔。

(14) 没有好朋友。

(15) 难以控制自己的情绪。

(16) 有过多次喝醉的经历。

(17) 性生活不和谐。

(18) 容易冲动，做事不顾后果。

若上述诸项出现了5项，则属于轻微紧张型；若出现9~14项，说明个体已经受到心理压力的困扰，需要调适和休息；若在14项以上，则属于严重紧张型，应予以重视。这样的测试模型还有很多，关键是个体需要对照检查，分析自己压力产生的根源，然后再有针对性地解决。

（三）心理压力的调整方法

人们在日常的生活和工作中难免会受到或大或小的心理压力的影响，如何把这种影响降至最小或者防微杜渐，即在心理压力还很小的时候就对其进行有针对性的解决，这一点非常重要。心理压力的危害是一个慢慢累积的过程，一旦达到一定的量就会产生质变，从而影响个体的身心健康。因此，个体需要掌握一些基本的舒缓心理压力的方法，使自己保持一种良好的精神状态。

1. 舒缓心理压力的方法

当人们通过心理压力的自测方法了解自己的心理状态以及压力的根源后，就可以有针对性地应用适当的方法来舒解压力。

一吐为快——假如你正为某事所困扰，千万不要闷在心里，把苦恼讲给你身边可信的、头脑冷静的人听，以取得解脱、支持和指正。

开怀大笑——健康地开怀大笑是消除压力的最好方法，也是一种愉快的发泄方法。

听听音乐——轻松的音乐有助于缓解压力。如果你会弹钢琴、吉他或其他乐器，不妨以此来应对心绪不宁。

阅读书报——读书可以说是最简单、消费最低的消遣方式，不仅有助于缓解压力，还可使人增加知识与乐趣。

重新评价——如果真做错了事，要想到谁都有可能犯错误，若事与愿违，就应进行重新自我评价，才不会钻牛角尖，从而继续正常工作。

大喊大叫——在僻静处大声喊叫或放声大哭，也是减轻体内压力的一种方法。

与人为善——遇事千万别怀恨于心（包括自己是对的）。怀恨于心付出的代价是使自己的情绪紧张，无异于用别人的错误惩罚自己。

不要挑剔——不要对他人期望过高，应看到别人的优点，不应过于挑剔他人的行为。

留有余地——不要企图处处争先，强求自己时刻都以一个完美形象出现，生活不需如此，你给别人留有余地，自己也往往更加从容。

学会躲避——从一些不必要的、纷繁复杂的活动中，从一些人为制造的杂乱和疲劳中摆脱出来。在没有必要说话时最好保持沉默，听别人说话同样可以减轻心理压力。

免当超人——不要总认为什么事都应做得很出色，应明白哪些事你可稳操胜券，然后集中精力于这些事。对于自己没有能力或条件完成的事则坦然处之。

放慢节奏——当局面一团糟无法控制时，不妨放慢节奏，不要把无关紧要的事安排在日程表中，进行一次“冷处理”。

做些让步——即使你完全正确，做些让步也不会降低你的身份。俗话说：退一步海阔天空。何况一些事也许“冷处理”更好，退一步会有更多余地。

遇事沉着——沉着是一个人是否成熟的标志之一。沉着冷静地处理各种复杂问题，有助于舒缓紧张压力。

逐一解决——紧张忙乱会使人一筹莫展，这时可先挑出一两件当务之急的事，一个一个地处理，一旦成功，其余的便迎刃而解。

熄灭怒火——遇事切莫发火，学会克制自己，暂熄怒火。待怒气平息后有助于你更有把握、更理智地处理问题，多想“车到山前必有路”。

做点好事——如果你一直为自己的事烦恼，不妨帮助别人做点好事，这样可以缓解你的烦恼，给你增添助人为乐的快意。

眺望远方——烦躁不安时，请睁大眼睛眺望远方，看看天边会有什么奇特的景象。既然昨天和以前的日子都过得去，那么今天和往后的日子也一定

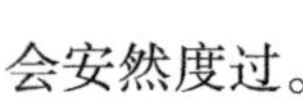

会安然度过。

外出旅游——思想压力过大，不妨在家属、朋友的陪同下，做短期外出旅游。

个体所受心理压力影响的表现和程度不尽相同，只有结合自己的实际，才能运用正确的方式来纾解自己的心理压力。

2. 降低心理压力的指导方法

1）加大培训投资，实行情感管理

实行情感管理，就是要认识人的情感规律，注重人的内心世界，实行人性化管理。其核心是激发员工的积极性，消除其消极情绪，避免压力的累积。管理者应尊重员工，善于沟通，对员工宽容、仁慈，尽量满足员工的合理要求。给员工提供一个健康、舒适、团结、向上的工作环境，指明员工的发展方向，消除外部环境因素对员工职业心理健康的不良影响。

2）加强心理健康方面的投入

（1）加强人力资源培训。提高员工的工作生产技能，使之更能胜任工作，从而减少员工完成工作的压力；加强员工的人际交往和沟通技巧培训，提高员工沟通减压的能力。

（2）提高员工的生活质量。用完善薪酬体系增强员工的安全感和较为稳定的就业心理；解决好各种福利和保险；在员工结婚、离婚、生产、配偶或近亲去世、搬家等特殊情况时给予额外的关注和假期。

（3）鼓励员工保持健康的生活方式。向员工提供保健或健康项目，可以建立专门的保健室和内部健身中心，让员工免费使用，配备专职的健康指导员监督锻炼计划和活动，使员工通过这种健康的生活方式及时排解压力，以生理的健康促进心理的健康。

3）建立比较完备的心理健康教育和引导体系

（1）党支部、行政、工会、共青团形成合力，把员工的心理压力问题作为政治思想工作的重要内容。关注项目中的困难员工和弱势员工，关注员工的特殊情况，经常进行人性化的谈话和交流，这样就很容易疏导一些员工可能出现的心理压力。

（2）在技术和安全、质量方面开展有益的劳动竞赛，以竞赛评比体系调动员工的兴趣和自尊心中的积极因素，促进心理健康。将生产和教育有机结合起来，发现每个员工的闪光点，当员工身上的积极面呈现出来后，消极的心理问题以及心理压力便会自然地退居二线了。

（3）企业组织培训学习心理健康教育方面的知识，使部分人员能胜任简单的心理咨询和引导工作，在项目生产和施工一线为员工服务。

只有消除内心的压力，才能避免由日益积累的压力引发的心理危机，从而使人们的生理、情绪、认知以及行为处于一种正常、健康的状态。

三、心理自我训练方法

个体经受心理压力的时候未必能及时寻找到专业的心理医疗帮助，因此，下面介绍几种比较简单实用的心理自我训练方法，个体可以随时随地进行调适，防微杜渐，把心理压力的危害减到最小。

（一）宽腹呼吸法

该呼吸法是通过加大横膈膜的活动，减少胸腔的运动来完成练习的。主要分为以下几个步骤：

（1）坐在椅子上，脊背缓缓挺直，头部轻轻抬起，眼睛平视前方。

（2）嘴巴微微张开，鼻孔深深吸气。

（3）在吸气时使腹部缓缓膨胀，体验腹壁在吸气时向外扩张的感觉。

（4）嘴巴保持微张，将气缓缓呼出。

（5）在呼气时缓缓收回腹部，体验腹壁在呼气时向内回收的感觉。

（6）在吸气时尽量慢而深，腹部尽量向外扩张，吸气完成后保持住姿势，坚持几秒之后再开始呼气。

（7）在呼气时尽量把气吐干净，腹部尽量向内收，呼气完成后保持姿势，坚持几秒之后再开始下一次吸气。

（8）放松身体，慢慢闭上眼睛，连续做几分钟这样的练习。

（二）躺卧呼吸法

这种方法采用仰卧姿势进行呼吸训练。有两种形式，分别为胸式呼吸和肩式呼吸，现分别进行简单介绍。

1. 胸式呼吸

所谓胸式呼吸是通过扩张和收缩胸腔并利用肺中间的部位来完成呼吸。呼吸等量的空气时，胸式呼吸要比腹式呼吸需要更多的气力。一般在运动或者处于紧张状态下使用胸式呼吸较多，紧张过后建议最好不要使用这种呼吸方法，以免形成不良的呼吸习惯，加剧紧张感。胸式呼吸的步骤如下：

（1）采取仰卧的姿势，放松全身。

（2）先自然呼吸一段时间，使心情平复。

（3）然后吸气，慢慢地、最大限度地向上扩张胸部，腹部尽量不要动。

（4）呼气时慢慢放松胸腔，感觉胸腔向下向内收缩，腹部尽量不要动，将体内气体全部排出。

2. 肩式呼吸

肩式呼吸可以理解为胸腔扩张时的最后一步，是胸式呼吸的延续。有人将腹式呼吸称为肺下叶呼吸，胸式呼吸称为肺中叶呼吸，而肩式呼吸则被称为肺上叶呼吸。由此可见，肩式呼吸主要是由肺上叶部分来参与完成。其步骤如下：

（1）采取仰卧姿势，全身放松。

（2）先练习几分钟胸式呼吸。

（3）当肺部充满空气时再稍微吸气，感觉肩膀和锁骨微微向上提。

（4）当胸腔完全扩张之后，体会体内不能再吸入多余气体的感觉。

（5）然后肩膀、锁骨微微上耸，同时略微再用力吸一下气，体内再次吸入一小部分气体，这时整个吸气过程结束。

（6）呼气时要缓慢，先放松肩膀和锁骨，之后再放松胸部，将体内气体全部排出，这样一个循环就完成了。

循环进行这一过程时要注意保持均匀的呼吸节奏。

（三）焦虑释放训练

当个体处于焦虑状态时，大脑中的意象会使肌肉处于特殊的紧张状态，就像为做好准备承受某种身体打击一样。身体的放松和焦虑是相互排斥的，因此，如果个体能识别出哪一组肌肉群在紧张，并在生理上使得这种紧张趋于缓和，那么就可以降低当时的精神焦虑。

1. 控制暗示性深层肌肉放松法

有意识地去关注肌肉紧张部位的感觉，并有意识地去释放紧张。各个部位肌肉的放松方法如下：

（1）头部放松：用力皱紧眉头，保持 10 秒，然后放松；用力闭紧双眼，保持 10 秒，然后放松；皱起鼻子和脸颊部肌肉，保持 10 秒，然后放松；用舌头抵住上腭，使舌头前部紧张，保持 10 秒，然后放松。

（2）颈部肌肉放松：将头用力下弯，努力使下巴抵达胸部，保持 10 秒，然后放松。

（3）肩部肌肉放松：将双臂平放体侧，尽量提升双肩向上，保持 10 秒，然后放松。

（4）臂部肌肉放松：将双手掌心向上平放在座椅扶手上，握紧拳头，使双手及前臂肌肉保持紧张 10 秒，然后放松；侧平举张开双臂做扩胸状，体会臂部的紧张感 10 秒，然后放松。

（5）胸部肌肉放松：将双肩向前收，使胸部四周的肌肉紧张，保持 10 秒，然后放松。

（6）背部肌肉放松：将双肩用力往后扩，体会背部肌肉的紧张感 10 秒，然后放松；向后用力弯曲背部，努力使胸部弓起，挤压背部肌肉 10 秒，然后放松。

（7）腹部肌肉放松：尽量收紧腹部，好像别人向你腹部打来一拳，再收腹躲避，保持收腹 10 秒，然后放松。

（8）臀部肌肉放松：夹紧臀部肌肉，收紧肛门，使之保持紧张 10 秒，然后放松。

（9）腿部肌肉放松：绷紧双腿，并拢伸直上抬，好像两膝盖间夹着一枚硬币，保持 10 秒，然后放松；将双脚向前绷紧，体会小腿部的紧张感 10 秒，然后放松；将双脚向膝盖方向用力弯曲，保持 10 秒，然后放松。

（10）脚趾肌肉放松：将脚趾慢慢向下弯曲，仿佛用力抓地，保持 10 秒，然后放松；将脚趾慢慢向上弯曲，而脚和脚踝不动，保持紧张 10 秒，然后放松。

通过身体各个部位肌肉的放松，从而达到整体的放松。

2. 冥想

在整个身体处于放松状态下可以再进行冥想。所谓冥想（图 6-6）是一种改变意识的形式，通过获得深度的宁静状态而增强自我知识和保持良好的精神状态。冥想的方法有两种：集中冥想法和意识冥想法。

图 6-6　冥想

（1）集中冥想法。具体做法是首先要选定一个安静的场所，然后采用一种自己感觉舒适的姿势开始这一过程。冥想时要先选定一个可以持续关注的对象，如“与神同在”等。冥想时不应花费任何力气。

（2）意识冥想法。这种冥想的重点是集中注意力于一个物体，并把其他意识当作杂念。具体做法是首先寻找一个安静的

场所，舒适地坐 20 分钟，以关注个体的自然呼吸形态为起点，有意识地追随每一次轻微的吸气、吐气，不要再做任何判断和评价。几分钟后允许你的注意力轻松转移到出现的任何一种念头上。

以上就是几种简单的心理自我训练方法，只有个体按照自己的实际情况选取合适的训练方法，才能最有效地减轻心理压力对自身的危害。

四、心理危机的应对

应对方式又称应对策略，是个体在应激期间处理应激情景，保持平衡的一种心理手段。即个体对环境或内在需求及其冲击所做出的恒定的认知性和行为努力。有两方面的功能：一是改变存在的人与环境关系；二是应对刺激情绪或生理性唤醒的控制。

面对危机事件，有的人会变得警觉和明显的焦虑，想方设法地寻求有关信息并采用理智化的自我防御机制加以应对；另外一些人可能没有明显的焦虑表现，对即将到来的危险不加考虑，采用压抑或者否认机制进行应付，前者称为敏感者，后者称为压抑者。

（一）危机后的发展阶段

（1）冲击期：危机发生的初期阶段，个体难以忍受危机事件带来的不平衡的感觉和感受，感到恐慌、不知所措、希望尽快恢复平衡。危机可能是威胁性的、损失性的。在此阶段，尤其遭遇绑架、抢劫、袭击危机容易呈现相关心理症状如：斯德哥尔摩综合征、习得性无助。

（2）应变期：为了尽快恢复心理上的平衡，采取一系列的措施和心理资源的应对危机，希望尽快恢复平衡，恢复受损的认知功能。

（3）解决期：危机事件的解决一般有两种后果，一是积极的应对，主动的渡过危机带来的压力；二是消极的应对，逃避事变带来的压力或者退缩、固着，形成严重和持久的心理障碍。

（4）适应期：指在解决期个体社会功能与适应状态，适应期的功能如何与解决的应对策略和效果紧密联系。积极的应对使个体的心理社会功能维持不变或有所增强，消极的应对会导致个体功能降低。

【案例】

事件经过：2011 年 11 月 16 日晚 11 点 56 分，在海外某企业驻苏丹南科尔多凡项目上，正在值守夜班的中方员工小张，在进行日常的仪器巡检工作。当他正在低头认真检查一个仪表的指针指示是否正常时，一支冷冰冰的 AK 步枪从后方顶住了自己的后背，毫无征兆的突发情况，使正在专心工作的小张不禁浑身一抖，顿感事态不妙。但临行前公司组织的防恐安全培训此刻瞬间在脑海中闪现出来，牢记“个人生命安全第一”“舍财保命”等应对法则，本能的让小张掏出了自己身上的“保命钱”，但歹徒在把钱财收下后，依然强行押着小张向营地的周界走去。

第二天一早前来换班的同事发现小张失踪后，迅速在第一时间将情况上报，该单位领导接到报告后立即启动应急预案，在包括我国大使馆及苏丹政府在内的多方努力之下，小张在绑架24小时之后被安全营救，未受到任何伤害。

事后措施：

该单位在后续在化解员工思想危机中有以下几个方面值得借鉴：

（1）小张被成功解救之后在喀土穆机场一下飞机，便接到了同事送来的一大束鲜花，使刚刚脱离险境的小张同志顿感家庭般的温暖，使原本紧张的心情得到缓解。

（2）抵达喀土穆的营地之后，公司领导安排专人照顾陪同小张，在确保后勤保障的同时，避免了其他人员好奇询问事情经过，有效地防止了小张心理长期沉浸在被绑的那段痛苦、惊吓经历之中。

（3）公司领导单独与小张谈心沟通，表扬其在事件过程中的正确应对，并积极解决小张提出的一些个人问题，确保了小张的一些后顾之忧得到肯定答复和迅速解决。

（4）公司安排小张及时回国休假，调整心态，安抚家属，并不确定具体休假返回项目的具体时间，使其确实能够全身心地放松和缓解心理压力。

（5）在小张返回项目之后，公司领导将其安排在工作环境相对较好的喀土穆机关工作，进一步确保了小张同志在后期工作的有效展开和心理的有效恢复。

（二）心理危机评估

心理危机是包罗万象的、连续的和动态进展的，通过对求助者的应付能力、所遭受的个人威胁以及是否失去能动性的评估，能了解其过去和现在的心理危机状况，判断心理危机干预工作者所要采取的行动类型。

1. 评估致命程度

（1）对自身造成的危害。

（2）对他人造成的危害。

（3）受到他人的危害。

2. 评估现在的情感状态

（1）心理危机持续的时间。

（2）当时具有的情感能量以及可被利用的程度。

（3）当时急性或慢性状态及储蓄的情感能量。

3. 评估的主要方面

（1）评价心理危机的严重程度（求助者的主观认识和工作人员的客观判断）。

（2）评估求助者目前的情绪状态（心理危机的持续时间和目前求助者的情绪承受程度或应付能力）。

（3）评估替代解决方法、应付机制、支持系统和其他资源。

（4）求助者现在采取何种行动或选择能恢复到心理危机前的自主状态：

① 求助者真正采纳的行动是什么？

② 哪些机构、社会团体、职业或个人能给予其支持？

③ 谁愿意关心和帮助求助者？

④ 在求助者康复过程中有哪些经济、社交、职业和个人方面的障碍或问题？

4. 目标人群分类

（1）评估目标人群的心理健康状况（SRQ）。

（2）将目标人群分为普通人群和重点人群。对普通人群开展心理危机管理；对重点人群开展心理危机援助。

五、心理危机干预

一般而言，普通人无法忍受长期失衡状态和压力，势必会以不同方法及应变以使自己再度获得平衡状态。研究指出，一个人由心理危机出现到恢复平衡，需要的时间短则 24 小时到 36 小时，长则六周到八周。基于此心理危机调节方法分为危机干预和常见问题应对两种形式。

心理危机干预是指采取某些措施来干预或改善心理危机情景，以防止伤害处于心理危机情景中的个人及其周围的人们。

心理危机干预又称心理危机调停，是以急诊访问或劝导的形式，改善那些有自杀念头或正在实施自杀行为的人可能导致心理障碍的各种条件，以避免发生意外事故。

心理危机干预的目的：使处于心理危机中的人重新获得心理控制让其至少恢复到心理危机发生前的功能水平。

（一）心理危机干预的原则

（1）以促进社会稳定为前提，根据整体救护工作部署，及时调整心理危机干预工作重点。

（2）心理危机干预活动一旦进行，应该采取措施确保干预活动得到完整地开展，避免再次创伤。

（3）实施分类干预，针对受助者当前的问题提供个体化帮助。严格保护受助者的个人隐私。

（4）以科学的态度对待心理危机干预，明确心理危机干预是医疗救援工作中的一部分，不是“万能钥匙”。

（5）应在精神卫生专业人员指导下进行心理救援。

（二）心理危机干预的内容

（1）综合应用基本技术，并与宣传教育相结合，提供心理救援服务。

（2）了解危机人员的社会心理状况，发现可能出现的紧急心理事件苗头，及时向有关部门报告并建议提供解决方法。

（3）通过实施干预，促进形成心理危机人员团队心理氛围互助网络。

（4）紧急心理危机干预的时限为突发事件发生后的4周以内，主要开展心理危机管理和心理危机援助。

（三）心理危机干预目标人群

第一级人群：突发事件亲历的幸存者，如死难者家属、伤员、幸存者。

第二级人群：突发事件现场的目击者（包括救援者），如目击突发事件发生的当事人、现场指挥、救护人员、参与救护的人员。

第三级人群：与第一级、第二级人群有关的人，如幸存者和目击者的亲人等。

第四级人群：后方救援人员、突发事件发生后在现场开展服务的援助人员。

干预重点应从第一级人群开始，逐步扩展。一般性宣传教育要覆盖到四级人群。

（四）心理危机干预前的准备

（1）估计干预对象及其分布和数量。

（2）制定初步的干预方案/实施计划。

（3）没有突发事件心理危机干预经验的队员，进行紧急心理危机干预培训。

（4）准备宣传手册及简易评估工具，熟悉主要干预技术。

（五）心理危机干预流程

（1）建立良好的关系。不要带纸张表格记录。

（2）评估，确定问题。

（3）初步心理干预。

（4）随访。

（5）总结当天工作：提出问题，关注重点对象。

（六）主要的心理危机干预方法

针对重点人群的干预方法：重点人群是指目标人群中经过评估有严重应激症状的人群。对重点人群采用“稳定情绪”“放松训练”“心理辅导”技术开展心理危机救助。

1. 稳定情绪技术要点

（1）倾听与理解。目标：以理解的心态接触重点人群，给予倾听和理解，并做适度回应，不要将自身的想法强加给对方。

（2）增强安全感。目标：减少重点人群对当前和今后的不确定感，使其情绪稳定。

（3）适度的情绪释放。目标：运用语言及行为上的支持，帮助重点人群适当释放情绪，恢复心理平静。

（4）释疑解惑。目标：对于重点人群提出的问题给予关注、解释及确认，减轻疑惑。

（5）实际协助。目标：给重点人群提供实际的帮助，协助重点人群调整和接受因突发事件改变了的生活环境及状态，尽可能地协助重点人群解决面临的困难。

（6）重建支持系统。目标：帮助重点人群与主要的支持者或其他的支持来源（包括家庭成员、朋友、同事的帮助资源等）建立联系，获得帮助。

（7）提供心理健康教育。目标：提供突发事件后常见心理问题的识别与应对知识，帮助重点人群积极应对，恢复正常生活。

（8）联系其他服务部门。目标：帮助重点人群联系可能得到的其他部门的服务。

2. 放松训练要点

放松训练包括：呼吸放松、肌肉放松、想象放松。分离反应明显者不适合学习放松技术（分离反应表现为：对过去的记忆、对身份的觉察、即刻的感觉乃至身体运动控制之间的正常的整合出现部分或完全丧失）。

3. 心理辅导要点

通过交谈来减轻突发事件对重点人群造成精神伤害的方法，个别或者集体进行，自愿参加。开展集体心理辅导时，应按不同的人群分组进行，如：住院轻伤员、医护人员、救援人员等。

目标：在突发事件及紧急事件发生后，为重点人群提供心理社会支持。同时，鉴别重点人群中因突发事件受到严重心理创伤的人员，并提供到精神卫生专业机构进行治疗的建议和信息。

过程：

第一，了解突发事件后的心理反应。了解突发事件给人带来的应激反应表现和突发事件对自己的影响程度。也可以通过问卷的形式进行评估。引导重点人群说出在突发事件中的感受、恐惧或经验，帮助重点人群明白这些感受都是正常的。

第二，寻求社会支持网络。让重点人群确认自己的社会支持网络，明确自己能够从哪里得到相应的帮助，包括家人、朋友及同事在内的相关资源等。画出能为自己提供支持和帮助的网络图，尽量具体化，可以写出他们的名字，并注明每个人能给自己提供哪些具体的帮助，如情感支持、建议或信息、物质方面等。强调让重点人群确认自己可以从外界得到帮助，有人关心他/她，可以提高重点人群的安全感。

第三，应对方式。帮助重点人群思考选择积极的应对方式；强化个人的应对能力；思考采用消极的应对方式会带来的不良后果；鼓励重点人群有目的地选择有效的应对策略；提高个人的控制感和适应能力。

（七）不同阶段心理危机干预

根据创伤发生后的时间，心理危机干预者所扮演的角色不同，心理危机干预可分为不同阶段。

1. 在创伤刚刚发生后

心理危机干预者扮演的角色：细心的父母。

（1）提供简单而贴心的照顾。

（2）将当事人带出混乱状态，进入有规律的稳定状态。

（3）营造温暖、安全的氛围，如“我在这里，我可以帮助你”。

（4）交谈的语言要简单、清晰、温和的目光接触。

（5）提供实际的帮助，如食物、住房、保暖、给亲友打电话、护送当事人回家、整理散失的财物。

（6）最不该做的事情：将事件大事化小、责备当事人、开愚蠢的玩笑、打探内幕/内情、不恰当的猜测、遗忘或不重视此事。

2. 在创伤发生 1~2 天后

心理危机干预者扮演的角色：耐心的老师。

（1）相对稳定的情绪状态。

（2）充足的食物、饮水。

（3）安全的住所。

（4）安静、没有打扰的环境里，有足够的时间，当事人参加；组成互相支持、有凝聚力的团体，分享创伤中的体验。

（5）团体成员共同完成整个创伤性故事，以达到互相帮助；利用团体故事进行心理教育。

（6）准备应付来自家人、朋友、陌生人的反应。

3. 在创伤发生 1~2 周后

心理危机干预者扮演的角色：心理治疗师。

（1）详细回顾整个创伤性事件的全过程。

（2）检查创伤症状。

（3）发现“特殊的痛点”。

（4）帮助回到正常的生活。

（5）应对环境的反应。

（6）强化团队的凝聚力。

（7）保持原有的职业。

（8）早期发现、预防 PTSD。

4. 在创伤发生 1~2 月后

心理危机干预者扮演的角色：心理治疗师。

（1）继续完整创伤性故事，但更少细节，更简洁。
（2）检查创伤性症状。
（3）发现个体的特殊“痛点”。
（4）帮助恢复正常生活、应对外界的反应。
（5）寻找事件的积极意义。
（6）评估创伤的康复情况。
（7）准备应对“周年祭日”反应。

（八）心理危机管理注意事项

海外项目员工常见心理疾病有抑郁症、躁狂症、神经官能症等，这些心理疾病不是突发性的，往往都会经历一个过程，而这个过程则是帮助海外员工克服心理问题的最佳时期。

1. 营造安全舒适的工作生活环境

安全需要是个体的基本需要之一，安全需要的满足会激励个体寻找归属感，有助于个体通过工作实现自我价值而努力。为了帮助员工妥善克服海外项目严酷恶劣的自然环境，公司应建立严谨规范的安全生产管理体系和舒适卫生的后勤服务体系来帮助员工更好适应当地环境。

作业现场应建立完整的安全管理制度，配备足够的安全防护装备，培训员工正确使用安全防护装备的方法，配置专业的 HSE 管理人员，持续提高全员安全风险意识，定期进行安全监督检查，及时识别并处理安全隐患等。

为员工提供安全舒适的生活环境与优质贴心的后勤服务，包括整洁文明的生活环境、完善的食品管理制度、及时的医疗服务、配备必需的锻炼器材等。

2. 营造和谐的工作氛围

企业要科学设计海外项目管理结构，建设明确的管理制度体系，建立合理的授权机制，完善各岗位的职责、任务、绩效目标及考核标准，完善资源分配，最大限度地减少员工因角色冲突、角色模糊所造成的心理压力。

此外，在明确的管理制度体系之上，还应注意营造和谐的工作氛围，并建立例会制度定期解决工作问题，在项目内部建立非正式沟通平台帮助员工解决矛盾和防范冲突。最后，企业需要帮助海外员工建立清晰的职业生涯发展路径，明确岗位晋升标准，有助于引导员工提升自我，降低角色模糊感。

3. 发挥基层党组织堡垒作用

基层党组织是员工思想教育的重要平台，是发挥党员先进模范带头作用的关键。发挥基层党组织的堡垒作用，首先，应定期开设基层党课，在思想上对员工进行持续塑造，帮助员工端正心态，形成正确的人生观与价值观。其次，应建立有效沟通机制，通过党组织定期谈话的方式，帮助员工排忧解难，激励员工保持工作热情。再次，应通过基层党组织，党员干部需要发挥模范带头作用，在思想、工作与生活上成为员工的榜样，帮助海外员工尽快适应工作，为海外业务顺利开展打下良好基础。最后，基层党组织应定期组织相关联谊活动，例如篮球赛、足球赛、羽毛球比赛等，通过相关赛事为员工之间的交流沟通创造一个平台，帮助员工更好地适应当地环境。

4. 实施EAP（员工帮助计划）

个体因素是海外员工能够保持身心健康的根本因素，企业应采取多种手段来帮助员工保持良好的心理状态。EAP（员工帮助计划）是企业或其他组织为员工提供系统、长期的援助项目，通过专业的人员对组织与员工进行诊断，并提出改善建议，同时为组织和个人提供专业的指导、培训与咨询服务，目的在于帮助员工和家庭解决行为与心理问题，帮助员工改善绩效，帮助组织提高员工士气与营造积极的氛围。

（1）在选择员工外派海外之前应当对外派员工及其家庭进行心理评估，也称为CCAA。

（2）对员工家属进行心理支持，增强家属对员工工作的深刻理解，成立国内家属联谊会，定期以公司名义向家属致以慰问。

（3）营造完善的通信条件，在生活区为员工提供良好的通信设施，为员工经常与家庭联系创造有利条件。

（4）建立海外员工心理求助热线与心理咨询巡诊体系。

5. 重视个人心理健康

（1）海外员工需要正确认识心理健康对于个人工作生活的重要意义，学习常见心理问题的表现与原因，学习如何自觉调节心理活动，员工应对自己有正确客观的认识，提高个人修养，学会控制自己情绪，寻找合理的情绪宣泄出口。

（2）海外员工需要学习科学高效的工作方法，不断提升自身能力，培养团队合作精神。通过自身能力的提高来支撑当前的工作，创新工作方法来提高工作效率，掌握完成工作任务的方法与途径，有助于员工建立自信心，减少工作压力带来的情绪耗竭。

（3）海外员工需要培养高雅的业余爱好，适度参与运动，保持身体健康。

员工经常性地参与体育锻炼，丰富拓展自己的社交圈，建立与维持稳定的人际关系，有助于员工获得稳定多样的社会支持，预防员工心理问题的发生。

六、团队安全管理

（一）加强团队安全防范意识

一个团队中可能存在着各式各样的风险，在团队的安全工作方面，如何在安全问题没有出现时，就能够提前做好应对准备，做到有备无患？最主要的一点就是要加强整个团队的安全防范意识，也就是说团队成员要时时提高警惕，谨防出现心理问题。同时，如果出现了问题，也要有足够的心理素质去承受它。要做到这一点，可以从以下几个途径努力。

1. 做好相关的知识技能储备和组织建设

（1）知识技能储备。对于危及团队的问题如何处理是关键。安全防范意识除了在心理上有所准备外，还要了解如何解决这些问题，只有掌握了解决问题的方法才能有信心地应对。

（2）组织建设。任何团队要发挥效能，良好的组织必不可缺，组织的完备和稳定是应对突发安全问题的有效手段。

2. 加强宣传和心理建设工作

一方面团队要利用各种手段来宣传，使得安全防范意识深入人心；另一方面要做好心理建设，这一点尤为重要，因为宣传是一种外部行为，而团队成员是一个个独立的个体，需要对个体进行心理建设，使得每个人都有足够的心理准备来应对突发的问题，只有这样内外结合才能最后达到“有备无患”的状态，也才能对突发问题应付自如。

3. 加强训练提高能力

作为一个团队要尽可能多地学习专业知识，但是绝对不能满足于此，而是要参加多次演练，把知识转化为能力是至为关键的。

安全防范意识说得简单一点就是两部分内容：一是要有危机意识，要意识到问题随时都有可能产生；二是要有心理准备，问题出现了不能自乱阵脚，要有足够的承受能力。

（二）消除团队恐惧心理

要消除团队的恐惧心理需要从哪几个方面入手呢？

(1) 求助于理性。有时人的恐惧是莫名其妙发生的，正所谓莫名的恐惧或者暗暗的担心。在这时就要借助于理性分析，摒弃确实不会发生的危险，从而消除其带来的恐惧。恐惧往往来自对不可知的担心，如果能客观地分析已发生事件的威胁，就会减轻恐惧感。要战胜恐惧心理还有一条“百分之百的满载”原则，个体如果觉得恐惧，可以把自己的工作安排得紧凑一点，以工作来冲淡恐惧的影响。在飞机上，乘客往往比驾驶员更担心飞机失事，原因是驾驶员忙于驾驶，对这方面的考虑相对较少。面对恐惧的影响还要活在“当地”“当时”中，引起恐惧的事件已经发生，最好的办法就是不要多想，要朝前看。

(2) 克服恐惧需要多方面的配合。当个体受到恐惧心理的影响后，进行治疗并不是个体一个人的事，如果团队能对他进行帮助，使其产生归属感和可依赖感，那么对他克服恐惧心理的影响会大有帮助。

(3) 寻求心理帮助。在中国，人们对于看心理问题带有一些偏见，感觉看心理医生有一件难于启齿的事情，正是这种羞赧导致个体所经受的压力越来越大，直至崩溃。组织内部可通过与有资质的专业心理辅导机构合作的方式，寻求心理帮助。

(4) 自己锻炼。这一点其实最为重要，因为任何外部的帮助如朋友的支持、专业心理医生的指导等最后要产生作用还是要靠个体自己。个体有必要进行一些锻炼，这样对消除恐惧心理的影响才能事半功倍。自我暗示法自古以来都是行之有效的方法。当个体遇到能引起自己恐惧的事物时可以对自己进行暗示，以消减其关系到的恐惧感。个体也可以通过逐步升级的方法来消除恐惧感，例如，个体有密集物综合征（就是对密密麻麻排列得很整齐的小物体的集合感到强烈的心理不舒适感），那么他可以先度着看一些排列得不那么密集的物体，然后逐步增加，以实现个体对其的适应。

（三）解决团队突发心理问题的方法

团队的管理不能忽视突发性事件对团队成员的心理影响。在日常生活中一些突发事件会对团队成员的心理状态产生负面的影响，从而降低团队效率，影响团队运作，这时候就要注意应对团队成员的突发心理问题词。例如，2008 年汶川大地震的时候很多公务人员也失去了亲人，但他们同时又是公务人员，具有公共身份，怎样降低这场大灾难对他们的心理所产生的影响，必然成为每位管理者要考虑的问题之一。

对于这样的突发性心理问题应该怎样预防和解决，具体的方法有以下

3点：

（1）做好事先预防和规划。

（2）引入专业心理治疗。突发心理问题往往出现得比较突然或者起因比较特殊。有时不但团队成员自身心理出现问题，甚至团队的领导也可能很难在短时间内把心态调适正常。如果这时不能引入专业的心理治疗，那么整个团队都有可能处于一种病态之中。

（3）团队自身做一些自疗工作。出现突发心理问题，有时专业的心理治疗未必能及赶到，或者力度并没有达到解决的程度，这就需要团队自身做一些工作，从而使突发心理问题尽快地解决。例如，团队自身建设的紧密程度，在一个集体中，大家互相爱护和帮助，使得每个人都有强烈的归属感和可信赖感，那么出现问题了就可以避免慌乱和无措，平时大家建立良好的关系也有助于预防心理问题的产生。另外，团队可以撤离引发心理问题的区域，例如，在重大灾难的救援中，救援人员需要定时休整和调节；在一引起高危作业环境中，作业人员需要定时调整，这些措施除了适应生理的需要外，很重要的一点就是预防心理问题的发生。

在解决突发心理问题时，要注意避免对相关人员的第二次伤害、个体出现突发心理问题后，人们往往出于关心会问其详细的情况，这在无形中对个体就构成二次伤害，因此在抚慰突发心理问题者时，应尽量由专业人员来做。只有事先预防，事后采取正确的做法，才能最大限度地减少伤害，尽快恢复健康。

通过实施具体的心理危机预防与调整措施，帮助员工解决现实的、具体的个人问题，提高管理者和员工的心理健康意识，可有效减少或消除企业导致心理问题的因素，从而保障企业的健康发展。

附　录

附录一　SCL-90 症状自评量表

症状自评量表（Self-Reporting Inventory），又称 90 项症状清单（SCL-90），于 1975 年编制，其作者是德若伽提斯 CL. R. Derogatis）。该表特点是容量大、反映症状丰富、能准确刻画被试的自觉症状。适用于测查某人群中哪些人可能有心理障碍，某人可能有何种心理障碍及其严重程度如何。不适合于躁狂症和精神分裂症。本测验不仅可以自我测查，也可以对他人（如其行为异常，有患精神或心理疾病的可能〉进行核查，假如发现得分较高，则应进一步筛查。

该量表共有 90 个项目，包含有较广泛的精神病症状学内容，感觉、情感、思维、意识、行为直至生活习惯、人际关系、饮食睡眠等，均有涉及，并采用 10 个因子分别反映 10 个方面的心理症状情况。

一、自评量表

序号	题项	无	很轻	中等	偏重	严重
1	头痛		2	3	4	5
2	神经过敏，心中不踏实		2	3	4	5
3	头脑中有不必要的想法或字句盘旋	1	2	3	4	5
4	头昏或昏倒		2	3	4	5
5	对异性的兴趣减退		2	3	4	5
6	对旁人责备求全		2	3	4	5
7	感到别人能控制你的思想	1	2	3	4	5
8	责怪别人制造麻烦		2	3	4	5
9	忘性大		2	3	4	5

续表

序号	题项	无	很轻	中等	偏重	严重
10	担心自己的衣饰不整齐及仪态不端正		2	3	4	5
11	容易烦恼和激动	1	2	3	4	5
12	胸痛		2	3	4	5
13	害怕空旷的场所或街道		2	3	4	5
14	感到自己的精力下降，活动减慢	1	2	3	4	5
15	想结束自己的生命	1	2	3	4	5
16	听到旁人听不到的声音		2	3	4	5
17	发抖		2	3	4	5
18	感到大多数人都不可信任		2	3	4	5
19	胃口不好	1	2	3	4	5
20	容易哭泣	1	2	3	4	5
21	同异性相处时感到害羞、不自在		2	3	4	5
22	感到受骗，中了圈套或有人想抓你		2	3	4	5
23	无缘无故地突然感到害怕	1	2	3	4	5
24	自己不能控制地大发脾气		2	3	4	5
25	怕单独出门		2	3	4	5
26	经常责怪自己		2	3	4	5
27	腰痛	1	2	3	4	5
28	感到难以完成任务		2	3	4	5
29	感到孤独		2	3	4	5
30	感到苦闷		2	3	4	5
31	过分担忧	1	2	3	4	5
32	对事物不感兴趣		2	3	4	5
33	感到害怕		2	3	4	5
34	感情容易受到伤害	1	2	3	4	5
35	旁人能知道您的私下想法	1	2	3	4	5
36	感到别人不理解您，不同情你		2	3	4	5
37	感到人们对您不友好，不喜欢你		2	3	4	5
38	做事必须做得很慢，以保证做得正确	1	2	3	4	5
39	心跳得很厉害	1	2	3	4	5
40	恶心或胃部不舒服		2	3	4	5
41	感到比不上他人		2	3	4	5
42	肌肉酸痛	1	2	3	4	5
43	感到有人在监视您，谈论您		2	3	4	5

续表

序号	题项	无	很轻	中等	偏重	严重
44	难以入睡		2	3	4	5
45	做事必须反复检查		2	3	4	5
46	难以做出决定	1	2	3	4	5
47	怕乘电车、公共汽车、地铁或火车		2	3	4	5
48	呼吸有困难		2	3	4	5
49	一阵阵发冷或发热		2	3	4	5
50	因为感到害怕而避开某些东西、场合或活动	1	2	3	4	5
51	脑子变空了		2	3	4	5
52	身体发麻或刺痛		2	3	4	5
53	喉咙有梗塞感	1	2	3	4	5
54	感到对前途没有希望	1	2	3	4	5
55	不能集中注意力	1	2	3	4	5
56	感到身体的某一部分较弱无力		2	3	4	5
57	感到紧张或容易紧张		2	3	4	5
58	感到手或脚发沉	1	2	3	4	5
59	想到有关死亡的事	1	2	3	4	5
60	吃得太多		2	3	4	5
61	当别人看着你或谈论你时感到不自在		2	3	4	5
62	有一些不属于你自己的想法	1	2	3	4	5
63	有想打人或伤害他人的冲动	1	2	3	4	5
64	醒得太早		2	3	4	5
65	必须反复洗手、点数目或触摸某些东西		2	3	4	5
66	睡得不稳不深	1	2	3	4	5
67	有想摔坏或破坏东西的冲动	1	2	3	4	5
68	有一些别人没有的想法或念头		2	3	4	5
69	感到对别人神经过敏		2	3	4	5
70	在商店或电影院等人多的地方感到不自在	1	2	3	4	5
71	感到任何事情都很难做		2	3	4	5
72	一阵阵恐惧或惊恐		2	3	4	5
73	感到在公共场合吃东西很不舒服		2	3	4	5
74	经常与人争论	1	2	3	4	5
75	单独一人时神经很紧张		2	3	4	5
76	别人对你的成绩没有做出恰当的评价		2	3	4	5
77	即使和别人在一起也感到孤单	1	2	3	4	5

续表

序号	题项	无	很轻	中等	偏重	严重
78	感到坐立不安、心神不宁	1	2	3	4	5
79	感到自己没有什么价值		2	3	4	5
80	感到熟悉的东西变得陌生或不像是真的		2	3	4	5
81	大叫或摔东西	1	2	3	4	5
82	害怕会在公共场合昏倒	1	2	3	4	5
83	感到别人想占你的便宜		2	3	4	5
84	为一些有关性的想法苦恼		2	3	4	5
85	认为应该因为自己的过错而受到惩罚	1	2	3	4	5
86	感到要赶快把事情做完	1	2	3	4	5
87	感到自己的身体有严重问题		2	3	4	5
88	从未感到和其他人很亲近		2	3	4	5
89	感到自己有罪	1	2	3	4	5
90	感到自己的脑子有毛病		2	3	4	5

二、分析统计指标

（一）总分项目

（1）总分：90 个项目单项分相加之和，能反映其病情严重程度。

（2）总均分：总分/90，表示从总体情况看，该受检者的自我感觉位于 1~5 级间的哪一个分值程度上。

（3）阳性项目数：单项分注≥2 的项目数，表示受检者在多少项目上呈有病状。

（4）阴性项目数：单项分=1 的项目数，表示受检者“无症状”的项目有多少。

（5）阳性症状均分：（总分一阴性项目数的总分）/阳性项目数，表示受检者在“有症状”项目中的平均得分。反映受检者自我感觉不佳的项目，其严重程度究竟介于哪个范围。

（二）因子分

SCL—90 包括 9 个因子，每一个因于反映出病人的某方面症状痛苦情况，通过因子分可了解症状分布特点。

因子分=组成某一因子的各项目总分/组成某一因子的项目数 9 个因子含

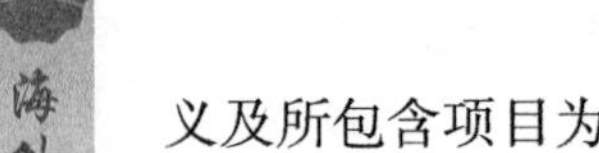

义及所包含项目为：

（1）躯体化：包括 1，4，12，27，40，42，48，49，52，53，56，58 共 12 项。该因子主要反映身体不适感，包括心血管、胃肠道、呼吸和其他系统的主诉不适，和头痛、背痛、肌肉酸痛，以及焦虑的其他躯体表现。

（2）强迫症状：包括 3，9，10，28，38，45，46，51，55，65 共 10 项。主要指那些明知没有必要，但又无法摆脱的无意义的思想、冲动和行为，还有一些比较一般的认知障碍的行为征象也在这一因子中反映。

（3）人际关系敏感：包括 6，21，34，36，37，41，61，69，73 共 9 项。主要指某些个人不自在与自卑感，特别是与其他人相比较时更加突出。在人际交往中的自卑感，心神不安，明显不自在，以及人际交流中的自我意识，消极的期待亦是这方面症状的典型原因。

（4）抑郁：包括 5，14，15，20，22，26，29，30，31，32，54，71，79 共 13 项。苦闷的情感与心境为代表性症状，还以生活兴趣的减退，动力缺乏，活力丧失等为特征。还反映失望、悲观以及与抑郁相联系的认知和躯体方面的感受，另外，还包括有关死亡的思想和自杀观念。

（5）焦虑：包括 2，17，23，33，39，57，72，78，80，86 共 10 项。一般指烦躁、坐立不安、神经过敏、紧张以及由此产生的躯体征象，如震颤等。测定游离不定的焦虑及惊恐发作是本因子的主要内容，还包括一项解体感受的项目。

（6）敌对：包括 11，24，63，67，74，81 共 6 项。主要从三方面来反映敌对的表现：思想、感情及行为。其项目包括厌烦的感觉，摔物，争论直到不可控制的脾气暴发等各方面。

（7）恐怖：包括 13，25，47，50，70，75，82 共 7 项。恐惧的对象包括出门旅行，空旷场地，人群或公共场所和交通工具。此外，还有反映社交恐怖的一些项目。

（8）偏执：包括 8，18，43，68，76，83 共 6 项。本因子是围绕偏执性思维的基本特征而制订：主要指投射性思维、敌对、猜疑、关系观念、妄想、被动体验和夸大等。

（9）精神病性：包括 7，16，35，62，77，84，85，87，88，90 共 10 项。反映各式各样的急性症状和行为，限定不严的精神病性过程的指征。此外，也可以反映精神病性行为的继发征兆和分裂性生活方式的指征。

（10）此外还有 19，44，59，60，64，66，89 共 7 个项目未归入任何因子，反映睡眠及饮食情况，分析时将这 7 项作为附加项目或其他项目，作为第 10 个因子来处理，以便使各因子分之和等于总分。

三、测试结果分析

（一）总分项目

（1）总分。量表作者未提出分界值，按全国常模结果，总分超过 160 分，或阳性项目数超过 43 项，或任一因子分超过 2 分，需考虑筛选阳性，需进一步检查。

（2）总症状指数。总症状指数的分数在 1~1.5 分，表明被试自我感觉没有量表中所列的症状；在 1.5~2.5 分，表明被试感觉有点症状，但发生得并不频繁；在 2.5~3.5 分，表明被试感觉有症状，其严重程度为轻到中度；在 3.5~4.5 分，表明被试感觉有症状，其程度为中到严重；在 4.5~5 分表明被试感觉有，且症状的频度和强度都十分严重。

（3）阳性项目数。是指被评为 2~5 分的项目数分别是多少，它表示被试在多少项目中感到“有症状”。

（4）阴性项目数。是指被评为 1 分的项目数，它表示被试“无症状”的项目有多少。

（5）阳性症状均分。是指个体自我感觉不佳的项目的程度究竟处于哪个水平，其意义与总症状指数的相同。

（二）因子分

SCL—90 包括 9 个因子，每一个因子反映出个体某方面的症状情况，通过因子分可了解症状分布特点。当个体在某一因子的得分大于 2 分时，即超出正常均分，则个体在该方面就很可能有心理健康方面的问题。

（1）躯体化。该分量表的得分在 0~48 分。得分在 24 分以上，表明个体在身体上有较明显的不适感，并常伴有头痛、肌肉酸痛等症状。得分在 12 分以下，躯体症状表现不明显。总的说来，得分越高，躯体的不适感越强；得分越低，症状体验越不明显。

（2）强迫症状。该分量表的得分在 0~40 分。得分在 20 分以上，强迫症状较明显。得分在 10 分以下，强迫症状不明显。总的说来，得分越高，表明个体越无法摆脱一些无意义的行为、思想和冲动，并可能表现出一些认知障碍的行为征兆；得分越低，表明个体在此种症状上表现越不明显，没有出现强迫行为。

（3）人际关系敏感。该分量表的得分在 0~36 分。得分在 18 分以上，表

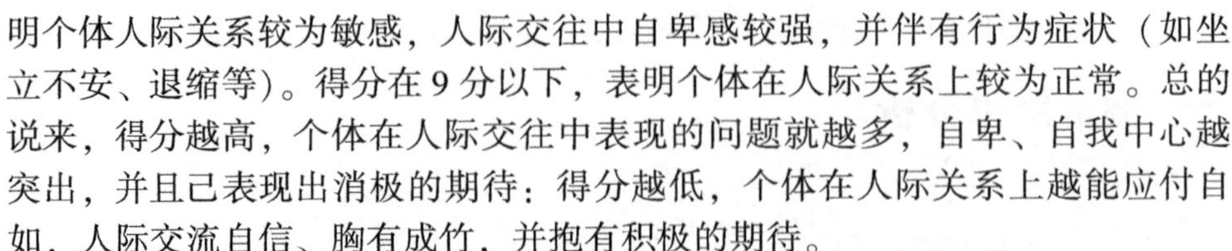

明个体人际关系较为敏感，人际交往中自卑感较强，并伴有行为症状（如坐立不安、退缩等）。得分在9分以下，表明个体在人际关系上较为正常。总的说来，得分越高，个体在人际交往中表现的问题就越多，自卑、自我中心越突出，并且已表现出消极的期待：得分越低，个体在人际关系上越能应付自如，人际交流自信、胸有成竹，并抱有积极的期待。

（4）抑郁。该分量表的得分在0~52分。得分在26分以上，表明个体的抑郁程度较强，生活缺乏足够的兴趣，缺乏运动活力，极端情况下，可能会有想死亡的思想和自杀的观念。得分在13分以下，表明个体抑郁程度较弱，生活态度乐观积极，充满活力，心境愉快。总的说来，得分越高，抑郁程度越明显：得分越低，抑郁程度越不明显。

（5）焦虑。该分量表的得分在0~40分。得分在20分以上，表明个体较易焦虑，易表现出烦躁、不安静和神经过敏，极端时可能导致惊恐发作。得分在10分以下，表明个体不易焦虑，易表现出安定的状态。总的说来，得分越高，焦虑表现越明显：得分越低，越不会导致焦虑。

（6）敌对。该分量表的得分在0~24分。得分在12分以上，表明个体易表现出敌对的思想、情感和行为。得分在6分以下表明个体容易表现出友好的思想、情感和行为。总的说来，得分越高，个体越容易敌对，好争论，脾气难以控制：得分越低，个体的脾气越温和，待人友好，不喜欢争论、无破坏行为。

（7）恐怖。该分量表的得分在0~28分。得分在14分以上，表明个体恐怖症状较为明显，常表现出社交、广场和人群恐惧。得分在7分以下，表明个体的恐怖症状不明显。总的说来，得分越高，个体越容易对一些场所和物体发生恐惧，并伴有明显的躯体症状：得分越低，个体越不易产生恐怖心理，越能正常地交往和活动。

（8）偏执。该分量表的得分在0~24分。得分在12分以上，表明个体的偏执症状明显，较易猜疑和敌对。得分在6分以下，表明个体的偏执症状不明显。总的说来，得分越高，个体越易偏执，表现出投射性的思维和妄想：得分越低，个体思维越不易走极端。

（9）精神病性。该分量表的得分在0~40分。得分在20分以上，表明个体的精神病性症状较为明显。得分在10分以下，表明个体的精神病性症状不明显。总的说来，得分越高，越多地表现出精神病性症状和行为：得分越低，就越少表现出这些症状和行为。

（10）其他项目（睡眠、饮食等），作为第10个因子来处理，以便使各因子分之和等于总分。

附录二　抑郁自评量表

抑郁自评量表（Self-Rating Depression Scale，简称 SDS）原型是仲氏（Zung）抑郁量表，是一种由测试者自己进行的抑郁自我评定量表。其特点是使用简便，可以对测试者进行初步的测查，给其一个早期的、初步的评价，提供一个是否得了抑郁症的线索。适用于一部分以身体各种不舒适体验为主的病人或情绪低落、常常感觉生活无趣、活着没意思的人测查，也适用于患有各种慢性身体疾病的病人。

此量表由 20 个问题组成，每一个问题代表抑郁症的一个症状特点，分别反映出抑郁心情、身体症状、精神运动行为及心理方面的症状体验，由此判断出是否有抑郁症状及抑郁的不同轻重程度。

由于可以判断抑郁程度的轻重，所以该量表不仅用来进行辅助诊断，还可以用来观察用药后的疗效，是否好转，以及好转的程度，是否已经恢复正常。

一、抑郁量表

题项	无	有时	经常	持续
1. 我感到情绪沮丧，郁闷	1	2	3	4
*2. 我感到一天中早晨心情最好	4	3	2	1
3. 我要哭或想哭	1	2	3	4
4. 我夜间睡眠不好	1	2	3	4
*5. 我吃饭像平时一样多	4	3	2	1
*6. 我的性功能正常	4	3	2	1
7. 我感到体重减轻	1	2	3	4
8. 我为便秘烦恼	1	2	3	4
9. 我的心跳比平时快	1	2	3	4
10. 我无故感到疲劳	1	2	3	4
*11. 我的头脑像往常一样清楚	4	3	2	1
*12. 我做事情像平时一样不感到困难	4	3	2	1

续表

题项	无	有时	经常	持续
13. 我坐卧不安，难以保持平静	1	2	3	4
*14. 我对未来感到有希望	4	3	2	1
15. 我比平时更容易激怒	1	2	3	4
*16. 我觉得决定什么事很容易	4	3	2	1
*17. 我感到自己是有用的和不可缺少的人	4	3	2	1
*18. 我的生活很有意义	4	3	2	1
19. 假若我死了别人会过得更好	1	2	3	4
*20 我仍旧喜爱自己平时喜爱的东西	4	3	2	1

二、使用注意事项

这是一个自我评定量表，需由测试者自己完成，其他人不要加以帮助评定或提出意见来改变测试者的看法。如果测试者文化程度较低，其他人可以念给他听，由测试者自己评价是什么水平。

此量表评定的时间范围一般应该至少是1周的时间，如果是第一次评定，两周的时间较为合适。

在回答问题时应注意，有的题目的陈述是相反的意思，例如，心情忧郁的测试者常常感到生活没有意思，但题目之中的问题是感觉生活很有意思，那么评分时应注意得分是相反的。这类题目之前加上了＊号，提醒各位测试者注意。

此量表最后结果的计算方法如下：先把20个题目得分相加，得出总分，再转换成百分指数。指数计算公式：指数=总分（得分）/总分满分（80）×100%。

三、测试结果分析

指数与抑郁症状严重程度的关系如下：指数在50%以下，正常范围（无抑郁症状）：指数在50%~59%，轻度抑郁：指数在60%~69%，中度抑郁：指数在70%及以上，重度至严重抑郁。

应当注意，此量表虽然可以测出抑郁的轻重程度，却不能判断抑郁的分类，测出有抑郁症之后，应该及时进行详细的检查、诊断及治疗。

附录三　焦虑自评量表

焦虑自评量表（Self-Rating Anxiety Scale，SAS），由华裔教授 Zung 于 1971 年编制。

从量表构造的形式到具体评定的方法，都与抑郁自评量表（SDS）十分相似，是一种分析病人主观症状的相当简便的临床工具。适用于具有焦虑症状的成年人，具有广泛的应用性。国外研究认为，SAS 能够较好地反映有焦虑倾向的精神病求助者的主观感受。而焦虑是心理咨询门诊中较常见的一种情绪障碍，所以近年来 SAS 是咨询门诊中了解焦虑症状的自评工具。

一、自评量表

序号	题项	没有或偶尔	有时	经常	总是如此
1	我觉得比平时容易紧张和着急		2	3	4
2	我无缘无故地感到害怕	1	2	3	4
3	我容易心里烦乱或觉得惊恐		2	3	4
4	我觉得我可能将要发疯		2	3	4
*5	我觉得一切都很好，也不会发生什么不幸	4	3	2	
6	我手脚发抖、身子发颤	1	2	3	4
7	我因为头痛、颈痛和背痛而苦恼		2	3	4
8	我感觉容易衰弱和疲乏		2	3	4
*9	我觉得心平气和，并且容易安静坐着	4	3	2	1
10	我觉得心跳得快	1	2	3	4
11	我因为一阵阵头晕而苦恼		2	3	4
12	我头晕，或觉得要晕倒似的		2	3	4
*13	我呼气、吸气都感到很容易	4	3	2	1
14	我手脚麻木和刺痛	1	2	3	4
15	我因胃痛和消化不良而苦恼		2	3	4
16	我常常要小便		2	3	4

续表

序号	题项	没有或偶尔	有时	经常	总是如此
17	我的手常常是干燥温暖的	4	3	2	1
18	我脸红发热	1	2	3	4
* 19	我容易入睡并且一夜睡得很好	4	3	2	
20	我做噩梦		2	3	4

二、使用注意事项

这是一个自我评定量表，需由测试者自己完成，其他人不要帮助评定或提出意见来改变测试者的看法。如果测试者文化程度较低，其他人可以念给他听，由测试者自己评价是什么水平。

此量表评定的时间范围一般是现在或过去一周。

在回答问题时应注意，有的题目的陈述是相反的意思，例如，心情焦虑的测试者常常难以入睡，但题目之中的问题是容易入睡并且睡得很好，那么评分时应注意得分是相反的。这类题目之前加上了 * 号，提醒各位测试者注意。

此量表最后结果的计算方法如下：先把 20 个题目得分相加，得出总分，再转换成标准分。标准分计算公式：标准分=总分（得分）×1. 25。

三、测试结果分析

标准分与抑郁症状严重程度的关系如下：标准分在 50 分以下，正常范围（无焦虑症状）：标准分在 50~59 分，轻度焦虑：标准分在 60~69 分，中度焦虑：标准分在 70 分及以上，重度至严重焦虑。

参 考 文 献

[1] 韩树举，王洪涛，张军，等．中国石油天然气集团公司海外项目防恐安全管与探索[J]．中国安全生产科学技术，2009(增刊)．

[2] 贺红梅．恐怖主义犯罪新动向及其防治对策[J]．中南林业科技大学学报(社会科学版)，2009(1)．

[3] 施丽云，黄金成．论恐怖主义的定义及其新特征[J]．法制与社会，2009(13)．

[4] 胡国莉．解读反恐——"恐"之界定[J]．法制与社会，2009(11)．

[5] 伊恩·莱塞．反新恐怖主义[M]．北京：新华出版社，2002．

[6] 戴凤秀．防恐怖战略与对策[M]．北京：当代中国出版社，2003．

[7] 胡联合．第三只眼看恐怖主义[M]．北京：世界知识出版社，2002．

[8] 中国反恐怖研究中心．国际恐怖主义与反恐怖斗争[M]．北京：时事出版社，2002．

[9] 袁宏明．中国石油苏丹历险记：战胜蚊虫、毒蛇和恐怖分子[J]．环球企业家，2006(4)．

[10] 中国现代国际关系研究院反恐怖研究中心．国际恐怖主义组织译名手册[J]. 2007(3)．

[11] 中国现代国际关系研究院反恐怖研究中心．国际恐怖主义反恐斗争年鉴[J]. 2003.

[12] 理查德·杰克逊. "9·11"后的恐怖主义研究：问题、挑战与未来的发展[J]．当代世界与社会主义，2009(6)．

[13](加)托马斯·J. 卜特高．解读恐怖主义的四个维度：立场决定观点[J]．当代世界与社会主义，2009(6)．

[14] 何秉松，廖斌．恐怖主义概念比较研究[J]．比较法研究，2003(4)．

[15] 周灵芳．恐怖主义犯罪的界定与解读[J]．郑州航空工业管理学院学报(社会科学版)，2009(1)．

[16] 熊礼俭．急救中心规范化建设与突发事件应急救援处理及工作流程实用手册[M]．广州：中国科技文化出版社，2005．

[17] 马巍，张艳萍，等．基层单位安全生产应急与危机管理[J]．化工设计通信，2017．

[18] 耿红杰，周海彬，张奎敏，等．海外石油工程项目社会安全应急资源管

理实践与思考[J]. 中国安全生产科学技术，2012.
[19] 中石油国际部．海外防恐安全培训教材[M]. 北京：石油工业出版社，2014.
[20] 刘涛，吴信良，张艳．实用防卫制敌术[M]. 北京：北京体育大学出版社，2009.